药品市场营销实务

主　编　潘勤春　付兴丽

副主编　（以姓氏笔画为序）

　　　　韦凤娟（广西一心医药集团有限责任公司）

　　　　孙富杰（广西工业职业技术学院）

　　　　李平凤（广西工业职业技术学院）

　　　　邬智高（广西工业职业技术学院）

　　　　陆　璐（广西工业职业技术学院）

　　　　张　波（广西工业职业技术学院）

　　　　胡　伟（益阳医学高等专科学校）

　　　　陶　卿（广西工业职业技术学院）

　　　　梁鹏玉（广西大参林连锁药店有限公司）

　　　　覃晓玲（广西工业职业技术学院）

　　　　潘建延（广西壮族自治区生殖医院）

北京理工大学出版社

BEIJING INSTITUTE OF TECHNOLOGY PRESS

内 容 提 要

本书从实际需要出发，结合药品购销岗位、1+X证书、医药商品购销员职业等级证书、技能比赛的内容，重点突出与药品营销实际相关的内容，以项目—任务分级制将全书共分为9个项目、31个任务，主要内容包括认识药品市场营销、药品市场调研、药品市场开发、药品市场购买行为分析、药品购进、药品销售、售后服务、药品储存与养护及顾客服务等，采用理论学习与实践操作一体化的编写模式，充分体现"以学生为本"的原则，通过理论教学、技能训练使学生掌握以药品购销为中心的方法，把握课程的知识点和技能点，按照"必需、够用、兼顾发展"的原则，循序渐进地进行教学设计。

本书可供医药经济管理专业和药学、中药学、药品经营与管理等药学相关专业学生使用，也可以作为医药行业的管理者、营销人员的参考教材。

图书在版编目（CIP）数据

药品市场营销实务 / 潘勤春，付兴丽主编.--北京：
北京理工大学出版社，2024.2
ISBN 978-7-5763-3579-8

Ⅰ.①药… Ⅱ.①潘… ②付… Ⅲ.①药品－市场营销学 Ⅳ.①F763

中国国家版本馆CIP数据核字（2024）第045652号

责任编辑：王梦春	文案编辑：邓 洁
责任校对：刘亚男	责任印制：施胜娟

出版发行 / 北京理工大学出版社有限责任公司	
社 址 / 北京市丰台区四合庄路6号	
邮 编 / 100070	
电 话 / (010) 68914026（教材售后服务热线）	
（010) 68944437（课件资源服务热线）	
网 址 / http://www.bitpress.com.cn	
版 印 次 / 2024年2月第1版第1次印刷	
印 刷 / 河北鑫彩博图印刷有限公司	
开 本 / 787 mm×1092 mm 1/16	
印 张 / 17	
字 数 / 372千字	
定 价 / 75.00元	

图书出现印装质量问题，请拨打售后服务热线，负责调换

前　言

随着经济的发展和科学技术的进步，人民的生活水平有了很大的提高。人们越来越重视身体的健康，因此与健康有密切关联的医药也受到了人们的关注。人民的支付能力不断增强，医保体系也逐步健全，人们对健康的需求是促使医药行业快速稳定发展的主要因素。医药市场前景一片大好，也意味着医药市场的竞争也越来越激烈。如何使自己在同行竞争中脱颖而出，已成了各大医药企业的首要难题。医药企业的盈利与否通常取决于该企业的营销能力，营销能力更多的是体现在营销管理和营销技能的综合应用。

为切实推进教育创新，突出高职院校培养实用型高技能人才的目标，本书依据职业教育的人才培养宗旨和模式，采用理论学习与实践操作一体化的编写模式，充分体现以学生为本的原则，通过理论教学、技能训练使学生掌握以药品购销为中心的方法，把握课程的知识点和技能点，按照"必需、够用兼顾发展"的原则，循序渐进地进行设计。

本书具有以下特点：

1. 本书按照"以能力为本位，以职业实践为主线，以工作过程系统化的模块课程"的总体设计要求，紧紧围绕项目或工作任务的完成来组织课程内容，突出工作任务与知识的联系，增强课程内容与职业岗位能力要求的相关性。采用理实一体化的编写模式，充分体现以学生为本的原则，突出学生岗位能力的培养和职业核心能力的形成，更好地满足学生职业生涯发展的需要，体现了"做中教，做中学，做中求进步"的职业教育特色。

2. 采用项目化任务式教学，每个任务都由任务导入、任务目标、知识准备、任务实施、任务评价及知识巩固等模块构成，通过完成任务让学生熟练应用所学知识。

3. 本书是在校企合作基础上开发的双元教材，结合了岗、课、赛、证综合育人机制。岗，即药品市场调研、药品市场开发、药品购销、药品质量管理、收货与验收、药品服务、药品储存及养护等工作岗位所需的知识与技术；课，即医药市场营销课程；赛，即全国医药行业特有职业技能竞赛药品购销员赛项、全国职业院校技能大赛药学技能赛项和药学生产赛项中，关于首营资料审核、收货验收、药品销售、储存与养护、质量管理等技术理论知识和技能操作；证，即 1+X 药品购销职业技能等级证书，医药商品购销员国家职业标准的顾客服务、药品购销、药品储存养护及药品质量管理的理论知识和技能操作。

4. 党的二十大报告强调"强化食品药品安全监管""推进国家安全体系和能力现代化，坚决维护国家安全和社会稳定"。结合相关政策文件要求，本书从药品质量管理、药品储存与养护方面进行了内容优化和加强，将思政元素和专业课内容相结合，帮助学生树立正确的人生观与价值观。

本书适合医药经济管理专业和药学、中药学、药品经营与管理等药学相关专业学生使用，也可以作为医药行业的管理者、营销人员的参考教材。

由于编者水平有限，不足之处在所难免，恳请专家、广大同行以及使用者提出宝贵意见，在此表示衷心的感谢！

编　者

目　录

项目一　认识药品市场营销

任务一　认识药品市场

📍 任务导入

2022 年 9 月 1 日，我国针对网络售药的监管办法《药品网络销售监督管理办法》正式实施，主要聚焦保障药品质量安全、方便群众用药、完善药品网络销售监督管理制度设计等方面，对药品网络销售管理、第三方平台管理及各方责任义务等作出规定，同时还对在线药学服务制度提出要求。

2022 年 11 月 30 日晚，国家药监局发布了《药品网络销售禁止清单（第一版）》，明确禁止销售疫苗、血液制品、麻醉药品、精神药品、医疗用毒性药品、放射性药品、药品类易制毒化学品、医疗机构制剂、中药配方颗粒等药品。

新政落地给行业带来最大的好处是，处方药网售具备了合法性。在此确定性下，无论是投资行为、经营行为或整个药品网售业态都会得到增强。依托较强的医院网络布局，特别是政策加速推进"互联网＋医疗健康"落地，占据药品市场总额 85% 的处方药市场，将成为医药电商行业看得见、摸得着的增长蓝海。

试分析《药品网络销售监督管理办法》实施后，处方市场面临的挑战和机遇。

📍 任务目标

1. 描述药品市场含义，熟悉非处方药市场和处方药市场，了解原料药市场。
2. 熟知各类药品市场的基本情况；熟知《处方管理办法》关于药品市场的内容。
3. 培养学生具有社会责任感和社会参与意识。

📍 知识准备

一、药品市场概述

1. 药品市场的含义

从市场营销学的观点来看，药品市场是指药品的现实需求和潜在需求的总和，即在一定时间、一定地点，对药品消费的所有消费者。

药品市场属于专业市场，该市场的建立是社会生产力发展到一定阶段的产物，属于市场经济的范畴。药品市场既体现着药品买方、卖方和药品中介之间的关系，还体现着药品在流通过程中，发挥促进或辅助作用的一切机构、部门与药品买卖双方之间的关系。

2. 药品市场的分类

药品市场的分类，如表 1-1 所示。

表 1-1　药品市场分类

分类标准	药品市场分类	备注
药品类别	处方药市场	药品品种、规格、适应证、剂量及给药途径不同
	非处方药市场	
购买者及购买目的	消费者市场	消费者对药品的需求，购买行为，购买习惯等差异性
	组织市场	生产者市场、中间商市场和政府市场
营销区域	国际药品市场	北美市场、南美市场、欧洲市场、大洋洲市场、非洲市场、亚洲市场
	国内药品市场	东北市场、华北市场、华中市场、华南市场、华东市场、西北市场、西南市场
	城市药品市场	由于在地区经济、消费者收入、健康状况、文化水平、国家政策倾斜及国家医保覆盖类型等方面的差异性，在药品市场需求、规模、消费潜力等方面有较大的差别
	农村药品市场	
营销环节	药品批发市场	大宗医药产品交易，对象为零售企业、医疗机构或其他商品转卖者
	药品零售市场	零售医药产品交易，对象为个人、家庭和非生产性消费需求
医药产品的种类	天然药物市场	中药材、中成药、中药饮片等
	化学药物市场	化学原料药、化学药品制剂
	生物药物市场	重组蛋白质药物或重组多肽药、重组 DNA 药物、干细胞治疗
药物作用部位和作用机制	神经系统药物市场	B 族维生素、神经生长因子、抗抑郁药等
	心血管系统药物市场	抗心绞痛药、抗高血压药、抗心律失常药、抗心功能不全药、周围血管扩张药
	呼吸系统药物市场	镇咳药、化痰药、抗哮喘药
	消化系统药物市场	抑酸药、胃黏膜保护剂、助消化药、促胃肠动力药、胃肠解痉药、止吐和催吐药、泻药与止泻药、微生态药
	泌尿系统药物市场	抗生素、利尿药
	生殖系统药物市场	生殖激素类药物、子宫收缩类药物
	内分泌系统药物市场	糖皮质激素、性激素、胰岛素、降糖药
	免疫系统药物市场	免疫促进剂如干扰素、白细胞介素 -2 等；免疫抑制剂如肾上腺皮质激素等；双向免疫调节剂如多糖
	血液系统药物市场	抗血栓药、溶栓药、抗贫血药

二、处方药市场

（一）处方药含义

《中华人民共和国药品管理法实施条例》（2019年修订版）第七十七条规定："处方药，是指凭执业医师和执业助理医师处方方可购买、调剂和使用的药品。"

（二）处方药市场特点

1. 处方药市场有较严格的流通渠道

处方药是解除疾病用药的主体，必须依法进行严格的监督管理。处方药主要通过医院、零售药店处方药品专柜等渠道进入患者手中，其中医院药房是患者的主要购买渠道。

2. 处方药市场药品的选择权与使用权分离

处方药一般不作为家庭常备药，必须凭执业医师或执业助理医师处方，由执业药师或药师审核后方可调配、购买和使用。

3. 处方药市场的药品专业性强

抗感染药品、心血管药品、抗癌药、特殊管理药品等类别的药品需要具备较高医学、药学知识的专业人士（即医师、药师），并结合疾病的病理机制方能决定使用哪种药品，因此国家规定需医师处方才能购买，即常说的"在医师指导下使用"。

4. 广告宣传的专业化管理

绝大多数国家规定处方药不得对公众做广告宣传，但允许其产品信息在医药类学术杂志上传播。在我国，处方药只准在已批准的专业性的医药报刊和媒体上进行广告宣传。

5. 药品销售的限制性

处方药市场的药品只能在指定的柜台上出售，不允许开架销售。

课堂讨论

下列药品名称中，哪些是符合《处方管理办法》中关于药品名称的规定，医师可以在处方中开具的？

维生素E、吗丁啉、对乙酰氨基酚、白加黑、NaCl、康泰克、罗红霉素、舒血宁

（三）影响处方药市场因素

1. 国家药品监督管理法律法规及相关政策的影响

由于药品直接关系到人民的生命与健康，直接和间接地制约着其他各项事业的发展，因此各国政府都十分重视对药品及药事活动的监督与管理，出台了一系列的法律法规及相关政策，如我国的《处方药与非处方药分类管理办法（试行）》《中华人民共和国药品管理法》（以下简称《药品管理法》）、《药品流通监督管理办法》《关于进一步

做好医疗机构药品集中招标采购工作的通知》等。这些政策法规在很大程度上影响了处方药的市场营销策略。

2. 医师处方的影响

药品的使用必须依赖于医师掌握的医学知识，以及进行的临床诊断方可使用。患者在经医师诊断后，主要根据医师的处方购买药品，处于一种被动消费的状态。因此，在处方药的销售上，医师的处方权处于相对优势的地位。

3. 相关采购人员的影响

研究分析每一个组织购买过程中的参与者及其担当的角色，有助于医药企业在营销过程中采用正确的促销策略，尤其对专门做医院推广工作的业务人员显得尤为重要。

4. "互联网"时代的影响

2022年国家市场监督管理总局公布的《药品网络销售监督管理办法》（自2022年12月1日起施行）中规定："第三方平台应当建立药品质量安全管理机构，配备药学技术人员承担药品质量安全管理工作，建立并实施药品质量安全、药品信息展示、处方审核、处方药实名购买、药品配送、交易记录保存、不良反应报告、投诉举报处理等管理制度。""第三方平台应当加强检查，对入驻平台的药品网络销售企业的药品信息展示、处方审核、药品销售和配送等行为进行管理，督促其严格履行法定义务。"一方面压实药品网络销售平台责任，要求平台与药品网络销售企业签订协议，明确双方药品质量安全责任，规定平台应当履行审核、检查监控以及发现严重违法行为的停止服务和报告等义务，并强化平台在药品召回、突发事件应急处置以及监督检查中的配合义务。另一方面，明确处方药网络销售管理。考虑用药安全风险和线上线下一致性管理要求，明确对处方药网络销售实行实名制，并按规定进行处方审核调配；规定处方药与非处方药应当区分展示，并明确在处方药销售主页面、首页面不得直接公开展示包装、标签等信息；通过处方审核前，不得展示说明书等信息，不得提供处方药购买的相关服务，意在强调"先方后药"和处方审核的管理要求。同时，要求处方药销售前应当向消费者充分告知相关风险警示信息并经消费者确认知情，切实防范用药安全风险。

（四）处方药市场的营销

处方药市场营销应主要把握以下几点。

1. 把握产品卖点

处方药的卖点是处方药的整体推广策略和手段、药品给消费者的核心利益点。这就要求销售人员不仅要掌握药品的药理和药效、临床疗效及副作用，同时还要有针对性地深入了解药品市场，对市场走势有清晰地认识。

2. 与患者直接沟通

在处方药的推广中，与患者的直接沟通是一项重要任务。通过做有关健康的教育及公益广告来提高患者对治疗的依从性，并塑造品牌形象。通过调研收集患者对药品的反映，有针对性地对消费者进行说服。

3. 提高医师的认同度

通过实行专业化学术推广，或发放有关药品的宣传资料来提高医师的认同度。

4. 读懂政策找方向，借外力发挥长板优势

必须冷静、认真分析各种政策和消息落地的可能性和时段性，提前预判，顺势调整，切忌人云亦云，企业在发展的大方向上几乎没有试错的机会。

课堂讨论

依据"处方"的含义及其意义，属于处方范畴的医疗文书是（　　）。

A. 临床诊断书　　　　　　　　B. 药品出库单

C. 病区领药单　　　　　　　　D. 病区用药医嘱单

E. 患者化验报告单

三、非处方药市场

（一）非处方药含义

《中华人民共和国药品管理法实施条例》（2019修订版）规定："非处方药，是指由国务院药品监督管理部门公布的，不需要凭执业医师和执业助理医师处方，消费者可以自行判断、购买和使用的药品。"

（二）非处方药市场的特点

非处方药市场有以下几个特点。

（1）药品的销售以"消费者为中心"。

（2）药品的选择权和使用权统一。

（3）药品多为治疗常见疾病的家庭常备药。

（4）药品经审批可以在大众传播媒介进行广告宣传。

（5）非处方药市场的药品允许开架销售。

（三）非处方药市场的影响因素

1. 国家政策法规及突发事件的影响

医疗卫生体制改革和基本医疗保险制度的建立，将使消费者建立起现代的药品医疗消费观念。基本医疗保险制度使医疗保险范围扩大一倍，也将使药品消费总量扩大，特别是非处方药占有相当大的份额。零售药店的改革将使人们更方便地获得非处方药品及用药指导和服务。药品价格和广告管理政策也有利于非处方药市场的发展。国家发展和改革委员会对药品价格的干预及国家对某些非处方药的重新评定，将极大影响这些非处方药的营销。

2. 购买者健康观念及用药习惯的影响

近年来，经济的快速发展和生活水平的提高，使人们的健康观念和自我药疗水平也不断提高。随着人口数量的不断增加和社会老龄化的加剧，越来越多的人更加重视自我保健，成为非处方药的消费者。购买者根据用药经验选择购买，在这类购买者中，有些为慢性疾病患者，曾长期服用某药品；有些是自身及周围人群中患过此种疾病而用某种药治愈，当需要再次治疗此种疾病时，就会继续选择购买这种药品。

3. 专业人员的影响

药品知识的专业性强，所以消费者在购买非处方药产品时，十分关注专业人士，如医师、药师、药店销售人员等的意见。他们不仅销售药品，还向患者介绍和推荐药品。患者通过他们的介绍及推荐形成购买意向，做出购买决策。

4. 传播媒介的影响

非处方药市场主要是受各类媒介广告的影响，如电视、报纸等广告。在我国，消费者获得药品方面的相关知识主要是来自电视、网络及报纸。

四、原料药市场

药房分类

1. 原料药市场概述

原料药是指用于药品制造中的任何一种物质或物质的混合物，而且在用于制药时，成为药品的一种活性成分。此种物质在疾病的诊断、治疗、症状缓解、处理或预防中有药理活性或其他直接作用，或者能影响机体的功能或结构（出自《原料药的优良制造规范（GMP）指南》）。

由原料药加工制成的，便于患者服用的给药形式（如片剂、胶囊、散剂、丸剂、注射液等）称为药物剂型。

原料药市场是指原料药的购买者，主要是指药品产业市场。原料药一直是我国最具特色的医药出口品种，在世界原料药市场中占有绝对份额。

2. 原料药行业分类

原料药产品的销售量根据下游制剂的专利期差异，总体可以分为三个不同时期，将不同原料药分为专利、特色和大宗原料药三类。

（1）专利期内（专利原料药）：下游制剂为创新药，产品销售量与创新药/专利药单品销量息息相关，研发阶段和获批2年内，销售处于导入期，增长缓慢，绝对量少；3～8年内，销售处于爆发期，迅速增长；后期由于新的药物出现，销售由此进入衰退期。

（2）将过或刚过专利期（特色原料药）：下游制剂为"新"仿制药，在制剂专利到期前后，市场开始出现逐步仿制，原料药进入注册导入期；仿制药销售2年左右，由于各家仿制药企的竞争出现量升价跌，特色原料药快速放量，专利过期10年后"新"仿制药品种进入平台和衰退期。

（3）专利过期许久（大宗原料药）：下游制剂专利过期许久，一般来说超过20年的"老"仿制药，导致制剂本身的销售量增长进入瓶颈，需求基本稳定不变。

任务实施

结合所学知识，《药品网络销售监督管理办法》实施后，分析处方药市场的 SWOT（表 1-2）。可以从以下几个方面进行思考、阐述：

（1）从流通环节、价格、顾客心理、医疗资源扩容和区域均衡布局等方面进行优势分析（Strengths，S）；

（2）从人才要求、处方风险防控、经营管理等方面进行劣势分析（Weaknesses，W）；

（3）从国民健康教育的普及、国家政策支持、新医改、国外经验借鉴等方面进行机会分析（Opportunities，O）；

（4）从市场竞争、实体药店的压力、执业药师的配备等方面进行威胁分析（Threats，T）；

（5）通过上面的优势、劣势、机会和威胁的系统分析，可以进一步构建网售处方药的 SWOT 分析矩阵。共有 4 种不同的策略以供选择：SO 策略，利用内部优势去抓住外部的机会；WO 策略，利用外部机会改进内部劣势；ST 策略，利用内部优势避免或减轻外部威胁的打击；WT 策略，克服内部劣势和避免外部威胁。

任务评价

表 1-2 认识药品市场评价表

班级：		姓名：		学号：		成绩：	
项目	内容	分值	评分要求	自评	互评	教师评价
处方药市场分析报告	优势分析	20				
	劣势分析	20				
	机会分析	20				
	威胁分析	20				
	总结	20				
总分		100				

知识巩固

一、简答题

1. 简述药品市场的特点。

2. 简述影响药品市场的因素。

二、案例分析

多立维——氯吡格雷阿司匹林片2022年5月正式在中国上市，用于预防急性冠状动脉综合征（ACS）成年患者的动脉粥样硬化血栓形成。为扩大上市会的影响力，赛诺菲通过视频号的探索，利用丁香园时间系列号用户基础，开拓全新的观看渠道，辐射更广阔的受众。最终，丁香园直播平台共计为多立维上市会获取5 000+的观看量，引发用户互动1 000+，迅速为多立维打开市场。

试分析，多立维能够快速成功与哪些因素相关？

任务二　认识药品市场营销

📍 任务导入 ●

E公司在滴眼剂领域中始终保持着领先地位，拥有着最高的广告知晓度，但随着市场竞争的日益激烈，E公司滴眼剂这种产品也逐渐进入成熟期，销量停滞不前。为了更好地了解市场需求，企业进行了专门的市场调研。调查数据显示，最常使用E公司滴眼剂的消费者是20～29岁年龄组及长期频繁接触计算机的白领女性。因此，公司重新定位产品目标群体为20～29岁的年轻白领女性，并开始新一轮的促销活动。试分析此案例所涉及的市场营销知识。

📍 任务目标 ●

1. 了解药品市场营销相关知识，树立正确的学习观。
2. 了解药品市场营销的产生和发展，学会用联系、发展的眼光看待和思考问题。
3. 熟悉药品市场营销的相关概念和术语，能正确地认识药品市场营销的产生和发展。
4. 掌握药品市场营销的定义，理解药品市场营销的内涵及特征。
5. 培养学生树立正确的价值观、人生观，正确对待药品质量安全问题。

📍 知识准备 ●

市场营销主要是辨认和满足人类与社会的需求，做到"有利润地满足需求"。药品市场营销是市场营销活动的特殊领域，其目的是促进医药商品经济的发展，满足人们防病、治病、医疗保健、计划生育等方面的需求。通过本任务的学习，学生能够对药品市场营销形成总体认识，在理解、熟悉市场营销等概念的基础上，认识药品市场营销的内涵及所具备的特征，对医药产品、需求、交换等核心概念有深入的理解，以激发对药品市场营销的学习兴趣，能够从市场营销视角去观察、理解、分析医药企业的市场营销行为。

一、药品市场营销基础知识

1. 市场营销概述

什么是市场营销？许多人把市场营销仅仅看成是广告和促销。营销的实质潜藏在行为的背后，在市场无限喧嚣的幕后，市场营销的思想对行为起着原动力的作用。

1985 年，美国市场营销协会（American Marketing Association，AMA）对市场营销的定义为："通过个人和组织对货物、劳务的构想、定价、促销和渠道等方面实施计划和执行，达到个人和组织预期目标的交换过程。"

从管理学的角度，市场营销经常会被描述为"推销产品的艺术"。著名管理学家彼得·德鲁克（Peter Drucker）曾经这样描述过："可以设想，某些推销工作总是需要的，然而营销的目的就是要使推销成为多余。营销的目的在于深刻地认识和了解顾客，从而使产品或服务完全适合它的需要而形成产品的自我销售。理想的营销会产生一个已经准备来购买的顾客，剩下的事就是如何便于顾客得到这些产品或服务。"

现代营销学之父

2. 药品市场营销内涵

药品市场营销是医药组织和个人通过创造，并同他人交换医药产品和价值以满足需求和欲望的一种社会和管理过程。下面从五个方面介绍药品市场营销的内涵。

（1）药品市场营销的主体为个人和医药组织。现代药品市场营销的主体包括一切面向市场的个人和医药组织，既有药厂、医药批发企业、医药零售企业、医药电子商务企业等营利性组织，又有学校、医院、福利机构等非营利组织，还有通过交换获取产品和服务的个人。

（2）药品市场营销的客体是医药产品和服务。医药销售人员向目标客户讲解和传达最新的医药产品信息，医生为患者提供专业的医疗服务，这都是服务的典型体现。

（3）药品市场营销的核心是交换。只有通过交换，才能产生营销活动。交换过程是一个主动、积极寻找机会、满足双方需求的过程。交换过程能否顺利进行，取决于营销者提供的产品和价值满足顾客需求的程度，以及交换过程的管理水平。

（4）药品市场营销是一个社会管理过程。药品市场营销过程由一系列活动构成，包括医药营销调研、医药产品开发、医药产品价格制定、渠道开发、促销、售后服务、计划控制等活动。整个过程不仅是一个计划、组织、实施控制的管理过程，而且是一个社会管理过程。医药企业在营销过程中必须承担自身的社会责任。

（5）药品市场营销的最终目的是有利润地满足需求。患者治愈疾病、保持身心健康、提高生命质量的需求是医药企业营销的出发点，医药企业通过提供比竞争者更好的产品以满足顾客需求，从而达到企业的盈利目的，实现双赢。

3. 药品市场营销特点分析

（1）营销人员专业性。医药营销工作者不仅要具备一般的营销知识和技能，还必须具备扎实的药学或者医学专业知识。对于医药行业的政策法规，以及药品的适应证、配伍禁忌、不良反应、药物代谢动力学、半衰期、体内分布、用法用量等药学专业知识都能够掌握和应用。

（2）医药产品的高质量性。药品属于高科技产品，部分医药产品的
化学构成、制备工艺、体内代谢过程都非常复杂。药品与人的生命有直
接关系，药品的纯度、稳定性与药品的使用价值密切相关。药品只有合
格品与不合格品之分，没有顶级品、优质品与等外品之分，在开展医药
营销活动时，一定要树立药品质量意识，坚决杜绝假药和劣药。

【案例分析】
牛某某等生产、
销售假药案

（3）公共福利性药品。政府为保证人们使用质量高、价格适宜的
药品，对药品价格实施管制，如对基本医疗保险药品目录中的药品实行
政府定价。对药品的价格管理、药品广告的审查管理、药品促销的管理，均体现出了药
品的公共福利特性。药品市场营销活动受政策影响较大，医药生产和流通企业在进行定
价、分销及促销等营销活动时必须遵守国家制定的相关法律、法规。

（4）消费主动性。随着社会经济水平的不断提高，人们的医药消费意识不断增强，
医药消费需求也不断提升。药品市场营销要随着消费需求的变化不断调整，充分了解并
熟悉人们的医药消费需求，为广大消费者提供优质的服务。

（5）药品市场需求呈现差异性。药品市场的需求差异主要受产品类别、医生的处
方习惯、患者病情、消费者年龄、消费者文化、消费层次、城乡区域的消费、产品附加
值的高低、品牌价值度、营销模式设计等方面差异的影响。针对以上药品市场需求的差
异，医药营销者应该区别对待，需要多层次、多角度考虑，不断推出新的营销模式和新
的营销思路，以满足不同医药消费者的需求。

4. 药品市场营销所涉及的范围

药品市场营销所涉及的范围贯穿于药品的研制开发、生产制造、分销、促销和售后服
务等，医药企业经营活动的全过程，具体包括药品市场调研与预测、药品市场营销环境分
析、医药消费者购买行为分析、医药组织市场购买行为分析、药品市场竞争者分析、医药
目标市场营销、医药产品策略、医药定价策略、医药分销策略和医药促销策略等。

二、药品市场营销类型

1. 大市场营销

大市场营销把企业的市场营销因素分为可控因素与不可控因素。4P 营销组合理论，
即产品（Product）、价格（Price）、渠道（Place）和促销（Promotion）等这些传统理论，
在西方已经有 40 多年的历史。随着国际市场竞争的日趋激烈，许多国家政府逐渐加强
干预。在这种形势下，市场营销理论又有了新的发展。美国经济学教授菲利普·科特勒
1984 年提出："企业应能够影响自己所处的市场营销环境，而不应单纯地顺从和适应环
境"。因此，在市场营销组合的 4P 之外，还应加上权力与公共关系组合成为 6P（增加
两个 P：政治力量——Political Power，公共关系——Public Relations）。这就是说，要运
用政治力量和公共关系，打破国际或国内市场上的贸易壁垒，为企业的市场营销开辟道
路。这种新的策略思想称为"大市场营销"。

一般说来，公司运用大市场营销策略要通过三个步骤进行：①探测权力结构；②设计总体策略；③制订实施方案。

2. 全球营销

在经济全球化的背景下，理论和实践中有关跨国公司全球营销战略的关注和讨论日益丰富。全球营销强调企业在全球市场上实行一体化的营销策略，它不应等同于任何单个要素，如标准化产品等，而应该是诸多要素的灵活组合，运用一致的全球营销策略运营其全球经营网络，并在全球基础上寻求利润最大化。

3. 绿色营销

绿色营销是指以促进可持续发展为目标，为实现经济利益、消费者需求和环境利益的统一，市场主体根据科学性和规范性的原则，通过有目的、有计划地开发，以及同其他市场交换产品价值来满足市场需求的管理过程。绿色营销观是指企业以人类社会的可持续发展为导向的营销观，更注重社会效益、社会责任和社会道德。绿色营销的主要内容包括以下四点。

（1）医药企业在生产经营过程中，将企业自身利益、消费者利益和环境保护利益三者统一起来，以此为中心，对产品和服务进行构思、设计、销售和制造。

（2）医药企业以环境保护为经营指导思想，以绿色文化为价值观念，以消费者的绿色消费为中心和出发点制定绿色营销策略体系，以适应全球可持续发展的要求。

（3）在绿色技术、绿色市场和绿色经济的基础上，按照环保与生态原则来选择和确定营销组合策略。在化解环境危机的过程中获得商业机会，在实现企业利润和消费者满意的同时，达成人与自然的和谐相处、共存共荣。

（4）医药企业在营销活动中体现社会价值观、伦理道德观，充分考虑社会效益，自觉维护生态平衡，自觉抵制各种有害营销。

4. 关系营销

关系营销指买卖双方间创造更亲密的工作关系与相互依赖的关系。企业与顾客、分销商、经销商、供应商等建立、保持并加强关系，通过互利交换及共同履行诺言，使企业与购买者之间创造更亲密的工作关系和相互依赖的伙伴关系，建立和发展双方的连续性效益，提高品牌的忠诚度和巩固市场。关系营销的核心是建立、发展与公众的良好关系。简单地说，关系营销即把营销活动看成是一个企业与消费者、供应商、分销商、竞争者、企业内部、政府机构及其他公众发生互动作用的过程。

5. 服务营销

自20世纪70年代以来服务业迅速发展，越来越多的资料显示，产品营销组合要素构成并不完全适用于服务营销，因此，有必要重新调整营销组合以适应服务市场营销的新情况。1981年美国学者布姆斯和比特纳将服务业市场营销组合修改、扩充为七个因素，即产品、价格、渠道、促销、人员、有形展示和过程，额外添加人员（People）、有形展示（Physical evidence）和过程（Process）三个因素。

6. 直复营销

直复营销是以盈利为目标，通过个性化的沟通媒介向目标市场成员发布发盘信息，以寻求对方直接回应（问询或订购）的社会和管理过程。它起源于美国，是发展最快的营销形式，反映了一种朝着目标化或一对一营销宣传的发展趋势。它是一种互动的营销系统，运用一种或多种广告媒介在任何地点产生可衡量的反应或交易。常用的媒体有邮购营销、电话营销、电视营销、广播营销、数据库营销等。

直复营销成功的关键是目标医药消费者的选择、产品质量与服务的保证、人性化互动关系的建立与维持等。

7. 网络营销

网络营销是借助联机网络、计算机通信和数字交互式媒体的威力来实现营销目标，是与市场的变革、竞争及营销观念的转变密切相关的一门新学科。医药网络营销的主要内容如下。

（1）在充分的市场调研基础上制订网络营销计划，以确定合理的目标，明确界定网络营销任务。

（2）锁定目标医药消费群，确定并分配营销任务。提供可靠的网络医药消费者服务，接受订单、销售产品、提供服务。

（3）与网络连接，设计创建界面友好、信息全面而丰富的企业网页，全面反映营销活动的内容，进行网络营销测试，开展网络营销的促销工作。在网络营销过程中不断对网页进行改进，确保网络的技术保证。

五种常见的电子
商务模式

8. 知识营销

知识营销是通过有效的知识传播方法和途径，将企业所拥有的对用户有价值的知识（包括产品知识、专业研究成果、经营理念、管理思想以及优秀的企业文化等）传递给潜在用户，并逐渐形成对企业品牌和产品的认知，将潜在用户最终转化为用户的过程和各种营销行为。知识营销向大众传播新的科学技术及其对人们生活的影响，通过科普宣传，让消费者不仅知其然且知其所以然，重新建立新的产品概念，进而使消费者萌发对新产品的需要，达到拓宽市场的目的。

9. 体验营销

体验营销是指企业通过采用让目标顾客观摩、聆听、尝试、试用等方式，使其亲身体验企业提供的产品或服务，让顾客实际感知产品或服务的品质或性能，从而促使顾客认知、喜好并购买的一种营销方式。这种方式以满足消费者的体验需求为目标，以服务产品为平台，以有形产品为载体，生产、经营高质量产品，拉近企业和消费者之间的距离。

体验营销的目的在于促进产品销售，通过研究消费者状况，利用传统文化、现代科技、艺术和大自然等手段来增加产品的体验内涵，在给消费者心灵带来强烈震撼的同时促成销售。体验营销模式包括节日模式、感情模式、文化模式、美化模式、环境模式、服务模式、个性模式、多元化经营模式。

三、4P 营销理论

4P 营销理论（The Marketing Theory of 4Ps），产生于 20 世纪 60 年代的美国，随着

营销组合理论的提出而出现。1953 年，美国哈佛商学院教授尼尔·博登（NeilBorden）在美国市场营销学会的就职演说中创造了"市场营销组合（Marketing mix）"这一术语，其意是指市场需求或多或少在某种程度上受到所谓"营销变量"或"营销要素"的影响。1960 年，美国密歇根州立大学教授杰罗姆·麦卡锡在其《基础营销》一书中将这些要素概括为四类，即产品（Product）、价格（Price）、渠道（Place）、促销（Promotion）。

4P 营销理论实际上是从管理决策的角度来研究市场营销问题。从管理决策的角度看，影响企业市场营销活动的各种因素（变数）可以分为两大类：一是企业不可控因素，即营销者本身不可控制的市场，如营销环境；二是可控因素，即营销者自己可以控制的产品、商标、品牌、价格、广告、渠道等。

产品策略（Product Strategy），主要是指企业以向目标市场提供各种适合消费者需求的有形和无形产品的方式来实现其营销目标。其中包括对与产品有关的品种、规格、式样、质量、包装、特色、商标、品牌，以及各种服务措施等可控因素的组合和运用。

定价策略（Pricing Strategy），主要是指企业以按照市场规律制定价格和变动价格等方式来实现其营销目标，其中包括对与定价有关的基本价格、折扣价格、津贴、付款期限、商业信用，以及各种定价方法和定价技巧等可控因素的组合和运用。

分销策略（Placing Strategy），主要是指企业以合理地选择分销渠道和组织商品实体流通的方式来实现其营销目标，其中包括对同分销有关的渠道覆盖面、商品流转环节、中间商、网点设置以及储存运输等可控因素的组合和运用。

宣传策略（Promoting Strategy），主要是指企业以利用各种信息传播手段刺激消费者购买欲望，促进产品销售的方式来实现其营销目标，其中包括对与促销有关的广告、人员推销、营业推广、公共关系等可控因素的组合和运用。

这四种营销策略的组合，因其英语的第一个字母都为"P"，所以通常也称之为"4Ps"。

📍 任务实施

一、医药营销案例分析

E 公司在滴眼剂领域中始终保持着领先地位，拥有着最高的广告知晓度，但随着市场竞争的日益激烈，E 公司滴眼剂这种产品也逐渐进入成熟期，销量停滞不前。为了更好地了解市场需求，企业进行了专门的市场调研。调查数据显示，最常使用 E 公司滴眼剂的消费者是 20 ～ 29 岁年龄组及长期频繁接触计算机的白领女性。因此，公司对 20 ～ 29 岁的年轻白领女性又进行了针对性调查。

该调查主要从以下四个方面进行。

第一，她们的需求是什么？调查显示，她们中大多数人是办公室白领，工作时间长达 8 个小时。长时间伏案于计算机前，在日光灯下工作，她们通常会感到眼部疲劳和干痒，但又认为无关紧要，往往一忍了之。

第二，跟她们交流最有效的方式是什么？调查数据表明，在现有的沟通方式中，微

信、QQ、邮件的使用率达到100%。

第三，她们能接受的价格集中在什么范围？调查数据表明，她们能接受的滴眼剂价格范围多集中在5～20元。

第四，她们常用的购买渠道是什么？调查显示，传统药店依然是主渠道，但网络营销平台也逐步成为其购买主渠道。

因此，E公司决定针对目标群体制订一个促销方案，该方案的目标如下。

（1）将营销的重点转移到20～29岁长期接触计算机的白领女性群体。

（2）充分挖掘E公司滴眼剂的产品特点，针对性地强调产品缓解眼疲劳、发痒的功效。

（3）充分运用广告的优势，创造出消费人群使用滴眼剂必要性的驱动力。

（4）迅速转化E公司滴眼剂的品牌形象，以年轻、时尚的形象吸引更多的年轻消费者，同时注意维护与老顾客的关系。

（5）产品定价在15～20元之间。

二、营销方案指导

请结合上述有关材料，从战略4Ps和战术4Ps角度分析E公司在市场竞争激烈、产品销量停滞的情况下，采用了哪些组合营销策略？

知识巩固

【案例分析】

药店经常会通过会员日、节假日促销等手段吸引顾客，虽然能够一时吸引顾客，增加营业额，但是随着时间的延长，仍然会出现营业额下滑现象，如图1-1所示。

图1-1　药店活动

要求：

1.案例中的药店主要采用了什么营销策略？

2.要解决药店面临的问题，核心问题是什么？

3.如何解决这个核心问题？

知识结构

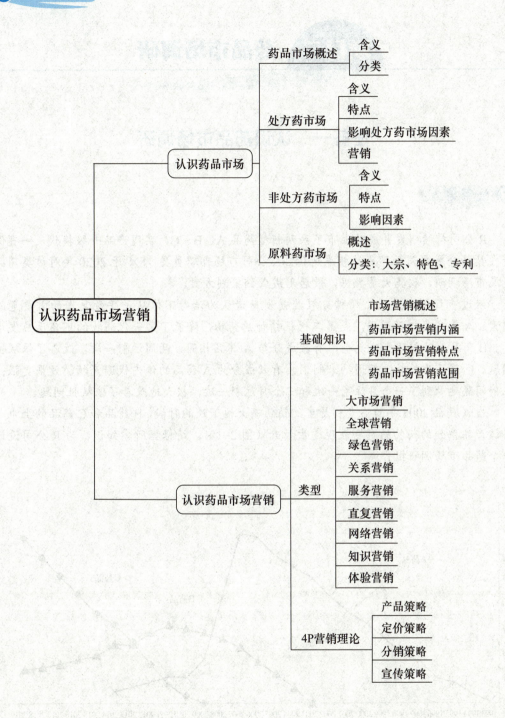

项目二　药品市场调研

任务一　认识药品市场调研

任务导入

　　R公司持续研发并成功上市了系列新型药品A、B、C，实现产品升级换代，一直保持在精神分裂症药物领域的领先地位。R公司市场部职员吴××于2020年对该类药品开展市场调研，收集大量数据，最后形成营销策划方案。

　　经过市场调研发现，精神分裂症复发患者认为治疗不依从是导致复发的首要危险因素。A药品为口服剂型，是第二代抗精神病药物，降低了第一代药物的不良反应发生率。B药品为注射用微球制剂，有效成分与A药品相同，两周注射一次，改善了依从性问题。C药品为长效注射用纳米制剂，有效成分为A药品的体内代谢产物，效果更强；注射间隔延长到了一个月注射一次和三个月注射一次，极大地改善了依从性问题。

　　当A药品2008年面临专利悬崖，销售额大幅下跌的时候，B药品和C药品的上市，将该产品系列的药物的市场表现逐步拉升（图2-1）。请根据所学知识，为R公司设计一个药品市场调研报告。

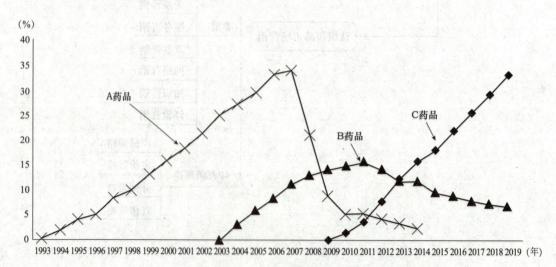

图2-1　R公司A、B、C系列药物全球销售趋势图

任务目标

1. 了解药品市场调研的概念。
2. 熟悉药品市场调研的特点、类型和作用，正确理解药品市场调研的内容。
3. 根据市场调研的方法和步骤，设计一个合理的药品市场调研方案，培养学生综合分析问题的能力。
4. 在市场调研学习中培养学生脚踏实地专注做事的精神，树立正确的学习观。

知识准备

一、药品市场调研概述

（一）药品市场调研的含义

药品市场调研是指个人和组织根据市场预测、决策等的需要，运用科学的方法和手段，系统地、有目的地、有计划地搜集、整理、分析相关药品市场信息，从而了解药品市场现状和发展趋势，提出意见和建议，为医药企业营销决策提供重要依据。

（二）药品市场调查的特点

（1）政策性。我国相关政府监管部门对药品制定了系统详尽的政策法规，对药品的研发、上市、生产、销售和使用过程做出了严格的规定。在药品市场调查中也需要在遵守国家法规要求的前提下，撰写调查问卷，搜集整理分析调查结果，为管理者决策提供依据。

（2）目的性。药品市场调研是一项有计划、有步骤的活动，具有很强的目的性，每次调研都需要一个总体规划，明确所要达到的目标。

（3）专业性。从事药品市场调查的人员必须在掌握统计学和营销学等知识之余，对医学、药学知识有系统的了解，才能更好地设计问卷，以及对调查结果进行统计分析。

（4）时效性。市场调研活动是在一定的时间范围内进行的，调研结果也只是反映特定时间内的信息和状况，只在特定的时期内有效。

（5）广泛性。主要表现在三个方面：一是调研的内容广泛，包括药品市场环境信息、市场需求信息、竞争对手信息、药品政策法规信息及相关药品信息等；二是调研方法广泛，有文案调查法、问卷调查法及观察调查法等；三是调研的途径广泛，可通过查阅文献、现场调查、电话访问等多种途径进行调研。

（6）针对性。市场信息包罗万象、错综复杂，市场调查必须有针对性、有选择性地进行。

（7）对象特殊性。药品市场调查的对象除了直接使用产品的患者外，还有拥有决策权的医生、药师等。在调查过程中，需要根据不同的调查目的选择恰当的调查对象。

（三）药品市场调查的作用

（1）有利于了解药品市场的情况，更好地满足消费者需求。

（2）有利于企业制定正确的营销策略，提高企业的竞争力。

（3）有利于发现营销机会，开拓新的市场。

二、药品市场调查的原则

药品市场调查有以下几个原则。

（1）客观性原则。市场调查必须体现客观性原则，要求在收集和整理分析资料的过程中，必须实事求是，尊重客观事实，切忌任何主观臆造。

（2）科学性原则。科学性原则主要体现在调查过程要按科学的步骤和程序进行，科学地选择调查方式、调查对象和拟定调查问卷等，并科学地收集、整理和分析调查资料。

（3）系统性原则。企业的生产和经营活动同时受内部因素和外部因素的影响与制约。在调查时，要处理好事物内在因素和环境因素及整体与局部的关系，全面系统地考虑问题。

（4）经济性原则。根据企业自身的实际情况和调查目的，在保证调查效果的基础上，力争以较少的投入达到最好的效果。

（5）时效性原则。市场调查应及时捕捉和抓住市场上有用的情报、信息，及时分析、及时反馈，为企业在经营过程中适时地制定和调整策略创造条件。

三、药品市场调查的内容

（一）药品市场宏观环境调查

药品市场宏观环境是间接影响药品企业市场营销活动的各项因素的总和。企业的经营活动时刻受到外部环境和自身条件的影响和制约。一般来说，宏观环境因素包括与医药企业营销活动有关的政治法律环境、经济环境、自然环境、科学技术环境、人口环境和社会文化环境等。这些环境不但制约着企业自身的生产经营活动，还影响着药品市场的供求变化。

1.政治法律环境调查

政治法律环境，是药品企业经营活动的大环境，影响医药行业的整体发展趋势。

对政治环境的调查主要是分析和研究与医药企业有关的国家路线、方针、政策的制定、调整及其对药品市场和企业营销活动的影响。

对法律环境的调查则是要分析研究国家的各项相关法律法规，尤其是和医药企业营销法相关的《药品管理法》《药品经营质量管理规范》等，除此之外，对于从事国际贸易的医药企业来说，还需要了解相关的国家间贸易要求、不同的贸易合作企业所在国家的药品相关法律规定。

2. 经济环境调查

经济环境决定了目标市场的大小、市场购买力的大小。经济环境调查主要是对药品市场的社会经济状况、社会购买力水平、消费者收入支出状况及税收等情况变化的调查。通过调查有助于企业分析销售区域的相关情况，以便确定营销策略中的重点，并制定适宜的营销价格策略。

3. 人口环境调查

人口是构成市场的三大要素之一，不同市场的人口状况，如年龄结构、性别比、人口规模、种族、教育背景等的不同，市场表现也会有很大差别。企业对人口环境的了解，可以帮助其理解消费者的购买行为，为企业管理决策提供依据。

4. 社会文化环境调查

社会文化环境对消费者的购买行为有着潜在的深层次影响，对当地社会风俗习惯、人口构成、文化教育水平、卫生健康水平等方面的调查，有利于企业制定有效的产品策略、价格策略、渠道策略和促销策略。

5. 科学技术环境调查

医药行业属于高科技行业，尤其是新药的研发，需要大量的专业科技人员运用先进的研发技术。在医药产品的营销过程中，需要保持对行业内最新科学技术发展状况的跟进，注意引进新的技术手段，保证企业营销手段和产品的先进性。

（二）药品市场竞争对手调查

对药品市场竞争对手进行调查，有利于医药企业更好地了解药品市场的变化规律，特别是市场价格的变动情况，从而进一步深入了解竞争对手，及时调整企业的经营策略，掌握竞争中的主动权。竞争对手情况调查主要包括以下几个方面。

1. 现实竞争对手调查

通过调查了解其竞争对手的基本情况、市场营销策略、经营范围、市场规模、竞争优势、竞争劣势、公共关系、企业形象、政府资源等和竞争产品情况（产品类别、品牌、包装、价格、渠道、促销方式、市场占有率等）。

2. 潜在竞争对手调查

对潜在竞争对手的调查主要是了解其资金、技术等资源优势，以及进入同一目标市场中首先可能开发的产品方向、原有市场营销渠道的建立状况及原有市场与现有市场的相关性等。

（三）药品市场消费者需求调查

市场营销的目的就是通过满足消费者需求从而使企业获利。企业市场营销活动是围绕着消费者需求开展的，所以在企业开展营销活动前，必须对消费者需求有进一步地深入了解和分析，针对消费者需求，如消费者的购买力状况；消费者的地区分布、购买频率、购买时间、品牌偏好、购买动机、生活方式等进行全面了解，为消费者提供满意的产品和服务。

（四）药品市场 4P 组合策略调查

4P 组合策略是企业为了实现营销目标，在目标市场定位策略确定后制定并实施的产品、价格、渠道和促销策略。在制定 4P 策略前，有必要对现有市场上相关内容进行调查，以便最终制定出有效的组合策略。

1. 产品调查

产品调查主要包括：产品一般情况调查（主要包括产品功能、使用方法、给药途径、产品的品牌、商标设计、包装设计、售后服务等）；产品组合调查（如同一医药产品不同剂型、不同规格、不同包装，适用于不同年龄层患者的产品等）；产品生命周期调查（该产品和市面上其他类似产品各处于产品生命周期的哪个阶段）；新产品技术调查等。

2. 价格调查

价格调查包括：同类医药产品的市场供求情况及其变化趋势，消费者对产品价格变化的反应，消费者对本企业品牌的认知程度等。

3. 渠道调查

渠道是指产品由医药生产企业向终端消费者转移过程中，所要经过的流通途径。调查的主要内容包括渠道的模式、覆盖范围、中间商（代理商、经销商、批发商和零售商）、物流配送模式等。

4. 促销调查

促销是医药企业与目标顾客沟通市场信息的主要方式，根据促销方式的不同，包括广告、人员推销、营业推广和公共关系等调查。其中，广告调查主要包括广告媒体调查（传播范围与对象、费用与要求）和广告效果调查（阅读率、收看率和记忆率）等。人员推销调查主要包括推销人员的地域分布、素质、报酬及有效的产品推销策略等。营业推广调查主要包括营业推广活动的效果评价、推广方式的选择等。公共关系调查主要包括系统公共宣传的效果、方式调研等。

"农夫山泉有点甜"是怎么来的

四、药品市场调查的类型

（一）根据调查目的和任务分类

根据调查目的和任务的不同，可将药品市场调查分为以下三类。

1. 探索性调查

探索性调查又称非正式调查或试探性调查，指调查者对需要调查的问题尚不清楚，无法确定应调查哪些内容时所采取的方法。处于调查的开始阶段，常用于调查方案设计之前的初步研究。

2. 描述性调查

为进一步研究问题症结所在，通过调查如实地记录并描述收集的资料，以说明"是什么""如何"等问题。进行调查需占有大量的信息情报，调查前有详细的计划和提纲，以保证资料的准确性，一般要实地进行调查。

3. 因果性调查

因果性调查是收集研究对象事物发展过程中的变化与影响因素的广泛性资料，分清原因与结果，解决"为什么"的问题。在描述性调查的基础上，进一步分析问题发生的因果关系，并弄清楚原因和结果之间的数量关系。

除了按照调查目的和任务不同分类外，药品市场营销调查还可以按市场调查主体的不同，分为政府部门的市场调查、社会组织的市场调查、企业的市场调查和个人的市场调查；按市场调查区域的不同，可分为国际市场调查、全国市场调查、地区性市场调查；按市场调查主题的不同，可分为综合性市场调查和专题市场调查。

（二）根据调查对象的范围大小划分

1. 普查

普查也称全面调查，是对市场调查对象总体的全部单位无一遗漏地进行调查。普查的优点是：所获得的资料完整、全面、准确。但普查所耗费的人力、财力和时间较多，一般不常使用，除非被研究总体中单位较少，项目比较简单。

2. 重点调查

重点调查是一种非全面调查，指在调查对象总体中，选择一部分重点样本进行的调查，侧重该样本的量的方面。重点调查的特点是以较少费用和时间，更加及时地掌握基本情况，有利于调查人员抓住主要矛盾采取措施。重点调查主要在紧急情况下使用。

3. 典型调查

典型调查是一种非全面调查。典型调查是有目的地选取有代表性的样本进行调查，侧重该样本的质的方面。适用于调查总体庞大、复杂，调查人员对情况比较熟悉，能准确地选择有代表性的典型作为调查对象的市场调查。

4. 抽样调查

抽样调查指根据随机或非随机的原则，从调查对象总体中，按一定规则抽取部分样本而进行的调查，用所得结果说明总体情况的调查方法。例如，某企业从外地购进某种药品，需要进行质量和等级检查，可采用随机取样进行检查，计算出等级品率及抽样误差，从而推算出药品的质量和等级情况，并用概率表示推算的可靠程度。

采用抽样调查的方法，可以在较短的时间内，用较少的费用和人力，通过控制误差，获得比较准确的资料，这种方法既能排除人们的主观选择，又简便易行，是目前药品市场调查中采用的最基本的调查方法。

随机抽样的方法

五、药品市场调查的方法

在进行药品市场调查时，获取市场信息资料的途径主要有两种：一是收集药品市场第一手信息资料的实地调查；二是从各种文献资料中收集药品市场历史性信息资料的文案调查。

（一）实地调查法

实地调查法包括询问法、观察法和实验法。

1. 询问法

询问法又称采访法、访谈法，是指以询问的方式向被调查者收集、了解市场信息的一种调查方法。它是药品市场调查中收集第一手资料最常用、最基本的一种实地调查方法，包括面谈询问、电话询问、信函询问、留置问卷、网上询问五种方法，如表 2-1 所示，调查中需根据具体情况选择适当的方法。

表 2-1　五种询问调查法优缺点比较

方法	优点	缺点
面谈询问	调查者可以直接、深入地了解被调查者的真实观点；采集到的资料比较详细、可靠；询问回收率高	对调查员综合素质要求较高；费用较高、时间较长；调查范围相对较窄
电话询问	速度快，范围广，费用低；可询问面谈时感到不自然或不便的问题；可拟定统一的调查询问表格，便于对方回答和统计	不易深入交谈，不便询问较为复杂的问题；被调查者不配合或敷衍
信函询问	不受行业和区域的限制，调查面广；被调查者有充分的时间思考；采集到的信息较真实；成本低	回收时间长，回收率低；填答问卷时可能得不到解释而误解含义；不容易探测用户的购买动机
留置问卷	问卷回收率较高；被调查者可当面了解问卷要求，避免误解；被调查者有充分的时间思考，真实性较高；介于邮寄调查和面谈之间	调查范围有限；调查费用较高
网上询问	收集信息广泛、及时、便捷；采集的信息较真实；费用低	调查对象选择难以控制；持续时间难以控制；不配合回答现象较多

2. 观察法

观察法指调查人员对某一具体事物进行直接观察，如实记录。可以是调查人员直接到调查现场进行观察，也可以是安装录音机、摄像机、照相机等进行录制和拍摄。

3. 实验法

实验法指从影响调查问题的许多因素中选出一两个因素，将它们置于一定条件下进行小规模实验，并对实验结果进行分析的一种方法。例如，某药厂欲对其某种 OTC（Over the Counter，非处方药）产品是否需要改良包装进行实验。可以采用新旧包装产品互换区域销售，如果实验结果新包装产品的销售量比旧包装产品销售量高许多，那么企业应该考虑换新包装，以提升销售量。

（二）文案调查法

文案调查也称为二手资料调查，是指调查人员通过各种途径查阅得到的文献和档案资料，从中搜集相关市场信息的一种调查方法，包括企业内部资料和企业外部资料。

二手资料调查不受时间、地点的限制，时间成本较低，但资料的时效性较差。如果需要最新的数据资料，往往需要配合进行实地调查补充搜集一手资料。不同来源的二手资料受最初资料搜集、整理加工者的素质和专业能力的影响，质量参差不齐，准确度和全面性差别较大，需要在搜集过程中予以甄别。尽量选择信任度较高的二手资料，并在整理分析过程中对信息来源作出说明。

课堂讨论

毛泽东同志曾提出"没有调查，没有发言权"。习近平同志也强调"调查研究是谋事之基、成事之道""没有调查就没有发言权，没有调查就没有决策权"。无论在什么工作中，调查的重要性是有普遍意义的。请结合实际谈谈市场调查在市场营销工作中的意义。

六、药品市场调查的步骤

市场调查是一种有计划、有组织的活动，必须遵循一定的工作程序，才能有条不紊地实施调查，取得预期的效果。市场调查的主要步骤，如图2-2所示。

图2-2　药品市场调查步骤

（一）确定调查主题和目标

在进行市场调查活动时，应当首先找出需要解决的主要问题，选定调查主题，明确调查任务和目标。营销决策涉及的内容广泛，先要进行一些探索性调查研究，通过初步探索，确定市场调查的起点和重点；明确为什么要调查、调查什么问题；具体要求是什么；搜集哪些资料等。

（二）设计调查方案

科学设计调查方案是保证调查取得成功的关键。市场调查方案是整个药品市场调查工作的行动指南，起到保证市场调查工作顺利进行的重要作用。药品市场调查方案，一般包括以下主要内容：①调查目的；②具体调查内容；③调查对象和范围；④调查方式和方法；⑤人员分工和工作进度；⑥经费预算。

（三）实施调查

1.搜集二手资料

搜集二手资料通常是市场调查中获取信息的第一步，具体方法有直接查阅、索取、交换、购买，以及通过情报网搜集和复制等。

2. 搜集一手资料

搜集第一手资料的方法是实地调查。实地调查是调查人员进行现场搜集资料的过程，也是调查能否成功的关键。实地调查的方法有询问法、观察法和实验法等。

实地调查常用的方法是询问法，在实施调查过程中，经常遇到的问题有：①入户访问时被调查者不在；②被调查者不予合作，拒绝回答问题；③被调查者随便回答，造成误差；④由于调查人员的年龄、性别、态度或语气的原因，使调查结果产生偏差。

①要注意事先约好时间；②要说明调查意图，打消被调查者疑虑，取得其信任；③要善于启发，辨别真伪，进行核实；④要提高调查人员的素质，合理组织，加强相互配合与复核检查，以保证调查材料的真实可靠。

（四）整理和分析调查资料

整理和分析调查资料是对市场调查收集到的资料进行鉴别与整理，制定统计表和统计图，并对整理后的市场资料进行统计分析和开展研究。

药品市场信息资料大多是零散的、不系统的，不能反映所研究内容的本质和规律性，通过调查资料的整理和分析，达到去粗取精、去伪存真的目的，提高资料的准确性、针对性和适用性。

（五）撰写市场调查报告

市场调查最后阶段的主要任务是撰写市场调查报告，总结调查工作，评估调查结果。市场调查报告是用文字、图表的形式反映调查内容和结论的书面材料，是整个调查研究成果的集中体现，是对市场调查工作的最终表达形式，是制定市场营销决策的依据。

任务实施

一、确定调查目的

为准确判断 B、C 市场的市场潜力、药品分布与药品渗透、市场购买力等情况，并为制订有效决策提供信息支持。

二、编写调查方案

（1）以市为单位，调查未覆盖医院二级以上的数量及已覆盖医院、未覆盖科室的数量。

（2）调查未覆盖医院、科室神经内科床位数、病人流转率、精神类药品出院带药量、住院天数、病人数量等基本信息。

（3）调查已覆盖医院竞争产品的渗透情况，如销售量、销售排名、销售趋势和优劣势等。

三、调查的组织实施

针对调查具体内容可以借助专业机构或上网查询、现场调查、询问等收集一手资料的文案调查方式。

各组自己设计调查问卷，准备好调查工具，学习相关知识。作出项目执行安排，分工协作，经培训后具体实施。

四、撰写调查报告

对调查资料进行整理并讨论分析，撰写调查报告。

任务评价

教师明确调查目的和要求，适时指导任务的实施。学生分组组织，按步骤开展任务，形成调查报告。任务结束后，进行交流，师生共同评价工作成果。

考核内容包括基本技能、准备工作、分析能力、表达能力、合作能力等，具体内容见表2-2。

表2-2 任务实施评价表

考核项目	考核标准	分值	得分
设计调查方案	方案设计无明显缺陷	30	
设计调查问卷	调查问卷符合调查目的要求，结构完整，问题设计无明显缺陷	30	
撰写调查报告	格式准确，表达较有条理	20	
团结协作	组内成员分工合理、团结协作	20	
合计		100	

知识巩固

【案例分析】

某医药零售连锁企业在经营过程中，经常需要进行市场调查活动。该企业准备新开一家分店，需要开展调查，目的是了解有关情况，降低投资风险，通过调查为企业做出正确的决策提供依据。

要求：

1.思考实施调查需要经过哪几个步骤？

2.讨论针对新开分店需要进行哪些方面的调查？

3.调查过程中可以运用哪些方法？

任务二 药品市场调研方案的设计

📍 任务导入 ●

某医药企业的调查结果显示该公司感冒药品的购买者多为 18～65 岁的女性，这个结果是客观的吗？请为该公司设计一个感冒药的市场调研方案。

📍 任务目标 ●

1. 了解药品市场调查方案的含义。
2. 熟悉药品市场调查方案设计的原则。
3. 能够设计和评价市场调研方案。
4. 在市场调查方案设计学习中，培养学生实事求是的科学精神、吃苦耐劳的品格和雷厉风行的作风。

📍 知识准备 ●

一、药品市场调查方案的含义

药品市场调查方案也称为药品市场调查计划书，指在进行实际调查之前，根据药品市场调查研究的目的和调查对象的性质，对调查工作总任务的各个方面和各个阶段进行通盘考虑而制定的实施计划。设计市场调查方案是药品市场调查活动的重要步骤，是对调查本身的具体设计，对调查起指导性作用。

二、药品市场调查方案设计的原则

（一）科学性

调查方法、调查时间、数据整理分析方法、经费预算等内容的设计必须满足科学性的要求。尤其是在数据整理分析过程中，分析方法的选择和分析过程要符合科学原理，否则分析结果容易出现偏差，很难提出建设性的意见，甚至无法得出分析结果。

（二）可行性

调查方案是对调查实施过程的规划，必须符合调查目的和企业市场实际状况，具有可执行性，针对方案实施过程中可能出现的问题做出预防措施，提出解决预案。

（三）有效性

在调查经费预算的约束下，在规定时间内，调查结果可以满足调查目的的要求，能够为调查人员提供有效的市场信息，避免经过大量调查工作得到的信息过于简略，不能为决策人员的营销决策提供有效的参考依据。

（四）时效性

药品市场瞬息万变，对药品市场的调查必须讲求时效性，调查行动迅速、及时地反映市场变化趋势。药品市场信息获取的时间与其价值成反比，获取速度越快，信息质量越高，其价值越大。

科学性、可行性、有效性和时效性是从不同方面对市场调查方案提出的要求，四者之间相互联系、相互影响。同时满足这四项原则要求的设计方案就是合适的选择。

三、设计药品市场调查方案

市场调查方案要根据具体的药品市场调查项目有针对性地设计，主要从以下方面进行。

（一）确定调查的目的

调查目的应该明确、具体。在确定要进行调查时，可以考虑以下问题："为什么要进行这项调查？""想要知道什么？""知道后有哪些作用？"等。

（二）确定调查内容

即确定调查哪些事项和搜集哪些方面的资料。调查内容还应根据调查目的细分为更具体的指标和项目，并针对所选择的调查方法设计出具体的调查问卷、观察表或调查大纲。

（三）确定调查对象和地区范围

确定调查对象是明确被调查个体的特性和调查的总体范围，解决向谁调查和由谁来具体提供资料的问题。

调查地区范围应与企业产品销售范围相一致，如调查范围定为销售范围中的某一个或两个城市。由于调查样本数量有限，可在城市中划定若干个小范围调查区域，将总样本按比例分配到各个区域实施调查。

（四）确定调查的方式和方法

调查方式是指市场调查的组织形式，通常有普查、重点调查、典型调查、抽样调查等；调查方法是指搜集资料的方法，如询问法、观察法、实验法、文案法等。当需要二手资料时，可以采用文案调查法；当需要第一手资料时，应采用实地调查法。

（五）确定调查人员和安排工作进度

确定人员和安排工作进度将调查工作明细化，根据调查任务和工作量，进行调查人员合理安排和分工，明确各调查人员的工作职责。调查人员应具备良好的职业道德，相当的文化知识水平，认真务实的工作态度，处理问题和灵活应变的能力。安排调查进度，制定进度时间表。同时，需要对人员履职、经费使用、工作进度、实际效果等进行监督。

（六）确定调查经费预算

经费预算是调查活动的资金安排，按可能发生的项目逐一列表估算，主要考虑方案设计费、问卷设计费、培训费、调查费用、出差补助、交通费、资料整理费、其他费用等方面，可参考表2-3。

表2-3 市场调查费用预算表

项目序号	项目名称	项目费用/元	备注
1	问卷设计、印刷		
2	调查员培训		
3	文案资料搜集费		
4	实地调查费		
5	调研差旅费		
6	数据资料处理		
7	调研报告撰写		
8	项目利润		（调研中介考虑项目）
合计			

不同的药品市场调查方案包含的内容并不是千篇一律的，在设计调查方案时，其内容和详尽程度可以根据调查的实际情况进行调整。

【案例分析】市场调研助推药品销售

市场调研费用项目

🔘 任务实施 ●

治疗一般感冒的非处方药市场竞争越来越激烈。面对新的市场、新的机遇，众多生产和销售企业在产品研发、市场开拓、营销组合、营销管理等方面将采取何种应对措施，正确的经营决策起关键作用，而市场调查能起到提供决策依据的作用。某制药企业是一家有名的生产感冒药的厂家，准备在某地区针对企业生产的治疗感冒的药品——"×××"药，进行一次消费市场状况的专题调查活动，了解消费者对"×××"药和竞争品牌药的认知和使用情况，为企业制定营销策略提供依据。假如你是该制药厂的一名市场调查负责人，请为此制定一个市场调查方案。

要求选取现实中常见的一个具体品牌，根据【任务导入】，设计"×××"药市场调查方案，包括如下内容：

一、调查目的

了解消费者对"×××"药和竞争品牌药的认知和使用情况，包括其效果、价格、销量、发展状况等，为企业如何调整营销组合策略提供依据。

二、调查对象及范围

1. 调查对象为 18～65 岁的感冒药消费者。

2. 调查范围为×××城区。

三、调查时间

×年×月×日～×月×日

四、调查内容

1. 消费者治疗感冒的方法有哪些。

2. 消费者对感冒的认知水平。

3. 消费者首选的抗感冒的药有哪些，为什么首选这些药。

4. 消费者对市场上××抗感冒药品牌及竞品的了解情况。

5. 消费者对市场上××抗感冒药的评价。

五、调查方法

采用问卷调查法，可选择人流量大的地方在街头随机抽访行人填写问卷的方式进行。

六、调查进度安排

根据调查时间安排调查进度。

七、人员组织与要求

调查小组成员若干人分工合作，各成员要发挥自己的长处，发扬团队协作精神，积极向上，实事求是，认真做好调查工作。在调查过程中，要指导被调查者正确填写，保证收回问卷的有效性。

八、调查经费预算

市场调查费用预算表，如表 2-4 所示。

表 2-4　市场调查费用预算表

项目序号	项目名称	项目费用（元）	备注
1	问卷设计、印刷		
2	调查员培训		
3	文案资料搜集费		
4	实地调查费		
5	调研差旅费		
6	数据资料处理		
7	调研报告撰写		
8	项目利润		（调研中介考虑项目）
合计			

任务评价 ●

教师明确调查目的和要求，适时指导任务的实施。学生分组组织，按步骤开展任务，形成调查报告。任务结束后，进行交流，师生共同评价工作成果。

考核内容：基本技能、准备工作、分析能力、表达能力、合作能力等，具体内容见表2-5。

表2-5 任务实施评价表

考核项目	考核标准	分值	得分
准备工作	熟悉背景资料，运用自如	20	
调查目的、对象、范围、时间	目的明确、对象精准，范围、时间合理	20	
调查内容、方法	内容全面、无明显缺陷，方法运用得当	20	
调查经费预算	经费预算合理、经济、可操作性强	20	
团结协作	组内成员分工合理、团结协作	20	
合计		100	

知识巩固 ●

【案例分析】

××药店为了解某钙片在该店的销售情况，提升自己在市场营销方面的社会实践能力，为药店钙片的进货、销售提供理论参考依据，打算在某片区进行社会调查。请为该药店拟一份调查方案。

【典型案例】抗感冒药消费市场调查方案

任务三 设计药品市场调研问卷

任务导入 ●

某企业准备上市A产品，为获得最大效益要求营销人员对A产品进行科学定价。营销人员和调研人员调查A产品主要竞争对手是B、C、D、E四个产品，对应的价格分别是20元/盒、21元/盒、19元/盒、35元/盒；另外经过前期产品测试的调查发现A产品较目前几个竞争对手有质量优势，因此选择的价格区间在22～35元/盒之间。假设你是这家企业的调研人员，该怎样设计这份问卷呢？

🔍 任务目标 ●

1. 了解调查问卷的结构。
2. 掌握市场调研问卷的设计要求、调查问卷设计的步骤。
3. 熟悉市场调研问题设计。
4. 培养学生在市场调研设计问卷中养成耐心做事的品质。

🔍 知识准备 ●

问卷调研是市场营销调研中收集第一手资料最普遍使用的工具，是沟通调研人员与被调研对象之间信息交流的桥梁。因此，调研问卷的设计是市场调研的一项基础性工作。其设计得是否科学直接影响市场调研的成功与否，需要认真仔细地设计、测试和调整。调研问卷也称调研表，是系统记载需要调研的问题和调研项目的书面问卷。

一、市场调研问卷设计要求

调研问卷是目前为止市场调研中最常用的工具，问卷的设计是否科学直接影响市场调研的成功与否。因此，进行市场调研前需要认真仔细地设计、测试和调整调研问卷。问卷的设计要求有清晰的思路、丰富的经验、一定的设计技巧及十足的耐心。具体应注意以下几个方面的问题。

（一）主题明确

根据调研目的，确定调研主题；在深刻理解调研主题的基础上，决定调研所需要的资料、调研表的具体内容和形式。

（二）问题适当

提出的每个问题都应对调研目的有帮助；应避免漏掉应该被回答的问题；问题的措辞应简单、直接，便于回答；必须避免倾向性、引导性、暗示性的提问。

（三）通俗易懂

调研问卷要使被调研者一目了然，避免歧义，愿意如实回答；问卷中的语言要平实，语气诚恳，避免使用专业术语；提问要讲究艺术性、趣味性，使被调研者乐意回答；对于敏感问题应采取一定技巧，使问卷具有较强的可答性和合理性。

（四）长度适宜

问卷中所提出的问题不宜过多、过细、过繁；问卷的长短可以因受访者对主题的关心程度、询问场所、调研对象类型、调研员训练程度而定，一个问题只能包含一项内容，以不超过25个问题为宜；回答问卷的时间不应太长，一份问卷回答的时间一般不多于30分钟。

（五）结构排列合理

问卷中问题的排序应有一定的逻辑顺序，符合被调研者的逻辑思维程序，一般是由简单到复杂、由表面直觉到深层思考、由一般性问题到特殊性问题排序。

调查问卷的外观
设计

（六）便于统计

设计时要考虑问卷回收后的数据汇总处理，便于进行数据统计处理。

二、调查问卷的结构

调查问卷的基本结构，通常包括标题、引言、正文、附录等内容。

1. 标题

标题概括说明调查的研究主题，表明这份调查问卷的调查目的是什么。

2. 引言

引言主要包括问候语、自我介绍、填表说明等，这部分文字要简明易懂，能激发被调查者兴趣，获得合作和支持。

3. 正文

正文是问卷的主体部分，也是调查问卷最重要的部分，是市场调查所要搜集的主要信息，由一个个精心设计的问题与答案所组成。

4. 附录

附录告知调查活动的结束和对被调查者合作的感谢，记录下调查人员姓名、调查时间、调查地点和问卷编号等。要求简短明了，简单的问卷也可以省略。

三、市场调研问题设计

一份调研问卷要想成功取得目标资料，除了做好前期大量的准备工作外，必须对问题的类别和提问方式与技巧仔细考虑，否则会使整个问卷产生很大的偏差，从一定程度上影响调研问卷的质量。因此，在设计问卷时，应对问题有较清楚的了解，并善于根据调研目的和具体情况选择适当的提问方式与技巧。

（一）调研问卷的问题类型

根据问题的答案是否具有规定性，问题一般有两种：封闭式问题和开放式问题。

1. 封闭式问题

封闭式问题指事先给定了备选答案，被调研者只能在所规定的答案范围内进行选择的问题。封闭式问题常用于描述性、因果性调研。

2. 开放式问题

开放式问题是指由被调研者用自己的话来自由作答的问题。开放式问题常用问答题的形式，容易设计，被调研者回答不受限制，答案能真实反映被调研者的想法，但缺点是对答案的整理分析比较困难，所以在一份调研问卷中只能占小部分。开放式问题常运用于探测性调研阶段，以了解人们的想法与需求。

（二）调研问卷的提问方式

1. 二项选择法

二项选择法也称真伪法，是指对提出的问题仅有两个答案可选择，非此即彼。如"是"或"否"、"有"或"无"、"喜欢"或"不喜欢"等。

例如，你购买药品时注重牌子吗？①是（　　）②否（　　）

2. 多项选择法

多项选择法是在提问时一个问题提供两种以上的备选答案，请应答者选择其中一项或几项答案。

例如，下面列出的咽喉类药品，您服用过哪几种？①华素片（　　）②金嗓子喉片（　　）③草珊瑚含片（　　）④桂林西瓜霜（　　）⑤双料喉风散（　　）

3. 自由回答法

自由回答法是调研者围绕调研内容提问，不设定备选答案，被调研者不受任何约束，自由回答。例如，"您对××品牌的感冒药有什么看法？"

4. 比较法

比较法让回答者对调研对象的性质进行判断，做出比较。被调研者可以在"同意"或"不同意"、"重要"或"不重要"、"极好"或"极差"之间选择。

例如，你如何看待"进口药品比国产药品要好"的说法？①非常同意（　　）②同意（　　）③中立（　　）④不同意（　　）⑤坚决不同意（　　）

5. 排序法

排序法让回答者对多个给定答案排序。排序法设计中，应注意提示答案不宜过多，过多则应答者难以准确排序，而且回答结果也容易分散。

例如，您购买××药品时优先考虑的因素是：

请将优先顺序号1、2、3填写在答案前面的（　　）内。

（　　）价格（　　）质量（　　）效果（　　）品牌（　　）外观（　　）售后服务（　　）其他

6. 打分法

打分法在提问时给出若干提示答案，请应答者根据自己的认识打分，以反映被调研者对有关事物的看法、观点和评价。

例如，在您看完××广告节目以后，请您就以下几个评价指标在相对位置打分：

程度打分（最差）1　2　3　4　5　6　7　8　9　10（最佳）

①主题是否突出（　　）

②画面是否清晰（　　）

③能否引人注意（　　）

④品牌是否明确（　　）

7. 印象回想法

印象回想法主要用于了解顾客的兴趣、注意力、选择记忆和平常的生活习惯。例如"请您回想一下，最近一年来引起您注意的感冒药的品牌名称有哪些？"

8. 词汇联想法

词汇联想法列出一些词汇，每项一个，由被调研者提出他头脑中涌现的第一个词。

例如，当您听到下列字眼时，您脑海中涌现的第一个词是什么？

同仁堂　　纯中药、老字号、信誉好……

9. 语句完成法

提出一些不完整的语句，每次一个，由被调研者完成该语句。

例如，当我的朋友购买馈赠亲友的保健品，我推荐_____。

10. 故事完成法

提出一个未完成的故事，由被调研者来完成它。

例如，在网上购物后，收到的商品与你在网上订购的有区别时，你会……请完成这个故事。

数据资料的处理

四、设计调查问卷的程序

设计问卷一般来说包括八个环节，如图 2-3 所示。

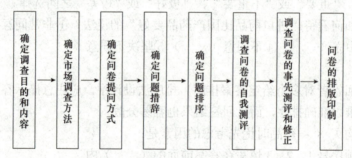

确定调查目的和内容 → 确定市场调查方法 → 确定问卷提问方式 → 确定问题措辞 → 确定问题排序 → 调查问卷的自我测评 → 调查问卷的事先测评和修正 → 问卷的排版印制

图 2-3　调查问卷设计的步骤

调查问卷是市场调查的重要工具之一，在市场调查方案的设计中需要一并设计完成，在搜集信息步骤中使用。调查问卷设计的程序一般来说要经过以下几个步骤。

（一）确定调查目的和内容

调查问卷需要围绕一定的主题展开，这个主题就是根据已经确定的调查目的和调查内容而确定的。

（二）确定市场调查方法

市场调查中可选择的调查方法多种多样，可以选择实地调查或从二手信息中寻找资料。实地调查中可使用观察法、实验法或询问法，即使在同一个询问法下，也有邮寄问卷、电话调查、留置问卷、网络调查、面谈调查等不同的选择，各种调查方法各有优缺点。对调查问卷的设计要求也各有不同，需要调查问卷设计人员在调查目的和内容基础上选定调查方法，从而确定调查问卷的设计方向和具体要求。

（三）确定问卷提问方式

问卷提问的方式包括封闭式和开放式两种。不同的提问方式获得的信息量不同，调查对象回答的难易程度和问卷设计的难易程度都不相同，调查结果的统计工作量也不同，需要在问题具体内容设计之前根据调查要求（如信息量）和调查人员实际情况（如工作人员的设计能力和统计人员数量等）合理安排，避免出现调查信息量不够或统计工作难以推进的情况。

（四）确定问题措辞

调查对象和调查人员之间主要通过调查问卷进行信息沟通，尤其是在双方无法见面的邮寄问卷和网络调查等调查方法中，调查人员无法当面解释调查问卷的内容，需要调查对象独立完成，双方沟通的方式主要通过书面的文字，各个问题的措辞直接影响调查对象对问题的理解和回答，甚至影响调查对象的调查配合度。因此，调查问卷中各问题的措辞就显得十分重要，需要调查设计人员在满足调查目的和内容的前提下，按照问题措辞的要求设计问卷，避免出现误解和错误答案，影响调查结果。

（五）确定问题排序

问题的顺序会对调查对象产生影响。因此在问卷设计时也必须考虑问题的排序，一方面要方便调查人员的统计，另一方面要吸引调查对象，便于调查对象填写。

（六）调查问卷的自我测评

调查问卷初步完成后，可由设计人员自我测评，检查问卷是否符合问卷设计的目的性、逻辑性、可答性、适宜性、便于处理性和客观性，是否围绕调查目的和内容展开，是否满足调查方法的需要，问题的提问方式、措辞和排序是否恰当，问卷内容是否能够获取调查所需的信息。

（七）调查问卷的事先测评和修正

在调查人员自我测评结束后，可邀请部分符合调查对象条件的人员，进行小范围内的测评。通过测评寻找问卷中可能存在的问题，如措辞不准确、不具体、语意含糊、封闭式提问中选项设计缺失等，避免在正式调查中出现同样问题，影响最终结果。

（八）问卷的排版印制

问卷内容设计完成并通过测评后，根据调查方法的要求不同，需要对问卷模式和内容进行电子排版，保证问卷形式的版面整齐、美观，便于调查对象阅读和作答。

课堂讨论

在一份药品调查问卷中有以下问题。

1. 您对 ×× 药品的价格和疗效是否满意?

A. 满意　　　　　　　B. 不满意

2. 如果购买进口药品会使我国工人失业,您认为爱国人士应该购买进口药品吗?

A. 应该　　　　　　　B. 不应该　　　　　　　C. 不知道

3. 您经常收看哪类电视栏目的?

A. 经济生活　　　　　B. 电视相亲　　　　　　C. 电视剧场

D. 新闻节目　　　　　E. 健康

为培养同学们的团队合作精神,以 5～8 人为一个小组,讨论以下问题:

1. 你认为以上提问存在哪些不当之处?说明理由。

2. 如果存在不当请修改或重新设计。

任务实施

一、目的

熟悉调查问卷的结构和模式,能够根据企业实际状况和调查计划制定市场调查问卷。

二、内容

某医药公司拟在学校附近开设一家零售药店,需要以本校学生为调查对象,在校内进行一次药品消费者购买行为调查(内容可关于消费者的购买对象、购买时间、购买动机、购买方式、购买角色、购买地点、竞争对手的经营状况等)。请根据企业实际情况,设计一份可以由被调查对象自行完成的、规范的市场调查问卷。

三、过程与方法

1. 将学生分为若干组,每组4～6人,布置任务。

2. 分析市场调查的要求,设计出市场调查问卷。

3. 将讨论结果制作成PPT,提交任课教师。

四、考核结果

消费者调查问卷和PPT报告。

任务评价

教师明确调查目的和要求,适时指导任务的实施。学生分组组织,按步骤开展任务,形成调查报告。任务结束后,进行交流,师生共同评价工作成果。

考核内容:基本技能、准备工作、分析能力、表达能力、合作能力等,具体内容见表2-6。

表 2-6 任务实施评价表

考核项目	考核标准	分值	得分
准备工作	熟悉背景资料，运用自如	10 分	
市场调查问卷	符合设计的目的性、逻辑性、可答性、适宜性、便于处理性原则	30 分	
问卷设计思路	思路清晰，体现出严谨的逻辑思维能力	30 分	
PPT 陈述	PPT 制作清晰有条理，语言表达流畅	20 分	
团结协作	组内成员分工合理、团结协作	10 分	
合计		100 分	

📍 知识巩固 ●

根据任务二【知识巩固】中的调查方案、调查目的及主题设计为该药店设计一份调查问卷，注意问卷中问题的类型、数量、措施以及问卷整体结构。

【典型案例】
调查问卷

任务四 药品市场调研报告撰写

📍 任务导入 ●

A 制药公司是一家以生产 OTC 药品为主的企业，其中 YY 药品（可自行在 OTC 药品中确定一种药品）的销售网络遍及全国许多城市，除了在全国各地自建销售公司外，还十分重视对分销商的开发工作。目前公司销售网络还未覆盖到中南地区的一些城市，对未覆盖市场进行有序开发是公司进行市场开拓的重要策略。准确掌握未覆盖市场销售终端的药店市场规模，以及现在产品与竞争产品的渗透情况，有利于该公司有计划、有目的地实施市场开拓战略。

准确掌握以上资料，需通过实地调查收集第一手材料，并通过其他渠道获得二手资料进行辅助研究。调查内容包括调查当地（商圈）药店数量、药店基本营业情况、YY药品渗透情况、指定竞争药品渗透情况、各药店地址、负责人及联系方式、调查当地上年人口数等。请根据调查资料为该公司撰写调查报告。

📍 任务目标 ●

1. 了解药品市场调研报告的含义。
2. 熟悉药品市场调研报告的撰写原则。

3.掌握调查报告的主体结构。

4.在药品市场调研报告的撰写中，培养学生善于透过现象看本质的能力、从严从实的作风及"从群众中来到群众中去"的群众路线。

📍 知识准备 ●

一、药品市场调研报告的含义

药品市场调研报告是根据药品市场调研资料和调研结果加以概括，并予以说明的书面报告，是对药品市场营销信息进行归纳和传递，是整个药品市场调研活动和工作的最终成果。

药品市场营销调研的最后一个步骤就是撰写一份高质量的药品市场调研报告，供委托者或企业管理层作为营销决策的参考。调研报告的内容、质量决定了以其决策行事的有效程度。

二、药品市场调研报告的撰写原则

（一）尊重事实，不能先入为主

市场调研一般都有明确的目的，到哪里去、调研什么，事先都有设想和调研提纲。撰写时，不能以主观设想的调研提纲为依据，要依据调研所得的事实撰写，不允许用调研之前设想的结论去套用或改造客观事实，更不能虚构。

（二）善于抓住本质

调研所得的信息是各种各样的，甚至会有截然相反的意见。因此，撰写时要善于抓住最能说明问题的材料，不要堆砌很多材料还说明不了问题。有些材料很好，但与调研主题无关，可以写成另外的调研报告。

（三）定性分析与定量分析相结合

定量分析有大量数据做支撑，能增强说服力；定性分析能发挥人的主观能动性，把握市场发展的趋势和方向。因此，两者应有效结合。

（四）多用群众的生动语言

撰写调研报告可以而且应当对调研所得的材料进行加工提炼、集中概括，但是对于群众中生动的语言要尽量采纳，并保持其原来的面貌，使报告既能说明问题，又引人入胜。

三、调查报告的主体结构

调查报告是市场调查过程中最重要的一个环节，是对整个市场调查工作，包括制订调查方案、搜集信息、整理数据、分析数据等一系列过程的书面总结，是全体调查人员劳动与智慧的结晶，也是调查人员和决策者之间沟通、交流的主要形式。它将调查人员的整个调查工作过程、战略性的建议及其他结果全面集中地呈现在决策者面前，是真正能为决策者提供管理决策依据的书面沟通工具。因此，完整的市场调查工作必须在数据分析工作结束后，认真撰写调查报告，准确分析调查结果，明确给出调查结论。调查报告制作时应做到实事求是、突出重点、图表丰富、语言精练。市场调查报告的主体结构主要包括以下几方面。

（一）封面

调查报告的封面是管理者看到调查报告的首页，决定了管理者对调查报告的第一印象，在排版上要做到简洁大方，主要内容包括题目、完成部门或人员、完成日期等。

【案例分析】
咽喉药市场调查

调查报告的题目应尽可能贴切、简练地表明调查项目的性质和主题，至少包括调查对象、调查研究的变量。例如，"中国保健品市场竞争情况分析报告""中国抗肿瘤药物研究报告"等。在具体形式上，主要有直述式、表明观点式、提出问题式三种。

（二）摘要

摘要是对调查报告主题内容的简单概括，只给出报告中最重要的内容，简要地提示调查中的所有重大发现、结论和建议。摘要应简短、切中要害，使管理者可以从中大致了解调查的过程、最主要的调查结论和建议。

（三）目录

目录页是对调查报告内容提纲挈领式的总结。当调查内容较多时，包含了大量文字、图表和附录，有必要将目录专列在正文内容前，方便管理者翻阅正文内容。

（四）正文

正文是调查报告的最重要部分，是对整个市场调查的详细记录和总结，包含调查目的、调查方法、调查程序、发现的问题等内容。在正文中应适当使用数字、表格和形象化的辅助物，如条形图、饼状图、分布图和其他工具，帮助表现内容，有助于突出重点，更直观地展示数据。正文中要用准确、恰当的语句描述，结构要严谨，推理要有逻辑性。在正文结尾部分，通常要对调查中出现的不足之处做出说明，如不足之处出现的原因、减少不足的方式。

（五）结论和建议

结论和建议是根据调查过程中发现的问题和信息，结合企业的情况提出解决方法。结论与建议应尽量言简意赅。结论是一种归纳和概括，是针对调查所提出的问题的回答，是能够把调查结果有效地表达给读者的一种陈述，或者经过统计分析得出的数字。建议则是经过对调查结论的分析，结合各方面信息得出的，一般是对企业管理者的经营管理行为提出的合理指导意见。

（六）附件

附件是对调查报告正文的补充说明，通常包括市场调查中用到或总结出的过于复杂、专业性的资料，或是与正文间接相关的资料。如调查问卷样本、抽样名单、调查地址清单等，对每一项内容设置编号，并在正文中相应的位置注明，以便管理者查阅。

📍 任务实施

根据任务三【任务导入】市场调查问卷的结构撰写一份市场调查报告。具体要求如下。

市场调查报告撰写的技巧

一、封面

封面内容包括题目、完成部门或人员、完成日期。

二、摘要

给出报告中最重要的内容，简要地提示调查中的所有重大发现、结论和建议。

三、目录

列出调查报告的主要章节和附录，标明章节页码。

四、正文

调查目的、调查方法、调查程序、发现的问题。

五、结论和建议

言简意赅并根据调查过程中发现的问题和信息，结合企业的情况提出解决方法。

六、附件

调查问卷样本、抽样名单、调查地址清单、地图、统计检验计算结果、数据统计表格、相关图表等。

📍 任务评价

教师明确调查目的和要求，适时指导任务的实施。学生分组组织，按步骤开展任务，形成调查报告。任务结束后，进行交流，师生共同评价工作成果。

考核内容：基本技能、准备工作、分析能力、表达能力、合作能力等，具体内容见表 2-7。

表 2-7　任务实施评价表

考核项目	考核标准	分值	得分
封面	内容包括题目、完成部门或人员、完成日期	10	
摘要	给出报告中最重要的内容，简要地提示调查中的所有重大发现、结论和建议	20	
目录	列出调查报告的主要章节和附录，标明章节页码	20	
正文	调查目的、调查方法、调查程序、发现的问题	30	
结论和建议	言简意赅并根据调查过程中发现的问题和信息，结合企业情况提出解决方法	10	
附件	调查问卷样本、抽样名单、调查地址清单、地图、统计检验计算结果、数据统计表格、相关图表等	10	
合计		100	

知识巩固

【案例分析】

根据任务二和任务三【知识巩固】中的调查方案、调查问卷的分析结果，为该药店撰写一份市场调查报告。

知识结构

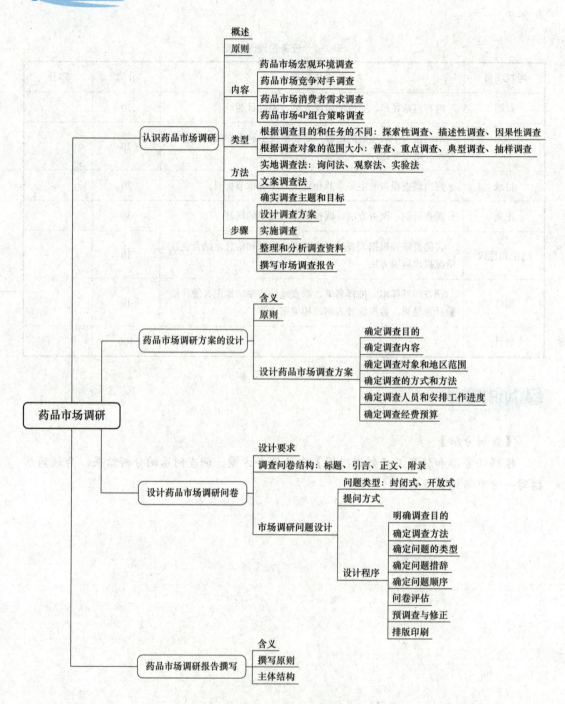

项目三　药品市场开发

任务一　药品市场环境分析

任务导入

2016年4月26日，国务院正式发文，明确医改试点省份推广"两票制"。按《国务院办公厅关于印发深化医药卫生体制改革2016年重点工作任务的通知》（国办发〔2016〕26号）的规定，2016年内"两票制"在国家医改试点省份必须落地。这给企业带来了机会，也迎来了挑战，比如两票制和配送对普通耗材、检验试剂生产企业、代理商的影响。普通耗材和检验试剂的招标是以市标为主，这就要求以前采取省代理模式的医疗器械生产厂家必须下沉渠道，形成以地级市代理商为核心的市场格局。

请根据所学知识，为企业策划一份SWOT分析方案及应对策略。

任务目标

1.掌握SWOT分析方法。

2.熟悉宏观和微观市场营销环境因素以及对营销活动的影响。

3.了解市场营销环境的概念、特点等。

4.培养学生学会用SWOT分析方法分析优势、劣势。

知识准备

一、药品市场营销环境概述

市场营销环境是指与企业营销活动有潜在关系，直接和间接影响企业营销活动的所有外部力量和相关因素的集合。美国著名营销学家菲利普·科特勒对市场营销环境的定义是："市场营销环境是指影响企业的市场营销活动不可控制的参与者和影响力。"因此，可以定义药品市场营销环境是指影响和制约药品企业进行市场营销活动的各种因素和客观条件的总和，也是药品企业赖以生存的内外部条件。

课堂活动

讨论：药品市场营销环境与普通商品市场营销环境的区别是什么？

（一）药品市场营销环境的特点

1. 客观性

药品市场营销环境对药品企业生存、发展的影响和制约作用是不以人们的意志为转移的，对企业市场营销活动的影响具有强制性和不可控制性。

2. 差异性

不同的国家，不同的民族和不同的地区之间，药品宏观市场营销环境存在着明显的不同。

3. 关联性

各环境因素间相互影响和相互制约。某一环境因素的变化会引起其他因素的互动变化；企业营销活动受多种环境因素的共同制约。

4. 多变性

药品市场营销环境随着社会经济的发展不断变化，是一个动态的过程。

5. 复杂性

外部环境因素对药品营销活动的影响是多方面的，使许多因素交织在一起，同时作用于企业，形成复合的影响因素。

6. 不可控性

一个国家政治、法律制度、人口增长以及一些社会文化习俗等，企业无力改变。

（二）药品市场营销环境的分类

药品市场营销环境的影响因素是复杂多样的，根据影响力和制约力的不同，可分为宏观环境和微观环境两大类。

宏观环境是指间接影响和制约企业营销活动的力量和因素，具有不可控性，包括人口环境、经济环境、自然环境、政治和法律环境、科学技术环境，以及社会文化环境等多方面因素。微观环境是指直接影响和制约企业营销活动的力量和因素，其可控性较强，包括医药企业的供应商、中间商、顾客、竞争者、社会公众，以及影响营销管理决策的企业内部各组织。

微观营销环境受市场营销环境的影响大，而社会环境对宏观营销环境的影响也不容忽视。宏观环境和微观环境两者之间并非并列关系，一般来说微观环境受制于宏观环境，如图 3-1 所示。

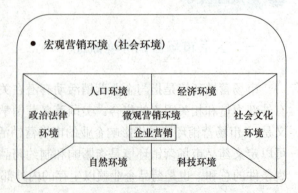

图 3-1　宏观营销环境和微观营销环境的关系

（三）药品营销环境分析的重要性

药品企业的营销活动离不开药品市场营销环境，企业和营销环境各因素之间，就如同鱼和水的关系一样，保持着物质、能量的输入输出关系，关乎企业的生存和发展。药品营销环境分析具有以下重要意义。

（1）这是药品企业营销活动的立足点和根本前提。

（2）有利于药品企业认清环境中的优势和劣势，扬长避短。

（3）这也为药品企业经营决策提供了依据。

二、药品市场宏观环境分析

宏观营销环境是间接影响和制约企业营销活动的社会性力量和因素。企业必须对宏观营销环境进行分析。分析宏观营销环境的目的在于更好地认识环境，通过企业营销努力来适应社会环境及其变化，达到企业营销目标。

药品市场宏观营销环境主要包括人口环境、经济环境、政治和法律环境、社会文化环境、自然环境、科学技术环境。

（一）人口环境

人口是市场的第一要素，人口环境及其变化对市场潜量、格局产生深刻影响，是成功开展企业营销活动的基本依据。分析因素包括人口数量、人口结构和人口分布等，如图 3-2 所示为不同类型的增长人口。

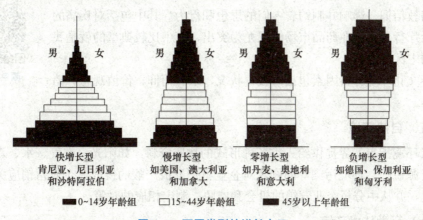

快增长型　　　　慢增长型　　　　零增长型　　　　负增长型
肯尼亚、尼日利亚　如美国、澳大利亚　如丹麦、奥地利　如德国、保加利亚
和沙特阿拉伯　　　和加拿大　　　　和意大利　　　　和匈牙利

■ 0~14岁年龄组　□ 15~44岁年龄组　■ 45岁以上年龄组

图 3-2　不同类型的增长人口

（二）经济环境

经济环境是指企业营销活动所面临的外部经济因素，其运行状况及发展趋势会直接或者间接地对企业营销活动产生影响。分析经济环境的目的：社会购买力是决定市场规模大小的重要因素之一。一个国家或地区的经济环境会影响整个社会的购买力。经济环境分析因素

家庭生命周期

我国家庭变化
趋势及其影响

包括：消费者收入、消费者支出、消费者储蓄、消费者信贷。

（三）政治和法律环境

法律和政治环境是影响企业营销的重要宏观环境因素，包括政治环境和法律环境。政治环境引导着企业营销活动的方向，而法律环境为企业规定经营活动的行为准则。

政治环境指企业市场营销活动的外部政治形势和状况，以及国家方针政策的变化对市场营销活动带来的或可能带来的影响。一个国家的政局稳定与否，会给企业营销活动带来重大的影响。特别是在对外贸易活动中影响很大。政治环境因素主要表现为政府所制定的方针政策，如人口政策、能源政策、物价政策、财政政策、货币政策等。

药品集中带量采
购常态化

法律环境是指国家或地方政府所颁布的各项法规、法令和条例等。法律是企业营销活动的准则，企业只有依法进行各种营销活动，才能受到国家法律的有效保护。我国主要的法律法规：《中华人民共和国公司法》《中华人民共和国民法典》《中华人民共和国商标法》《中华人民共和国专利法》《中华人民共和国广告法》《中华人民共和国食品安全法》《中华人民共和国环境保护法》《中华人民共和国反不正当竞争法》《中华人民共和国消费者权益保护法》等。

（四）社会文化环境

社会文化是人类在创造物质财富过程中所积累的精神财富的总和，它集中体现了一个国家的文明程度，是人类创造社会历史的发展水平、程度和质量的状态。

社会文化作为一种适合本民族、本地区的价值观念、风俗习惯、审美观、宗教信仰，影响并制约着人们的思想和行为。其中包括对疾病的看法和治疗行为，这在药品市场体现尤为突出，其中比较典型的就是我国传统的中医、中药。

颜色也会影响
营销

社会文化环境分析因素包括：教育状况、宗教信仰、价值观念、消费习俗等。

（五）自然环境

自然环境指自然界提供给人类各种形式的物质资料，如阳光、空气、水、森林、土地等。资源短缺、环境污染等问题，对企业营销形成严峻的挑战。企业营销应关注自然环境变化，并从中分析企业营销的机会和威胁，制定相应的对策。

（六）科学技术环境

科学技术是社会生产力中最活跃的因素，它影响着人类社会的历史进程和社会生活的方方面面，对企业营销活动的影响更是显而易见。

三、微观营销环境分析

微观营销环境是直接影响和制约企业营销活动的力量和因素。企业必须对微观营销环境进行分析。分析微观营销环境的目的在于更好协调企业与相关群体的关系，促进企业营销目标的实现。影响微观营销环境分析有六大因素：供应商、企业内部、营销中介、顾客、公众、竞争者等。

（1）供应商分析。供应商的资源变化直接影响企业营销计划和营销目标的完成。

（2）企业内部分析。企业内部各部门工作的协调关系，直接影响企业的整个营销活动。要求协调和处理好各部门之间的矛盾和关系，进行有效沟通，协调、处理好各部门的关系，营造良好的企业环境，更好地实现营销目标。

（3）营销中介分析。营销中介是指为企业营销活动提供各种服务的企业或部门的总称。营销中介对企业营销产生直接的影响，只有通过营销中介，企业才能把产品送到目标消费者手中。营销中介的主要功能是帮助企业推广和分销产品。营销中介的对象有：中间商、营销服务机构、物资分销机构、金融机构。

（4）顾客分析。顾客是市场的主体。企业只有得到了顾客的认可，才能赢得这个市场，现代营销强调把满足顾客需要作为企业营销管理的核心。顾客来自五种市场：消费者市场、生产者市场、中间商市场、政府市场、国际市场。

（5）公众分析。公众是企业营销活动中与企业营销活动发生关系的各种群体的总称。公众对企业的态度，既有助于企业树立良好的形象，也可能妨碍企业的形象。企业必须采取处理好与主要公众的关系，争取公众的支持和偏爱，为自己营造和谐、宽松的社会环境。公众的类型有：金融公众、媒介公众、政府公众、社团公众、社区公众、内部公众。

（6）竞争者分析。竞争者分析的内容有：竞争企业数量、规模、营销能力、产品、营销策略、资源等。

课堂讨论

随着药品集中采购政策的实施，2019年，"4+7"11个试点城市集采的25种药品扩围到全国；2020年，32种、55种药品分别成功入选第二批、第三批国家药品集采"名单"；2021年，第四批、第五批国家药品集采分别"团购"45种、61种药品，并在第六批胰岛素专项集采实现生物药集采新突破……

从高血压、糖尿病、消化道系统疾病等常见病、慢性病用药，到恶性肿瘤等重大疾病用药、罕见病用药，药品集采呈现"加速度"。药价的下降，使老百姓获得了实惠，比如2021年10月第五批国家组织药品集采落地后，海军军医大学第一附属医院肛肠外科主任张卫发现，用于治疗结肠癌的原研药奥沙利铂注射剂从每支价格近2 000元降到310元。"降价最初，患者都不敢相信医生开的是同一种药。"张卫说，从"用不起"到"放心用"，集采给患者带来了实实在在的好处。

提速扩面是集采常态化、制度化的应有之义。伴随着集采政策的实施，使医药企业的营销环境发生了变化，面对此市场环境，医药企业必须认真应对，把握时机和降低风险。

分组讨论，以 5～8 人为一个小组，讨论以下问题：

1. 集采政策的实施使企业的宏观和微观营销环境发生了哪些变化？请举例说明。

2. 当遇到不可预测的变化时，如何把握时机、降低风险、迎接挑战？

四、企业对营销环境的策略

企业应该运用科学的分析方法，加强对营销环境的分析。

（一）SWOT 分析法

SWOT 分析是将宏观环境、市场需求、竞争状况、企业营销条件进行综合分析，分析出与企业营销活动相关的优势、劣势、机会和威胁。进行市场营销分析的目的：随时掌握发展趋势，从中发现市场机会和威胁，有针对性地制定和调整自己的战略与策略，不失时机地利用营销，尽可能减少威胁带来的损失。分析因素包括内部条件和外部环境，内部条件即优势、劣势，外部条件有机会、威胁。

优势（Strengths）是企业较之竞争对手在哪些方面具有不可匹敌、不可模仿的独特能力。劣势（Weakness）是企业较之竞争对手在哪些方面具有缺点与不足。

机会（Opportunities）是外部环境变化趋势中对本企业营销有吸引力的、积极的、正向的方面。威胁（Threats）是外部环境变化趋势中对本企业营销不利的、负面的方面。

对企业优势和劣势分析的出发点是企业自身的能力与竞争对手能力的比较，而对机会与威胁的分析则更多从营销环境出发。因此，SWOT 分析是一种结合了企业自身和企业外部环境的综合分析方法。

（二）SWOT 分析法的主要步骤

SWOT 分析法常常被用于制定医药集团发展战略和分析竞争对手情况，在战略分析中，它是最常用的方法之一。进行 SWOT 分析时，主要有以下几个方面的内容。

1. 分析环境中的主要变量

（1）优势和劣势分析。企业的优势是指在执行策略、完成计划以及达到确立的目标时可以利用的能力、资源以及技能，是企业较之竞争对手在哪些方面具有不可匹敌、不可模仿的独特能力。优势是一个整体的概念，但是在进行 SWOT 分析的时候，企业要把自己的优势资源进行分解，越细致越好，这样才能找到差异，强化竞争意识。劣势的分析同样也要具体化，企业的劣势是指能力和资源方面的缺少或者缺陷，企业较之竞争对手在哪些方面具有缺点与不足。SWOT 分析法优势和劣势的内容列举，见表 3-1。

表 3-1 优势和劣势包含的内容举例

SW 项目	优势（S）	劣势（W）
内容	（1）有利的金融环境	（1）企业形象不良
	（2）被广泛认可的市场地位	（2）关键技术缺乏
	（3）成本优势	（3）设备落后
	（4）优秀的产品质量	（4）销售渠道不通
	（5）良好的团队合作	（5）经营管理不善
	（6）与供应方长期稳定的合作关系	（6）研究开发落后
内容	（7）良好的企业形象	（7）产品质量不高
	（8）良好的生产经营管理方法	（8）经营成本高
	（9）先进的技术设备	（9）市场竞争不利
	（10）完善的服务体系	（10）缺少优秀技术人才
	（11）有利的竞争态势	
	（12）与经销商长期稳定的合作关系	

（2）机会与威胁分析。机会是市场营销环境变化给企业营销带来的有利条件。威胁是市场营销环境变化给企业带来的不利局面和压力。机会与威胁不是固定不变的，在一定条件下可以相互转化，二者是辩证关系。SWOT 分析法机会和威胁的主要内容列举，如表 3-2 所示。

表 3-2 机会和威胁包含的内容举例

OT 项目	机会（O）	威胁（T）
内容	（1）市场增长迅速	（1）市场增长缓慢
	（2）政策支持	（2）不利的政府政策
	（3）尚未出现真正的领袖品牌	（3）替代品销售上升
	（4）行业趋势好，市场空间大	（4）国外资金抢夺市场份额
	（5）需求差异化增加	（5）竞争压力增大
	（6）资源充足	（6）新的竞争者进入行业
	（7）购买者保健消费意识增强	（7）用户讨价还价能力增强
		（8）消费者价格敏感性增强

2. 构造 SWOT 矩阵

将调查得出的各种环境因素根据轻重缓急或影响程度等排序方式，构造 SWOT 矩阵。在此过程中，将那些对企业发展有直接的、重要的、大量的、迫切的、久远的影响因素优先排列出来，而将那些间接调查得出的各种环境因素，根据轻重级别或影响程度等排序，构造 SWOT 矩阵。这些因素一般通过建构一个 SWOT 分析表格，把优势、劣势与机会、威胁相组合研究，再形成 SO、ST、WT、WO 策略，如表 3-3 所示。SWOT

表格表明企业内部的优势和劣势与外部的机会和威胁的平衡程度。其中 SO 战略是利用企业内部长处去抓住外部机会；WO 战略是利用外部机会来改进企业内部弱点；ST 战略是利用企业长处去避免或减轻外来的威胁；WT 战略是克服企业内部弱点和避免外来威胁。

表 3-3　SWOT 矩阵表（中药产业为例）

内部因素 外部因素	优势（S） （1）资源丰富； （2）药品替代优势； （3）自主知识产权	劣势（W） （1）产业整体创新能力差； （2）企业规模小、人才缺乏； （3）新药研发与国际规则差距大； （4）缺少科学有效的监督综合体系
机遇（O） （1）新医药改革； （2）国家政策倾斜； （3）基本药物出台； （4）在全球得到广泛认可	SO 战略：利用企业内部长处去抓住外部机会。 （1）合理引入外资，提高中药行业整体水平； （2）扩大市场占有率； （3）巩固自主知识产权	WO 战略：利用外部机会来改进企业内部弱点。 （1）推进市场多元化以拓宽出口市场； （2）提高管理水平、加大中药创新体系建设； （3）加大中药专业人才培养体系的建设
威胁（T） （1）在全球金融危机的大环境下，中药产品出口还是受到严峻考验，出口增幅趋缓或出现下降。 （2）受文化认识的影响，中药在多数国家尚未进入主流药品市场，也未纳入医疗保险体系	ST 战略：利用企业长处去避免或减轻外来的威胁。 （1）强化质量管理规范，保证药品安全有效； （2）实行企业扩张，形成大规模集团，带动品牌建立发展； （3）增强创新意识，加强对新药、技术的研发	WT 战略：克服企业内部弱点和避免外来威胁。 （1）完善专利技术保护体系，规范市场竞争行为； （2）明确市场定位

3. 撰写 SWOT 分析报告

SWOT 分析法不仅是列出四项清单，还要通过评价企业的优势、劣势、机会、威胁，对 SO、WO、ST、WT 战略进行选择，并得出结论，即在企业现有的内部条件和外部环境下，选择最合适的策略，最终形成分析报告。SWOT 分析报告的结构，如表 3-4 所示。

表 3-4　SWOT 分析报告的内容

项目	内容
标题	简短性语句概括全篇内容
前言	主要是背景介绍或者说明分析目的
正文	介绍企业自身发展的状况 明确企业的内外部环境变化及其发展趋势 运用 SWOT 分析法进行列表分析

续表

项目	内容
结论	确定企业的发展战略和营销策略

随着药品营销环境的改变，企业所面临的机会和威胁都可能在不断地发生变化。企业应充分重视药品市场营销环境的研究分析工作，并相应调整营销策略，使药品市场营销环境与企业的生存发展相适应，为企业的发展加速。

课堂作业

作为一名高职院校的学生，全面了解自己，了解所学专业，了解将要面对的职业竞争环境，在此基础上对自己的学习生活和职业生涯进行规划是非常必要的。请运用SWOT分析法完成下列要求：

1. 请用SWOT分析法对自身的条件和所处的医药行业、就业环境进行分析。

2. 对自己以后的发展和职业生涯进行规划，制定应对措施，撰写个人SWOT分析报告。

任务实施

第一步：认真阅读实训背景案例，通过文献资料调查进一步了解目前医用耗材企业面临的环境因素。

第二步：列出目前医用耗材企业面临的环境中的优势、劣势、机会、威胁（参考教材的SWOT表，列示在SWOT表中）。

第三步：为医用耗材企业制定相应的战略和策略。

第四步：最终形成一份SWOT环境分析报告。

任务评价

评价内容包括：基本知识和技能、准备工作、判断能力、表达能力、合作能力等，具体内容，如表3-5所示。

表3-5　任务实施评价表

考核项目	考核标准	分值	得分
准备工作	对背景案例和文献资料的归纳清晰	10	
SWOT分析表	对环境中的S、W、O、T的内容分析全面、准确	20	
应对策略	制定的相应策略准确、有针对性	20	

考核项目	考核标准	分值	得分
撰写环境分析报告	撰写环境分析报告	20	
PPT 陈述	PPT 制作清晰有条理，语言表达流畅	10	
团结协作	组内成员分工合理、团结协作	20	
合计		100	

知识巩固

【案例分析】

随着中国经济不断发展以及人民收入水平的提高，人们对健康服务的需求日益增加。中医药是建设健康中国的独特资源，加快推进健康中国建设，需要发挥中医药及其优秀传统文化的独特作用。"坚持中西医并重，大力发展中医药事业"是国家的发展战略，促进中医药事业健康发展，需要优化中医药产业结构，培育知名品牌和企业，逐步形成中医药文化产业链。要让全社会形成尊重和保护中医药传统文化知识、重视健康的良好社会风气，在开放中发展中医药。作为一名将来要在医药行业从事工作的人员，应该积极为发展中医药事业做出应有的贡献。

1. 查找与中医药事业发展相关的政策法规等制度规定，对查找结果进行列举。
2. 就"大力发展中医药事业"对医药企业营销带来的环境影响谈谈你的看法。

任务二 药品市场需求预测

任务导入

某企业产品 X 于 2005 年 8 月上市，该产品主要主要在医院销售，月均销售额约为 50 万元，现要求其在价格保持不变的情况下，销售额增长 2 倍，达到月均销售 100 万元。销售数量＝处方患者数×购买及消费量。对于医院处方患者数量，可以通过调查目标医院数量、目标科室数量、目标医生数量、处方产品的医生数量和每位医生开具处方产品的患者比例来分析处方患者数提升的机会点；对于购买及消费量的调查，可从患者依从性、增加剂量对疗效的益处和医生给患者每次处方数量来分析相关机会点。经过调查，目前医院覆盖数量有 150 家，预计可以在近期增加到 250 家，另外目前平均有 1.5 个科室使用相关产品，每家医院平均可以再拓展 1 个科室使用产品 X，可以顺利实现销售增长的目标。请思考药品的预测方法有哪些？

任务目标

1. 了解药品市场预测的类型。
2. 熟悉药品市场预测的作用，定性预测方法。
3. 掌握定量预测方法特别是简单平均法和加权平均法。
4. 培养学生预测事情的能力，对未知世界充满希望的乐观心态。

知识准备

一、药品市场预测概述

（一）药品市场预测的概念

药品市场预测是在药品市场调研的基础上，运用逻辑学、数学、统计学等科学的预测方法，预先对药品市场未来的发展变化趋势做出定性描述和定量估计，为医药企业的经营决策提供可靠的依据。

（二）药品市场预测的作用

药品市场预测具有以下作用：

（1）有利于医药企业制订和实施正确的市场营销策略；

（2）有利于医药企业对市场的预测；

（3）有利于医药企业提高市场适应力；

（4）有利于医药企业提高企业经济效益。

销售人员意见综合预测法

（三）药品市场预测的类型

药品市场预测通常可以按预测范围、预测时间、预测性质来分类。

（1）按预测范围可分为宏观药品市场预测和微观药品市场预测。宏观药品市场预测是对整个药品市场的预测分析，研究总量指标、相对数指标，以及平均数指标之间的联系与发展变化趋势。微观药品市场预测是医药企业对产品市场的需求量、市场占有率等方面的预测。

（2）按预测的时间可分为长期预测、中期预测和短期预测。长期预测指时间在5年以上的市场变化及其趋势的预测，为医药企业制订总体发展规划和重大营销决策提供科学依据。中期预测指时间在1～5年的预测，为医药企业中期经营发展战略决策提供依据。短期预测指时间在1年之内的预测，帮助医药企业适时调整营销策略，为制订季度和年度营销计划提供决策依据。

（3）按预测的性质可分为定性预测和定量预测。定性预测指研究、探讨、预测医药产品在未来市场表现的性质。定量预测是确定预测医药产品在未来市场可能的销售数量。

二、定性预测方法

定性预测指预测者根据已经掌握的药品市场信息资料，运用个人的经验和主观判断能力对药品市场的未来发展趋势做出性质和程度上的预测。常用定性预测方法主要有以下几种：类比法、类推法、主观概率法、德尔菲法、专家会议法、用户调查法。

三、定量预测方法

预测是根据已掌握的比较完备的历史统计数据，运用一定的数学方法进行科学的加工整理，借以揭示有关变量之间的规律性联系，用于预测和推测未来发展变化情况的一类预测方法。

（一）时间序列预测法

时间序列法是将某种经济统计指标的数值，按照时间先后顺序排成序列，再运用数学方法分析其变动规律，预测未来的发展变化趋势的方法。具体方法有简单平均法、加权平均法、移动平均法、指数平滑法等。

1. 简单平均法

如果医药产品的需求形态近似于平均形态或医药产品处于成熟期，可用此法进行预测。将过去的实际销售数量的时间序列数据进行简单平均，把平均值作为下一期的预测值。其预测模型为：

$$Y = \sum_{i=1}^{n} X_i \ (i=1,2,3,\cdots,n)$$

式中：Y 为预测值，X_i 为第 i 期的数值；n 为期数。

例如，某医药公司在 2017 年前三季度某药品销售额分别为 120 万元、160 万元、170 万元，预计 2017 年第四季度该医药公司该药品的销量额如下。

第四季度销售额 =（120+160+170）/3=150（万元）

2. 加权平均法

当过去的实际销售量有明显上升或下降趋势时，使用此法。逐步加大近期实际销售量在平均值中的权数，然后予以平均，确定下期的预测值。其预测模型为：

$$Y=(W_1X_1 + W_2X_2 + \cdots W_nX_n)/(W_1+W_2+\cdots W_n)= \sum_{i=1}^{n} W_iX_i \ / \sum_{i=1}^{n} W_i \ (i=1,2,3,\cdots n)$$

式中：Y 为预测值；X_i 为第 i 期的数值；W_i 为第 i 期对应的权重；n 为期数。

以上述预测医药公司第四季度药品销售额为例，根据距离预测期近的权数递增的原则，分别赋予前三季度的权重为 1、2、3，预测第四季度值为：

第四季度预测销量额 =（120×1+160×2+170×3）/（1+2+3）=158.3（万元）

3. 移动平均法

移动平均法是根据时间序列的各期数值做出非直线长期趋势线的一种比较简单的方

法，连续求其平均值，再计算出相邻两期平均值的变动趋势，然后计算平均发展趋势，进行预测。这种方法较上述两种方法准确度高，实用性强。

4. 指数平滑法

指数平滑法是市场预测中常用的方法。它是移动平均法的发展，实际上是一种特殊的加权移动平均法，加权的特点是对距预测期较近的数据给予较大的权数，对距预测期较远的数据给予较小的权数，权数由近到远按指数规律递减。指数平滑法可分为一次、二次指数平滑法和多次指数平滑法。这里只介绍一次指数平滑法和二次指数平滑法。

一次指数平滑法以时间序列的最后一个一次指数平滑值为基础，建立预测模型，确定市场预测值。其公式为：

$$S_t^{(1)} = \alpha X_t + (1-\alpha)S_{t-1}^1 \quad (t = 1,2,3,\cdots n)$$

式中：$S^{(1)}$为第 t 期观察值的一次指数平滑值；X_t 为时间序列观察值；α 为平滑系数，且 $0 \leq \alpha' \leq 1$。

二次指数平滑法是在一次指数平滑法的基础上，对呈现线性趋势的时间序列数据一次指数平滑值再做一次指数平滑，然后利用两次指数平滑值，建立预测的数学模型，最后运用数学模型确定预测值。二次指数平滑法的基本公式为：

$$S_t^{(2)} = \alpha S_t^{(1)} + (1-\alpha) S_{t-1}^{(2)}$$

式中：$S_t^{(2)}$为第 t 期的二次指数平滑值；$S_t^{(1)}$为第 t 期的一次指数平滑值；$S_{t-1}^{(2)}$为第 $t-1$ 期的二次指数平滑值；α 为平滑系数，且 $0 \leq \alpha \leq 1$。

预测的数学模型为：

$$Y_{t+T} = a_t + b_t T$$

式中：Y_{t+T} 为第一期的预测值；t 为预测模型所处的时间周期；T 为由预测模型所处的时间周期至需要预测的时间之间的周期数；a_t、b_t 为参数。

$$a_t = 2S_t^{(1)} - S_t^{(2)};$$

$$b_t = \frac{\alpha}{1-\alpha} \left(S_t^{(1)} - S_t^{(2)} \right)$$

（二）因果分析预测法

因果分析预测法又称为回归分析法，是根据事物之间的因果关系来预测事物的发展和变化，通过对需求预测目标有直接或间接影响因素的分析找出其变化规律，并根据这种变化规律来确定预测值。回归分析法是对两个及以上变量之间的因果关系进行分析，找出事物变化的原因，并用数学模型预测事物未来的发展变化，包括一元线性回归预测法和多元回归分析法两种方法。

【案例分析】
莲花清瘟胶囊
的前因后果

任务实施

总体要求：将全班分成若干组，以组为单位，搜集所给定药品 X 的资料，小组讨论，以 PPT 汇报的形式对药品的其中两种预测方法进行药品 X 的分析。具体实施如下。

（1）每组随机选取定性或者定量预测分析方法或者混合方法进行分析，要求每组的分析方法尽可能不同。

（2）组内布置任务，搜集两种药品涉及的分析方法，说出选择这两种分析方法的原因并进行药品销售增长的预测，要求体现团队合作。

（3）PPT 制作要求精美、有层次感。

（4）汇报内容定位准确，能够提出有针对性的改进策略和方法。

（5）汇报时要求着装整齐，仪容仪表大方得体，语言流利，对汇报内容熟悉。

任务评价

教师明确本次任务的目的和要求，适时指导任务实施。学生分组组织按步骤开展完成任务。任务结束后，进行交流，师生共同评价工作成果。

评价的内容主要是：基础知识掌握、准备工作、分析能力、表达能力、小组合作等，具体内容见表 3-6。

表 3-6　任务实施评价表

考核项目	考核标准	分值	得分
准备工作	背景资料收集充分，运用自如	20	
预测方法	预测组合方法合理、原因分析恰当	15	
销售目标的预测	预测目标合理，原因分析恰当	15	
意义分析	分析无明显缺陷，理由有说服力，阐述清晰	30	
团结协作	组内成员分工合理、团结协作	20	
合计		100	

知识巩固

某医药公司 2018—2022 年的销售额分别为 500 万元、520 万元、580 万元、600 万元、700 万元。试用下列方法预测 2023 年的销售额。

（1）用算术平均法。

（2）用加权平均数法，其中权数分别为 0.1、0.15、0.2、0.25、0.3。

任务三　药品市场细分

📍 任务导入

新康泰克作为第一个感冒药合资品牌进入中国以来，以高市场份额领跑中国感冒西药市场，年增长率高于整个品类的增长水平。新康泰克产品包括新康泰克蓝色装（美扑伪麻片）、新康泰克红色装（复方盐酸伪麻黄碱缓释胶囊），蓝色装主要针对打喷嚏、流鼻涕和鼻塞等症状，红色装主要针对发热、头痛、四肢酸痛、咳嗽和咽痛等症状，方便日常普通感冒对症用药的选择。新康泰克蓝色装具有特殊缓释技术，药物活性成分平稳释放，12 小时对抗感冒，早 1 粒、晚 1 粒远离感冒困扰，简单有效；而红色装的药物活性成分迅速释放，1 片即可全面缓解多种感冒症状，及时摆脱感冒困扰，快速起效，剂量明确，减少需要使用者自我判断或调整用药剂量的麻烦。

请为新康泰克感冒药市场进行有效的市场细分。

📍 任务目标

1. 了解药品市场细分的含义。
2. 熟悉药品市场细分的作用、方法和步骤。
3. 掌握药品市场细分的原则和依据。
4. 培养学生细分事情的能力及仔细、认真做事的态度。

📍 知识准备

市场细分是以潜在的消费者的某些需求特征为依据，来区分不同需求的顾客群体。市场细分是 20 世纪 50 年代中期美国的营销学家温德尔·斯密从理论上提出的，他对向市场提供有差别产品的企业和专门为某个细分市场设计产品的企业进行比较后提出该概念。

一、药品市场细分的含义

药品市场细分是指按照消费者对药品的需求、购买行为、购买习惯等的差异性，把一个大的综合的药品市场按不同标准进行分类，划分成若干个具有共同特征的子市场的过程。即每一细分市场，都有一个相似的需求和偏好的消费群，而分属不同细分市场的消费者的需求和偏好存在明显的差异。

二、药品市场细分的作用

通过市场细分，可以反映出不同消费者需求的差异性和类似性，从而为企业在市场营销活动中认识市场、选择目标市场提供依据，实施企业战略计划，进而较好地满足消费者的需求，并取得企业的经济利润。市场细分对企业的作用主要表现为以下几个方面。

（1）有利于满足消费者的用药需求。

（2）有利于发掘新的市场，如图3-3所示。

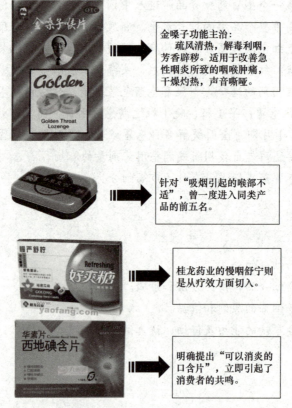

图 3-3　市场细分挖掘新市场

（3）有利于制订调整营销组合策略。

（4）有利于资源整合、提高效益。

三、药品市场细分的原则和依据

（一）药品市场细分的原则

药品企业要想实施成功的、有效的市场细分，必须注意市场细分的实用性和有效性，在进行市场细分时遵循以下原则。

1. 可衡量性

可衡量性指药品企业所选择的子市场的购买力等有关数据，通过市场分析、市场调查等方式能够被估算，从而获取细分市场规模、顾客情况、市场需求的满足程度等相关资料。

2. 可区分性

可区分性指不同的子市场的特征具有明显的差异性，可清楚地加以区分。

3. 可开发性

可开发性指细分后的子市场是企业有优势进入并能通过营销努力而为之服务的。

4. 可盈利性

可盈利性指药品企业所要进入的细分市场必须形成一定的规模，具有值得占领的价值，能使企业有利可图。同时还要有较大的发展潜力和市场容量，符合企业制定长期稳定的市场营销组合战略的要求，以适应企业发展壮大的需要，从而使企业在所进入的细分市场上取得较可观的经济效益。

5. 可稳定性

细分市场稳定性是指细分市场的特征应在一定时期内保持相对的稳定。

6. 可发展性

企业选择的细分市场应该是具有发展前景的，即市场容量在未来潜力巨大的市场，而不是一个正处于衰退的市场。

（二）药品市场细分的依据

药品市场细分的理论依据消费需求的差异性（异质市场）和消费需求的相似性（同质市场）。进行市场细分的主要依据是异质市场中需求一致的顾客群。

市场细分就是按照"求同存异"的原则，把一个大市场划分为若干个彼此间具有异质性的同质小市场的过程，即任何两个细分子市场之间的需求明显不同，而同一子市场内部的需求基本相同。对同类药品的某种特性的需求偏好相似的消费者群，则构成一个医药子市场。

（三）药品市场细分的标准

消费者需求和偏好具有明显的差异性特征，这是市场细分存在的客观条件。在药品市场中，由于影响需求差异的因素是多种多样的，所以药品市场细分的标准也含有许多变量。这些变量归纳起来主要有地理因素、人口因素、心理因素和行为因素四个方面，划分方法和具体内容，如表 3-7 所示。

表 3-7 消费者市场细分标准

细分标准	具体变量
地理因素	国别、地区、气候、城乡、城市规模、人口密度、交通运输等
人口因素	年龄、性别、收入、职业、受教育程度、家庭规模、宗教信仰等
心理因素	社会阶层、生活方式、性格、对各种营销要素的敏感程度等
行为因素	购买时机、购买动机、追求的利益、使用状况、品牌忠诚度等

1. 地理因素

依据不同地区消费者不同的生活习惯和需求偏好来细分市场，如表3-8所示。

表3-8　按地理因素细分市场

细分标准	具体因素
地理因素	地区：沿海、内地；北方、南方；城市、乡村
	城市规模：小型、中型、大型、特大型
	人口密度：稠密、稀少
	气候条件：炎热、寒冷、干旱、湿润

2. 人口因素

人是市场营销活动的主体，也是营销服务的主要对象，人是构成需求差异性的本质动因。因此人口因素是市场细分惯用的和最主要的标准，如表3-9所示。

表3-9　按人口因素细分市场

细分标准	具体因素
人口因素	年龄：婴儿、儿童、青年、中年、老年
	性别：男、女
	收入：高、中、低
	职业：高空作业者、司机、工人、管理人员、学生
	文化水平：小学、中学、大学、研究生
	女性生理期：月经期、妊娠期、哺乳期、更年期

3. 行为因素

按购买行为因素细分市场的常用变数，如表3-10所示。

表3-10　按购买行为因素细分市场

细分标准	具体因素
行为因素	购买动机：经济实惠、品牌、促销、馈赠行为
	购买频率：根本不用、偶尔购买、有时购买、经常性购买力
	购买习惯：购买时间、药店购买、医院购买、一次购买量
	职业：高空作业者、司机、工人、管理人员、学生
	营销敏感性：对价格、服务、广告的敏感程度
	营销信任度：对商标、品牌、药品质量、分销渠道的信任程度

4. 心理因素

按心理因素细分市场的常用变数见表 3-11。

表 3-11　按心理行为因素细分市场

细分标准	具体因素	
心理因素因素	价值观念：求实、求廉、求美、求新、求异、求品牌	
	生活方式：简朴型、追求时尚型、追求地位型	
	性格：被动型、主动型、保守、开放	

5. 消费者病程细分

（1）症状细分，对于某种疾病，如果会呈现多种症状，医生在治疗疾病中，一方面可能考虑是否彻底治愈该疾病，另一方面可能要考虑消除不适症状。

OTC 药品购买亦受医师等人员的影响

（2）细分疾病的治疗过程，因疾病的类型不同而有所不同，可以分为轻症和重症、急性病和慢性病等。治疗模式可以是彻底治疗，或者是先维持不发展，再考虑治愈，或者是控制并发症及生命特征等。

【案例分析】细分市场，捕捉机会——品牌咽喉药营销特点和消费取向分析

四、药品市场细分的方法和步骤

药品市场细分的方法和步骤具体如下。

（一）药品市场细分的方法

1. 单一标准法

根据影响消费者需求的某一重要因素进行市场细分。如根据年龄这一因素，可将药品剂型的市场分为婴儿用的滴剂、儿童用的糖浆剂、成人用的片剂等。

2. 综合标准法

根据影响消费者需求的两种或两种以上的因素进行市场细分，如收入因素分为高、中、低，地理因素分为城镇、农村，市场细分为六个子市场。综合标准法细分市场，如表 3-12 所示。

表 3-12　综合标准法细分市场

收入高—城镇市场	收入高—农村市场
收入中—城镇市场	收入中—农村市场
收入低—城镇市场	收入低—农村市场

3. 系列因素法

将诸因素由粗到细、由少至多、由浅入深、由概括到具体进行市场细分。保健品市场的细分就可以利用系列因素法，如图 3-4 所示。

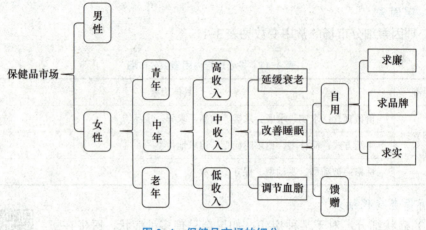

图 3-4　保健品市场的细分

（二）药品市场细分的步骤

1. 选定产品的市场范围

这是市场细分的基础，即医药企业在进行市场细分时，首先要确定企业从事何种药品的生产经营或从事何种医疗服务。

2. 确定市场细分的标准

分析消费者的异质性需求是市场细分的依据。把影响消费者需求的各因素列出，并按一定标准进行市场细分。市场细分必须采用有利于区别消费者需求的标准，不同的药品市场有不同的特点，细分标准也不同。

3. 确定细分市场的名称

根据消费者的差异性需求和细分市场的原则，进一步深入分析每个子市场的需求，并对细分市场进行必要的合并和分解，进而形成更加明确具体的细分市场，再根据各个细分市场的消费者特点及其购买行为特征，为细分市场确定名称。

4. 确定本企业计划进入的细分市场

根据企业的实力和优势，选择企业计划进入并为之提供服务的细分市场。

5. 对目标细分市场做进一步的调查研究

企业在市场调研的基础上，结合细分市场的消费者特定地理环境、人文环境等因素，评估每个细分市场的顾客需求和消费情况，再根据分析结果和企业的实际情况，综合估计每个细分市场的发展潜力、发展趋势、现有规模和未来可能形成的规模，最终确定一个或几个具有现实效益和发展前景的细分子市场，作为自己的目标市场。继而有针对性地开展市场定位、产品开发、渠道选择、价格策略、促销等营销策略，充分满足目标顾客的需要和实现企业的经营目标。

6. 预测细分市场的获利水平

运用经济学的方法，分析细分市场的各种影响因素，采用定性和定量方法，对细分市场的规模、获利能力及风险概率等进行估算和预测。

7. 实际开发市场

在确定了细分市场开发价值的情况下，根据细分市场消费者的需求特点，采取相应的营销组合进行市场开发。

📍 任务实施 ●

1. 教师提前布置本实训任务，每 6 ～ 8 人为一个营销团队，共同完成本实训任务。

2. 各团队按要求课后查找资料。以实地调查为主，配合在图书馆、互联网查找资料，收集到相关资料，集体讨论、分析。

3. 在市场调研与分析的基础上，选择准确、足量、翔实的药品市场细分标准。

4. 运用正确的药品市场细分方法。

5. 结合市场细分的原则，按照市场细分的步骤进行有效的药品市场细分。

6. 认真写出具体的药品市场细分方案，包括：

（1）产品是如何进行市场细分的？

（2）整个细分市场份额（按地区、人口等分析）如何？

（3）产品所占的市场份额。

7. 每个团队选派一名代表陈述本团队的实训情况，由教师进行点评。

📍 任务评价 ●

各团队交回书面实训方案，教师做书面评语，评定成绩。

1. 针对各团队的陈述情况评定（内容 25 分、汇报表达 15 分，共 40 分）。

2. 针对各团队的实训报告评定（内容 45 分、设计制作 15 分，共 60 分）。

📍 知识巩固 ●

【案例分析】

某医药生产企业在进行新产品生产之前，要对这类新药整体市场进行细分，通过划分出各细分子市场，再从中确定企业所要进入的目标市场。现以感冒药市场为例，假如你是企业的市场营销人员，请按消费者市场对感冒药需求的差异性进行市场细分。

要求：

1. 思考用哪种市场细分标准？

2. 采用哪种市场细分方法？

任务四　药品目标市场选择

任务导入

华素片进入市场之前，企业针对其既治口腔病又治咽喉炎的特点，对竞争对手和市场进行调查。调查发现，咽喉类的药品市场竞争激烈，口腔类药品市场还没有形成有影响力的品牌，因此企业选择了口腔类药品市场作为目标市场。首先，企业进一步对口腔用药市场人群的消费习惯进行调查，发现口腔用药的患者并不是特定人群，男女老幼都可能成为患者，其中成人比例高，季候性变化更大。他们的选药标准是疗效第一。其次，看看患者对口腔药的购买行动与心理。口腔病患者多为高关心度的感性购买，他们很容易因为广告的影响或别人的介绍更换品牌。再看患者的认识态度，患者普遍认为口腔病不是大病，能够尽快治好。

在分析了华素片的市场状况及患者的购买行为之后，企业认为，华素片不仅能够满足患者希望尽快治好病的心理，同时还有能尽快治好的功能，它所卖的是其快速治愈功效。企业紧抓目标顾客的消费需求，为华素片明确定位，即"迅速治愈口腔疾病的口腔含片"。于是，华素片以"快治人口"的承诺和"病口不治，笑从何来"的呼唤走进了患者心里，患者认识它了，销售额也就增长了。

请根据所学知识思考：如果让你开拓口腔类药品市场，你将如何对市场进行细分？采取什么样的市场营销策略？

任务目标

1. 了解评估药品细分市场需要考虑的因素。
2. 熟悉药品目标市场的选择模式。
3. 熟悉药品目标市场的选择策略。
4. 培养学生在人生道路上选择目标的能力，正确树立心中有目标、行动有方向的人生观。

知识准备

一、药品目标市场的概念

目标市场是企业在市场细分的基础上，根据市场潜量、竞争对手状况和企业自身经营特点所选定要进入的市场，并将以相应的产品或服务满足其现实或潜在需求的某一个或几个细分市场。

二、评估药品细分市场

市场细分后，并不是所有的子市场都可以作为药品企业的目标市场，药品企业还要结合子市场的吸引力，企业自身的资源条件和优势，竞争对手的情况及企业所处的各种营销环境等因素对子市场进行综合分析评价，最后确立一个合适的细分市场。一般而言，细分市场的评估考虑以下几个方面的内容。

（一）细分市场的潜量

细分市场的潜量是指一定时期内，各细分市场中的消费者对某种产品的最大需求量。细分市场的预计规模是企业决定是否进入该细分市场的主要因素。目标市场的规模最好具有与企业规模匹配的销售量和合理的盈利水平，且有良好的发展趋势即细分市场潜力恰当。

（二）细分市场内的竞争状况

企业在市场中可能占据的竞争地位是评价各个细分市场的主要方面之一。

（三）符合企业长远营销战略和目标

某些细分市场虽然有较大的吸引力，但不符合药品企业长远的市场营销战略目标，不能推动药品企业实现市场营销战略目标，甚至会分散企业的精力，阻止企业实现市场营销战略目标，那么企业不得不放弃。所以药品企业只能选择那些本身有能力满足其需要，且与企业营销目标相一致的细分市场作为自己的目标市场。

（四）细分市场的投资回报水平

企业经营的目的最终要落实在利润上，有了利润，企业才能生存和发展。

三、目标市场的选择模式

在对不同的细分市场进行评估后，企业可以选择进入的市场有很多，可以选择为这个市场服务的产品也很多，因此根据市场与产品的不同组合，可以将目标市场的选择模式分为五种（图 3-5）。其中 M 代表市场、P 代表产品。

（一）市场集中化

企业在众多细分市场中集中全力只生产一类产品，选取一个细分市场进行集中营销，供应某单一顾客群。一般而言，这是刚成立的企业采用的市场模式。

（二）市场专业化

企业专门服务于某一特定的顾客群，尽力满足其各种需求，即面对同一市场生产不同的产品提供不同的服务。采用这种模式，企业可以降低交易成本，实现和消费者的有效沟通和交流，与之建立长期稳定的关系，树立良好的形象。

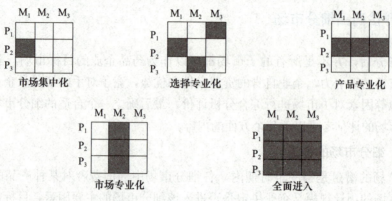

图 3-5　五种目标市场选择模式

（三）产品专业化

企业集中生产一种产品，并向各类顾客销售这种产品，通常使用相似的产品、不同的品牌。这种模式的市场规模较大，可以避免对单一市场的依赖，有利于形成和发展企业的专业化生产优势与技术优势，树立良好的产品形象。

（四）选择专业化

企业选择几个细分市场，每一个对企业目标和资源利用的实现都有一定的吸引力。但各细分市场彼此之间很少或根本没有任何联系。这种策略能分散企业的经营风险，即使其中某个细分市场失去了吸引力，企业还能在其他细分市场盈利。

（五）市场全面化

企业力图用各种产品满足各种顾客群体的需求，也就是以所有的细分市场作为目标市场。一般只有实力强大的公司才采用这种模式。例如，同仁堂药业在中药市场开发众多产品，满足各种中药消费需求。

【案例分析】太太口服液的成功

四、药品目标市场选择策略

在目标市场选择好之后，企业必须决定如何为已确定的目标市场设计营销组合，即采取怎样的方式，增强自己的营销力量并影响目标市场。

（一）无差异营销策略

无差异营销策略是指企业将产品的整个市场视为一个目标市场，用单一的营销策略开拓市场，即用一种产品和一套营销方案吸引尽可能多的购买者。它具有成本低、易获取规模经济效益、便于管理的优点，同时也存在忽视了市场需求的差异性、难以满足顾客的个性需求、容易导致竞争激烈和市场饱和、企业难以保持持久的规模经济效益的缺点。

适用范围：需求弹性小、顾客挑选性不多、经营企业不多、竞争性不强的产品。

（二）差异性营销策略

差异性营销策略是企业在市场细分的基础上，选择多个细分子市场作为其目标市场，并针对各个目标市场的不同特点，分别设计不同的产品，运用不同的营销组合方案，以满足多个目标市场消费者的不同需求。

适用范围：规格等级复杂、处于成长期和成熟期、消费者需求弹性较大的产品等。

连锁经营——无差异营销的代表

（三）集中性市场营销策略

集中性市场营销策略又称"密集型营销策略"，就是选择一个或少数几个子细分市场，或一个细分市场的一部分作为目标市场，集中企业全部市场营销组合为其服务，实行专门化生产和销售。

适用范围：资源有限、实力不强的中小企业及生产周期短、数量波动大的产品。

五、影响目标市场策略选择的因素

（一）企业实力

企业实力包括企业规模、技术力量、资金、人力资源和管理水平等。如果企业资源雄厚、实力较强，可以考虑实施差异性市场营销策略；规模小、实力弱、资源缺乏的一般企业，宜采用无差异性或集中性市场营销策略。

（二）产品同质性

产品同质性是指产品在性能、特点等方面的相似程度。对于同质性产品，虽然由于原材料和加工不同而使产品质量存在差别，但并不明显，只要价格适宜，消费者通常很少有特别的要求，因此企业可以考虑采用无差异性市场营销战略。

（三）市场同质性

市场同质性是指各细分市场上顾客的需求、购买行为等方面的相似程度。

（四）产品所处生命周期阶段

产品生命周期包括导入期、成长期、成熟期、衰退期四个阶段。对处于不同阶段的产品应采取不同的目标市场营销策略。

（五）竞争对手的市场营销策略

企业在选择目标市场营销策略时，还应该考虑竞争者所选择的市场营销策略。

总之，选择适合本企业的目标市场营销策略是一项复杂多变，有难度的工作。企业的内部环境因素是逐渐变化的，如资金、研发能力、技术力量、设备能力、产品组合等，另外企业的外部环境因素也是千变万化的。因此，企业要不断通过市场调研来分析和预测这些变化和趋势，与竞争者的各项条件进行对比，扬长避短，把握时机，采取适当的策略，争取利益最大化。

任务实施

假定你是华素片的市场营销经理，针对本企业所经营的产品，分析研究"谁是你的客户"，找准你的目标市场。

1. 以任务三的营销团队为单位，共同完成本任务。

2. 在对口腔药市场进行市场细分的基础上，评估各细分市场。

3. 对该药品企业资源、目标市场等进行分析。

4. 结合目标市场模式，选择目标市场，并描述当前客户和潜在客户。

5. 谁是产品的客户，能具体、详细描绘客户，包含以下内容。

（1）客户的基本情况：年龄、性别、收入、文化水平、职业、家庭、社会阶层、生活方式等。

（2）客户了解产品信息的途径：网络、大众媒体广告、药店、医药、口口相传等。

（3）客户购买药品的途径：医院、药店、网上药店等。

（4）客户怎样购买：他们买什么产品、服务、附加利益；他们多长时间购买一次（每天、每周、每月、随时）；他们买多少（按数量、金额）。

（5）客户的感受：疗效、特点；他们想要你提供什么；他们期待你能够或应该提供的好处是什么。

（6）你的市场有多大（按地区、人口等）；在各个市场上，你的市场份额是多少。

（7）你想让市场对你的企业产生怎样的感受。

6. 分析影响目标市场策略选择的主要因素。

7. 选择进入目标市场的策略，并描述理由。

8. 各团队写出目标市场选择方案，要求准确具体。

任务评价

各团队课堂交流，课后上交书面方案，教师针对各团队的完成情况进行评价和成绩评定。

（1）针对各团队的陈述情况评定（内容25分、汇报表达15分，共40分）。

（2）针对各团队的实训报告评定（内容45分、设计制作15分，共60分）。

知识巩固

【案例分析】

某医药生产企业准备开发生产感冒药进入市场，于是对感冒药整体市场进行细分，最终将感冒药市场细分成了若干个子市场，面对细分后的各个子市场，企业应如何评估各细分市场？如何选择并确定自己的目标市场？如果该企业实力雄厚，企业知名度比较高，在目标市场上可以采用何种目标营销策略？请根据本任务学习的内容为企业出谋划策。

要求：

1. 请分析影响目标市场选择策略的各种因素。
2. 该企业适合采用哪种目标市场选择策略？

任务五　药品市场定位

任务导入

"白加黑"由于独树一帜的市场定位，市场份额迅速扩大。从诞生之初到后来成长壮大为国内感冒药的新锐品牌，无不折射出一个成功品牌的发展轨迹，令人称奇。

在产品定位上采用顾客至上，"白加黑"以其简短的广告语"白天服白片，不瞌睡；晚上服黑片，睡得香"向消费者明确地传达了其定位。其组方成分并没有多少高明之处，但是它把感冒药分成白片和黑片，并把感冒药中镇静剂"氯苯那敏（扑尔敏）"放在黑片中，其他什么也没做，但却很不简单，它不仅在品牌的外观上与竞争品牌形成鲜明的差别，更重要的是它与消费者的生活规律相符合，达到了引起共鸣和联想的强烈传播效果。一般感冒药的共同缺点就是服用后容易瞌睡，这给大多数的消费者带来许多不便，而"白天服白片，不瞌睡；晚上服黑片，睡得香"的承诺，正中广大消费者下怀，除去了后顾之忧，体现出厂家对消费者细致入微的关心。请根据所学知识，为"白加黑"进行市场定位。

任务目标

1. 了解市场定位的原则。
2. 熟悉药品企业的市场定位步骤和方式。
3. 掌握目标市场定位的策略。
4. 培养学生怎么样定位自己的准确位置的能力，寻找人生目标，打造自我管理系统，实现自我价值成长。

知识准备

一、药品市场定位的概念

（一）药品市场定位的定义

市场定位，也被称为竞争性定位，是企业根据所选定目标市场的竞争状况和自身条件，确定企业和产品在目标市场上的特色、形象和地位的过程。市场定位的实质是企业通过为自己的产品建立鲜明的特色或个性，使本企业的产品与其他企业严格区分开来，使消费者明显感觉和认识到这种差别，从而在消费者心目中塑造出独特的市场形象。

（二）市场定位的原则

为了保证药品市场定位的有效性，企业在进行定位时应遵循以下原则。

（1）重要性。即企业所突出的特色应是顾客所关注的。

（2）独特性。定位应是区别于竞争对手的，应是竞争对手难以模仿的，与众不同的。

（3）可传达性。这种定位应易于传递给客户，并被客户正确理解。

（4）可接近性。目标市场有购买这种产品的能力，所以常备药物的价格一般不会太贵。

（5）可盈利性。企业通过这种定位能获取预期的利润。企业不是慈善机构，这一点是所有商业企业的最终目标，当然必须在合法、合理的基础上获取利益。

定位的提出

二、药品企业的市场定位步骤

（一）识别本企业潜在的竞争优势

识别企业的潜在竞争优势是市场定位的基础。一般通过市场调研，掌握消费者的需求特征以及目标顾客需求被满足的程度，了解目标市场上的竞争者及其产品的总体状况，找出本企业比竞争对手在成本或产品差异化上存在的各种竞争优势。

（二）选择相对的竞争优势

判断自身相对竞争优势所在，正确选择最适合本企业的定位策略。通过对竞争者、消费者、企业自身的综合分析，比较企业与竞争者在经营管理、技术开发、服务质量、销售渠道、品牌知名度等方面的强弱，找出企业明显差别利益的优势。

（三）彰显独特的竞争优势传递差异化

医药企业在选择体现自身竞争优势的市场定位后，要通过一系列的宣传促销活动，将其具有独特竞争优势的产品和服务传递给目标市场的消费者。

三、药品市场定位的方式

（一）消费对象定位

根据消费者的收入和在社会阶层中所处的地位，确立企业药品销售的具体对象。

（二）利益定位

根据药品能给消费者带来的特殊利益定位，如有的药品宣传"不打针、不吃药，一贴就行"的方便利益。

（三）质量和价格定位

通过价格和质量这两个变量来确定药品在市场中的位置。如去痛作用的药品在疗效基本相同的情况下，有价格偏高一些的副作用少、包装好、胶囊剂型的药品，也有价格偏低一些的包装简单、片剂、副作用多些的药品。

（四）药品用途定位

根据药品的适应证突出产品的特色来宣传产品。如感冒药中的新康泰克突出宣传"缓解打喷嚏、流鼻涕、流眼泪"三大症状。

（五）药品产品类别定位

根据药品的功效来划分类别，以突出自己的作用。

（六）综合定位

消费者购药时所关注的特征往往不是单一的，因此企业常将以上多种方法结合起来综合运用，使消费者感到该药品能够带来的多重利益和特征。

四、目标市场定位的策略

企业必须运用适当的定位策略，除了要树立自身的特色外，还要考虑竞争对手的影响，确定自己在竞争中的地位。药品企业一般采用以下定位策略。

（一）避强定位

企业力图避开强有力的竞争对手，而将自己的产品定位于另一个区域内，使自己的产品在某些特征或属性方面，与更强的竞争对手有明显的区别。采用避强定位策略，能使企业及其产品较快地在市场上站稳脚跟，并在顾客心目中迅速树立品牌形象，风险较小、成功率较大。但往往意味着企业必须放弃较佳的市场位置，甚至处于不利位置。

（二）对抗定位（迎头定位）

企业为占据较佳的市场位置，不惜与市场上最强的竞争对手展开正面竞争，使自己的产品进入与其相同的市场位置。一些实力雄厚的大型企业为了扩大自己的市场范围，通常会采取这种策略。

采用对抗定位策略，能使企业及其产品在竞争过程中惹人注目，易于树立品牌形象，成功了，甚至可以独占鳌头；一旦失败，会陷入被动状态或者是两败俱伤，具有较大的风险性。

（三）并列定位

企业将自己的产品定位在某一个竞争者的同一位置上，与现有竞争者争夺同一细分市场。对于竞争者来说，如果有足够的市场份额，既得利益也不会受太大损失，一般不在乎身边多一个竞争对手，因为激烈的对抗常常会导致两败俱伤。

（四）比附定位

比附定位就是攀附名牌、比拟名牌来给自己的产品定位，借名牌效应使自己的品牌生辉。比附定位方法有以下三种。

（1）甘居"第二"。即承认同类产品中另有极负盛名的品牌，自己只是行业第二，暗示将会更加努力为市场提供更好的服务。

（2）攀龙附凤。首先承认同类产品中已有卓越成就的名牌，自己在某地区或某方面可以与这些受欢迎和信赖的品牌并驾齐驱。

（3）共享定位，也称"高级俱乐部战略"。企业把自己划分到某"高级俱乐部"，其含义是"俱乐部的成员都是优秀的，我也是优秀的"。

（五）创新定位

寻找新的、尚未被占领的，但有潜在市场需求的位置，抢占或填补市场空隙，生产经营并提供市场上没有的、具备某种特色的产品。企业采用这种定位策略，一般经营风险较小、成功率较高，但应明确产品在技术上、经济上是否可行，有无足够的市场容量，能否为企业带来合理而持续的盈利。

（六）重新定位

重新定位是以退为进的策略，目的是实施更有效的定位。比如小苏打曾一度被广泛地用作家庭的刷牙剂和烘焙配料，在不少新产品代替了小苏打的上述功能的竞争情况下，小苏打可除臭的特性可重新定位为冰箱除臭剂。

【案例分析】
藿香正气液重新定位

🔘 任务实施 ●

【实施目的】

通过实训，使学生领会药品的市场定位依据是什么、如何为药品进行市场定位、市场定位对市场营销有何影响，进而能为具体药品进行较为准确的市场定位。

依据任务四任务实施中的方法进行目标市场的选择，为"白加黑"感冒药进行市场定位。

【任务要求】

1. 以任务四的营销团队为单位，共同完成本任务。

2. 进行市场调研与分析，做到资料收集详实、齐全。

3. 在调研分析的基础上，了解目标市场上的竞争者有哪些，分析竞争者的同类产品各自的定位情况如何。

4. 分析本企业的产品有哪些优势和劣势。

5. 运用适当的市场定位方法、策略，确定本企业产品在目标市场中的位置。

6. 市场定位方案具体明确。

小组代表陈述本团队的实训情况，其他学生均可以提出不同观点，如产品的定位如何、是否需要更改定位，共同讨论。

任务评价

课后各团队上交书面方案，教师针对各团队的过程实施和完成情况进行成绩评定。

（1）针对各团队的陈述情况评定（内容25分、汇报表达15分，共40分）。

（2）针对各团队的实训报告评定（内容45分、设计制作15分，共60分）。

知识巩固

【案例分析】

背景资料：金嗓子喉宝药品目标市场选择。

一、药品市场细分

烟酒爱好者，足球爱好者，空气污染严重地区的人群，歌唱爱好者，推销员，教师，导游等；男性居多；不愿进医院开处方、怕麻烦的人——以20～40岁男性居多。

二、药品目标市场选择

金嗓子喉宝的产品定位为大众型产品，产品的销售渠道的选择与广告传播定位也直接针对大众的潜在心理而制定。调查数据表明，消费者购买润喉药品最主要有三个场所：第一是医院、诊所，第二是药店，第三是商场。同时，随着医改进程的加快，药店销售渠道已呈现飞速发展的态势。因此，1998年以后，金嗓子喉宝营销渠道的重点在做零售终端，即城乡药店市场；在批发渠道上，通过各地医药公司进行批发，向全国乡镇市场进行渗透。

三、药品市场定位

在市场研究中发现，在一含即溶的润喉含片产品和疗效不明显的润喉糖之间的空档——一种能短时间有效抑制咽喉不适，较长时间保持良好作用的含片是大受欢迎的产品，金嗓子喉宝的定位深得消费者的认同。因此，1998年以后，整合产品的定位，从各方面强化了"入口见效——金嗓子喉宝"的产品定位。

四、技能训练过程与方法

1.将学生分为若干组，每组4～6人，接受任务。

2.以小组为单位讨论分析背景资料。

3.小组代表汇报案例分析结果。

4.有理有据地表述金嗓子喉宝成功的秘诀。

5.对结果进行分析，提出意见或建议，并以报告形式提交任课教师。

五、考核结果

目标市场选择报告。

知识结构 ●

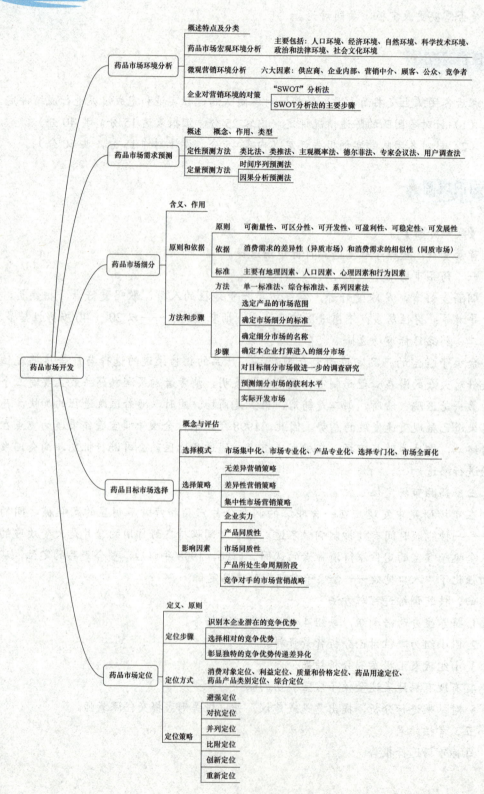

项目四　药品市场购买行为分析

任务一　药品消费者购买行为分析

◉ 任务导入 ●

　　××年8月中旬，市民张女士向市消费者协会（简称消协）投诉称，她几日前在市区某药店购买常用药，结账时发现店员没有按照以往的优惠幅度结账。张女士对于店员的解释不予认可，认为店方存在乱收费情况，于是求助消协请求调解。接诉后，消协随即派员展开调查。张女士向工作人员陈述，自己购买的是常用药，几乎每两个月就会购买一次，因为自己办理了会员卡，之前购买时都打折，这次店员明确告知不打折。消协工作人员随后联系了店方负责人，负责人经调查后向消协工作人员进行了反馈，称因为药品最近降价，店方根据自身情况进行了调整，而且张女士所购药品的价格比之前打折后的价格还要便宜。负责人还向消协工作人员提供了张女士之前的购药记录。消协工作人员随后将相关证据转交给张女士，并转述了店方负责人的答复，张女士表示认可。试对张女士的购买行为进行分析。

◉ 任务目标 ●

　　1.了解药品消费者市场及特征；熟知药品消费者购买决策过程及影响因素。

　　2.掌握药品消费者购买行为分析能力，并给出解决方案。

　　3.培养刻苦钻研、开拓进取的职业素养。

◉ 知识准备 ●

一、药品消费者市场及特征

（一）药品消费者市场的定义

　　药品消费者市场指个人或家庭为满足其维护健康、预防疾病、治疗疾病等生活需要，购买药品和接受服务而形成的市场。

（二）药品消费者市场特征

药品消费者市场既有一般性商品的消费者市场相同的特征，也有作为医药商品而独有的特征。药品消费者市场的一般特征包括：人数众多、地域分布广泛；需求多样性、可诱导性；单次购买数量少、次数多；大多数属于非专家性购买。

药品消费者市场的独有特征有：消费信息不对称；需求持续增长；需求的季节波动性明显；受疾病谱变化影响显著。

二、药品消费者行为类型

药品消费者行为指消费者为获取、使用、处置药品或服务时的购买行为。依据不同的标准，可将药品消费者的行为划分为多种类型。

（一）按购买目标的确定程度

1. 确定型

确定型药品消费者的购买行为简洁明确，在进行购买前，消费者已经有了明确的购买目标。这类消费者对将要购买药品的信息有非常深入的了解，在购买的过程中，会向导购员提出明确的要求。

2. 半确定型

半确定型药品消费者对所需购买的药品有大致的目标，但对产品的具体要求没有完全确定。他们带着初步的设想到店采购，通过挑选或咨询后才会作出购买决定。这类消费者大多缺乏购买经验，并且缺少相关产品的知识和信息。

3. 不确定型

不确定型药品消费者没有明确的购买目标，其进店主要是浏览、闲逛。若遇到能吸引他们的产品，他们会表现出极大的兴趣，甚至购买。该型药品消费者也被称为"潜在消费者"。

（二）按购买行为的表现特征

1. 习惯型

习惯型消费者购买行为特点是喜欢根据购买经验、使用习惯来购买产品。其购买行为的习惯会集中反映在药品品牌选择、药店、消费方式等方面。因此，他们会长期惠顾熟悉的药店，或长期购买某个品牌。

2. 理智型

理智型购买行为的特点表现为冷静购买。消费者在购买之前，不仅广泛搜集所需购买药品的信息，还经过缜密的分析和思考。这类消费者具有丰富的药品知识和购买经验。

3. 感情型

感情型消费者购买行为特点是在购买药品时带有浓厚的感情色彩。他们审美感觉灵敏，具有特别丰富的想象力和联想力，对感情体验深刻。基于审美的需求，这类消费者对购物环境有更高的要求。

4. 冲动型

冲动型消费者购买行为的特点是在购买药品时对外界环境的刺激比较敏感，情绪不易自控，容易冲动购买。这类消费者除了缺乏药品知识外，自身性格直率、为人豪爽是引起冲动型购买的主要原因。

5. 经济型

经济型消费者购买行为特点是在购买药品时多从价格方面考虑。这类消费者在购物时往往对价格、质量、效果特别敏感，因此对药品要反复挑选。

6. 从众型

从众型消费者购买行为特点是易受他人购买倾向影响，对商品一般不进行仔细分析、比较，从众心理较强。这类消费者一般经济条件较好，缺乏基本的药品知识和主见。

7. 疑虑型

疑虑型消费者购买行为特点是行动谨慎、迟缓，需体验深刻且易存疑。这类消费者对外界缺乏足够信任，在选购药品时不会仓促地做出决定，挑选过程缓慢、时间长。

8. 随意型

随意型消费者的购买特点是缺乏购买经验，购买心理不稳定，大多属于初次购买。

（三）按在购买现场的情感反应

1. 沉静型

沉静型消费者在购买过程中感情不外露，行为把握得当，对所需购买的药品有自己的主见，在选购药品时很少受外界因素的影响。

2. 谦和型

谦和型消费者在购买过程中愿意听取导购员的介绍和意见，为人谦和、友善，做出购买决定较快。这类消费者一般选购药品比较快，对服务也比较放心。

3. 健谈型

健谈型消费者在购买过程中能很快与导购员接近，愿意与他人就所选购的药品交换意见。

4. 反抗型

反抗型消费者在购买过程中不愿听取不同意见，尤其是对导购员持不信任态度，甚至有对抗心理，导购员过于详细地介绍药品反而使其丧失购买欲望。

5. 激动型

激动型消费者情绪容易激动，在购买商品时常以自我为中心，甚至用命令的口气提出要求。一旦得不到满足或稍有差池，就会与导购员发生争吵。

三、药品消费者购买决策

药品消费者购买决策是指药品消费者为了满足某种药品需要，在购买动机的支配下，在可供选择的两个或两个以上的购买方案中，经过分析、评价后做出选择，并最终

实施购买的活动过程。购买决策是一个系统的活动过程，包括确定需求、收集信息、购买方案的分析和选择、购买实施及购后评价等环节。

（一）确定需求

医药消费者的购买需求，产生于自身健康状态与预期或理想健康状态之间的差异。当两者间的差异显著产生时，需求便会确定。有些需求易于发现，如消费者疾病发作或疾病症状呈现；有些需求是在外界帮助或提示时才确定，如消费者在体检中检查出疾病。

（二）收集信息

并非所有的购买都需要收集信息。如果医药消费者需求很迫切，同时有能让他们满意的现成产品，消费者就可以直接购买，不需再去收集相关信息。如果需求没有足够强烈，消费者没有找到满足需求的产品，他就会开始信息收集工作。消费者获取信息量的多少，取决于需求的强烈程度、获得信息的难易程度、信息量的要求程度、信息带给消费满足感的满足度。消费者的信息源主要有经验来源、个人来源、公共来源和商业来源。医生对医药消费者的购买决策起着决定性的影响，往往决定消费者的最终决定，甚至是消费者无法选择的决定。

（三）购买方案的分析和选择

通过对收集到的信息进行分析和比较，得出购买方案。对方案进行评估时，消费者会综合考虑医药产品的疗效、价格、知名度等，还会对同类产品进行比较，从中确定自己的选择。营销人员应尽快了解消费者的信息处理方式，掌握消费者的行为特点和购买意向，以更有效地向消费者提供建议和可选方案，帮助消费者下定消费决心。

（四）购后评价

购后评价是影响消费者是否再次购买本产品的重要因素。消费者购后感受可以简单分为满意和不满意两种。满意感能强化消费者再次购买本产品的意向，增加其回购的频率，并有可能促进消费者自觉为本产品作义务宣传；反之，不满意的感受可导致消费者永久放弃本产品，并有可能向其关联人员作出负面宣传。相较而言，不满意的消费者比满意的消费者产生的影响面要更广。

四、购买决策的特点及影响因素

消费者购买药品的决策特点及影响因素主要有以下几点。

（一）购买决策的特点

1. 购买决策的目的性

在决策过程中，消费者需围绕目标进行信息搜集整理、分析评估、选择、安排，所有的活动都服务于最终目的。

2. 购买决策的过程性

购买决策由多个环节构成，包括产生购买需求、形成购买动机、抉择和实施购买方案、购后评价。以上环节紧密相连，循序递进，在一次购买决策中获得的经验和体验又影响到下一次的购买决策，从而形成一个完整的循环过程。

3. 购买决策的主体个性

对于药品个体消费者而言，购买行为是消费者个体的主观需求、意愿的外在体现，因而购买决策具有显著的主体个性。

4. 购买决策的复杂性

消费者在做决策时不仅要开展感觉、知觉、记忆等一系列心理活动，还必须进行分析、推理、判断等一系列思维活动，并且要计算费用支出与可能带来的各种利益。

5. 购买决策的情景性

消费者在购买实施前作出的判断和抉择会受到时间、地点、情绪等多种内外因素的影响，因而具有情景性，尤其是半确定型、不确定型消费者，其最终购买决策因所处情景的不同而不同。

（二）购买决策的影响因素

1. 社会环境因素

社会环境因素包括文化因素、消费价值观、习俗、宗教信仰等。

文化是决定人类欲望和行为的基本要素。文化不仅影响人们对特定商品的购买，还作用于消费者的信息搜集和价值判断，即文化以多种方式作用于个人购买决策。文化在消费者决策中起着关键的作用。

消费价值观是指人们对消费行为、消费方式的价值取向。价值观的不同导致消费者对产品的选择和评价不同，最终影响消费行为。节俭型消费价值观以满足个人基本需求为标准，力求节约，避免浪费；功能主义型消费价值观注重产品内在价值，不强调外形包装，追求消费的效率；享乐型消费价值观注重消费感受，强调品牌，对产品包装、形式有更高的要求；时髦型消费价值观紧跟消费潮流，以时尚为风向标。

消费习俗是人们在日常消费中，由于社会经济水平、生活环境、物质条件等原因而形成的具有国家或民族特色、约定俗成的消费习惯。消费习俗是在长期的消费过程中形成，具有倾向性，一旦形成不容易发生变化，潜移默化地影响着人们的消费行为。营销人员应尊重不同的消费习俗。

宗教通过直接和间接的方式影响着消费行为。宗教通过对人们的生活态度和消费态度的显著作用来影响他们的消费行为。目前，世界上绝大多数宗教对消费持批评态度，反对内生于消费的贪婪、浪费，以及自我放纵的享乐主义。营销人员在提供服务时须了解地方的宗教信仰，避免触及宗教禁忌。

2. 家庭因素

影响家庭消费行为的主要因素有家庭决策类型、家庭生命周期、家庭收入水平等。

常见的家庭决策类型有：丈夫支配型、妻子支配型、共同支配型、各自做主型。不

同的家庭决策类型对消费行为的影响不同。

家庭生命周期指家庭从建立到结束全过程所经历的时间。家庭生命周期一般分为新婚阶段、满巢期、空巢期和鳏寡期。处于不同阶段的家庭对产品的需求和构成有极大的差别。

家庭收入是家庭消费的经济基础，决定着家庭的消费决策。调查数据显示，我国城镇居民收入每提高 1%，医疗保健支出增长 1.26%，医疗消费支出增长 1.53%；农村居民收入每提高 1%，医疗保健支出增长 1.54%，医疗消费支出增长 1.93%。对于医药企业，可以据此确定产品定位及销售决策。

3. 社会因素

影响消费者行为的主要社会因素有社会阶层、社会角色和地位。

不同社会阶层的人，他们的经济状况、价值观念、兴趣爱好、生活方式、消费特点、接受大众传播媒体等各不相同。这些都会直接影响他们选择药品品牌、药店，以及他们的购买习惯和购买方式。

不同的社会角色由于工作环境、劳动性质以及要求的知识水平、年龄、性别、接触的群体等方面存在差异，而对产品有不同的理解和要求，购买药品会有不同的购买动机和需要。

4. 参照群体因素

参照群体是指直接或间接影响消费者的消费决策，由两个或更多相互作用的个体组成的集合。参照群体对消费者购买决策的影响主要表现在三个方面：一是信息性影响。参照群体成员的行为、观念、意见被个体作为有用的信息予以参考，由此在消费决策上产生影响；二是规范性影响。群体规范是群体期望其成员所遵循的、不成文的活动规则或行为标准。在参照群体的影响下，消费者通过对产品、品牌的购买和使用，使自己的行为与该群体的特征相一致；三是价值表现上的影响。各群体成员为了获得群体归属感，就会自觉遵循或内化参照群体所具有的信念和价值观，从而在行为上与之保持一致。体现在消费决策上，就是会购买或使用同样品牌的药品。

5. 企业和产品因素

企业知名度是消费者预测产品质量的重要线索，是影响消费者感知产品质量的重要因素。一个知名度高的品牌会让消费者产生情感上的联系，让消费者在心理上产生购买偏好，刺激消费者重复购买的意愿。

影响医药产品消费者购买决策的产品因素有药品疗效、剂型、包装等。疗效确切、毒副作用小的药品给消费者良好的购买体验，提高购买后评价，并通过消费者扩大宣传，促进产品的销售。

课堂讨论

下列指标中，哪些可用于划分社会阶层？

收入、信仰、品牌喜好、职业、教育、年龄、兴趣爱好、财产、价值观。

文化

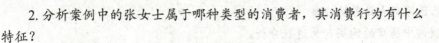 任务实施

1. 以小组为单位查阅与案例中张女士类似的案件，对比处理结果，明确消协在处理该类案件中的法律依据。

2. 分析案例中的张女士属于哪种类型的消费者，其消费行为有什么特征？

3. 针对张女士的消费特点提出销售策略及方案。

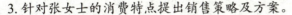 任务评价

医药消费者购买行为评价，具体见表4-1。

表 4-1　医药消费者购买行为评价表

班级：		姓名：		学号：		成绩：	
项目	内容	分值	评分要求	自评	互评	教师评价	
资料收集	收集信息的完整性	20					
法律依据	列出法律依据	20					
购买行为评价	消费者购买行为评价	20					
	消费特点	20					
	销售策略及方案	20					
总分		100					

知识巩固

【案例分析】

张先生、王女士建立的家庭正处于新婚阶段，家庭决策属于丈夫决策型。试分析该家庭当前对药品的需求和构成。

任务二　药品中间商购买行为分析

任务导入

2021 年 7 月，黑龙江省绥化市兰西县医疗保障经办服务中心，对兰西县某大药房有限公司进行了日常检查。通过比对店内销售系统和医保系统、走访购药患者等方式，发

现该药房涉嫌违规使用医保基金。经核实，兰西县某大药房有限公司存在售出药品时，未能实现信息的真实、准确、完整，未能做到账账相符、账实相符，存在留置参保人员社会保障卡等问题，涉及违规使用医保基金 58 725.75 元。依据《兰西县医疗保障定点零售药店服务协议》，当地医保部门处理结果如下：拒付该药店违规使用的医保基金 58 725.75 元；解除该药店医保定点服务协议。

试对上述案例中药店的购买行为进行分析。

任务目标

1. 了解医药公司及社会药店购买行为的特征、现状及发展趋势。

2. 熟知药品批发企业、社会药店的运作方式；掌握社会药店购买行为分析能力，并给出解决方案。

3. 培养守法意识和良好行为习惯。

知识准备

一、药品中间商的定义

药品中间商是指处于药品生产者和消费间之间，专门从事药品流通的商业机构。药品中间商在药品从制药工业到医院、药店、基层卫生院等终端，再到病患手中所历经的流通环节中，承担着分销配送、代理经销等职能，对医药商品的流通起着不可或缺的重要作用。

二、药品中间商的类型及特点

（一）按照中间商在商场流通中的地位不同划分

按照中间商在商品流通中的地位不同，可分为批发商和零售商。

1. 药品批发商

药品批发商是专门从事药品批量买卖的中间商。目前，药品批发商分为商业批发商、代理批发商和生产企业销售部或办事处三种类型。

（1）商业批发商又称为经销批发商，具有法人资格，独自承担经营风险。其收入来源主要是药品批发的价格差。

（2）代理批发商，仅有代理权而没有所有权，在代理商品的经营中通常不承担风险，其收入来源主要是委托人提供的佣金。

（3）生产企业的销售部或办事处，是由生产企业自设的销售组织，专门经营本企业药品的批发销售业务。它们隶属于生产企业但又独立于生产企业。

2. 药品零售商

药品零售商是向最终消费者或使用者提供药品和服务的中间商。目前我国的药品零售商主要由各类药店和各级医疗机构组成。零售商和批发商的主要区别在于，零售商直接服务于个人消费市场，比批发商更接近消费者，可以方便、准确地向生产者传达消费者的需求信息。

（二）按在商品流通中是否拥有所有权划分

按在商品流通中是否拥有所有权可划分为经销商和代理商。

经销商是法人，拥有自己的资金、场地和人员。在经营过程中，通过购进药品和销售药品实现药品所有权的转移，获得相应的经济利润。

代理商则是在药品流通中为购销双方提供中介服务，促成药品交易的实现，获得服务手续费或佣金。

三、药品中间商的购买类型

药品中间商的购买行为可以分为以下几种主要类型。

（1）全新购买：指药品中间商首次采购某种之前从未采购过的新产品。此种类型的购买行为，在决策上首先需要确定是否购买，然后再决定向谁购买。

（2）选择购买：指在已确定将要购买某品种的前提下，选择最佳供应商进行购买。

（3）直接重购：指药品中间商的采购部门按照过去的订购目录和交易条件，直接向原供应商继续购买药品。

（4）优化重购：指医药中间商不打算更换原供应商，而是试图以更优惠、更有利的条件从原供应商那里购买药品。

四、药品中间商购买的参与者

药品中间商市场的购买参与者取决于企业规模的大小。通常企业规模越大，购买的参与者就越多。较大规模的企业一般会设立专门的采购部门，配备专门的采购人员；小型零售商只配备专门的采购人员。

（一）采购工作流程

具有一定规模的企业通常会设立采购部，其工作流程一般为：接受各部门的需求订单→供应商询报价→签订合同→登记台账→付款→跟货催票→到货验收及问题反馈。

（二）采购决策参与人

以某大型医药公司为例。该公司的采购部门采购决策人有采购总监、采购经理、采购主任（或大区采购经理）。公司负责人一般不参与采购决策的具体过程，但是对采购决策有决定作用和最高决定权。

五、药品中间商购买决策过程

药品中间商的购买决策包括三方面：配货决策、供应商决策和供货条件决策。

（一）配货决策

配货决策指中间商决定经营的医药商品品种的组合，即中间商决定经营哪些品种。配货决策有以下四种情形。

（1）独家配货，指药品中间商只经营一家药品生产企业的产品。独家配货的优点是沟通方便，管理成本低，订单数量少时也能有货源，而且可以签订排他性协议进行核心技术上的合作。

（2）深度配货或专深配货，指药品中间商经营多家药品生产企业的同类产品。

（3）广度配货，也称广泛配货，指药品中间商经营多家药品生产企业的多种药品。

（4）综合配货，也称杂乱配货，指药品中间商经营的商品类型多样，既有处方药，又有非处方药、保健品，还有家庭生活品等。

（二）供应商决策

供应商决策指中间商对供应商的选择，即是选择一家供应商还是选择多家供应商。供应商的类型如下：

（1）伙伴型供应商。这类供应商具有很强的产品研发和创新能力，可以为中间商提供重要产品或资源，甚至提供新产品，从而推动企业的发展，有助于提高企业的核心竞争力。

（2）重点型供应商。这类供应商实力强大、市场宽广，同时与中间商当前的业务量并不大，但对中间商将来发展具有重要作用。在这种情况下，中间商须保持跟供应商的长久关系才能获得有利的市场地位，保持持久的竞争优势。

（3）优先型供应商。这类供应商非常看重中间商的采购业务，对中间商具有强烈的信赖感。

（4）商业型供应商。与中间商的交易具有偶然性和临时性的供应商，这类供应商对中间商具有很强的变动性，情感维系低，双方之间是纯粹的商业行为。

（三）供货条件决策

供货条件指中间商在采购产品时所要求的价格、交货期、相关服务及其他交易条件。

六、影响药品中间商市场购买行为的因素

影响药品中间商市场购买行的因素包括宏观环境因素和微观环境因素。宏观环境因素包括政治、经济、文化、科技等；微观环境因素包括供应商、下游购买者、市场竞争、自身原因等。下面主要介绍微观环境因素。

（一）供应商因素

1.是否提供合法手续

国家对药品生产和药品经营企业实行许可证制度，企业必须达到相应法律法规的标准，取得证书才能从事生产或经营活动。药品生产企业或药品批发企业主体是否合法，能否提供合格的产品报验资料、药检报告、授权委托书等，直接影响到中间商的市场购买行为。

2.药品情况

医药的质量如何、产品价格是否合理、产品的品牌效应、包装是否合乎要求并有利于保证质量和进行销售，这些都是影响中间商市场购买行为的重要因素。

3.市场支持情况

药品生产企业能否提供完备的市场开发和推广方案；广告力度、促销支持和服务水平；有无严格的市场保护措施，以杜绝串货和不正当竞争行为；有无完备的退货制度；付款是否具有优惠等同样影响着中间商的市场购买行为。

（二）下游购买者因素

1.市场需求水平

市场需求水平包括目标市场需求量的大小、药品市场覆盖的广度和深度、消费者对药品的评价、医疗机构的采购倾向等。对中间商而言，其竞争优势在下游客户的数量，中间商拥有的下游客户数量越多越有利于与供应商的谈判。因此，中间商会主动取悦下游客户，利用自身区域垄断力量压迫上游供应商。

2.市场竞争

当市场竞争激烈而下游客户很在意中间商经营的品种时，中间商的竞争力较弱，就会采购更多品牌的产品，且进货价格较高。反之，若竞争不是很激烈且下游客户对品牌不是很在乎，则中间商有较大的竞争优势和议价能力，会优先选择毛利润较高的药品。

3.购买者的要求

下游购买者的具体要求能否得到满足。批发商和零售商通过与下游市场的接触，了解药品消费者市场的消费趋向，从而对采购提出新的要求。

4.业务联系情况

药品生产企业与药品批发企业或药品零售企业之间是否建立了良好的业务往来，形成稳定的动作机制；相关业务人员的联系是否建立起情感和忠诚度。

5.中间商本身因素

一般来说，中间商规模越大、实力越强，就越注重经营药品的品牌，会优先采购知名品牌的药品，最终起到强强联合的效果。反之，中间商规模小、实力不足，就会弱化品牌、强调利润，倾向经营高利润的品种以求快速成长。

中国医保发展
历程

课堂讨论

为了提升药品中间商的采购信心，药品生产企业或医药公司应提供哪些材料？

任务实施

1. 以小组为单位对案例中药店违规的购买行为进行讨论。
2. 分析案例中监管部门处理的具体依据。
3. 针对本案的情形对如何防范药店违规套取医保基金提出初步解决方案。

任务评价

社会药房购买行为评价具体内容，如表4-2所示。

表 4-2　社会药房购买行为评价表

班级：	姓名：		学号：		成绩：	
项目	内容	分值	评分要求	自评	互评	教师评价
资料收集	收集信息的完整性	20				
法律依据	法律依据	20				
购买行为评价	社会药房购买行为评价	20				
	社会药房违规之处	20				
	防止违规措施的制订	20				
	总分	100				

知识巩固

【案例分析】

G 省医药公司邦强药业有限公司拟从西安杨森制药有限公司购进抗过敏药氯雷他定。后者是前者的首营企业。

试分析：在进行首营企业审核时，审核方应向供方索取哪些资料？对这些资料有什么要求？

【典型案例】
骗取医保基金的
违法行为

任务三　医疗机构购买行为分析

任务导入

　　××年××月××日山东省日照市医疗保障局（简称"医保局"）报道：近日，冠脉导引导管和冠脉导引导丝集中带量采购结果在日照市正式落地，日照市医保局组织全市参与采购报量的定点医疗机构执行集中采购中选结果，面向患者销售中选产品。

　　据统计，冠脉导引导管从集采前的平均890元降至434.21元，平均降幅为51%；冠脉导引导丝从集采前的平均950元降至447.65元，平均降幅为53%。中选产品最高降幅达到80%。此次集采占意向采购量前90%的头部企业的全部注册产品均参加投标并中选，涵盖了目前医疗机构采购使用的主流产品，达到了中选产品在临床使用的无缝切换，充分保障了不同医疗机构、不同患者的多样化需求。随着本次集采中选结果落地，日照市基本实现了冠脉介入治疗领域高值医用耗材（冠脉支架、冠脉球囊、冠脉导引导管和导引导丝）集采的全覆盖，全方位降低患者看病就医费用。日照市医保局将持续加强对全市定点医疗机构药品和医用耗材集采工作的组织领导，强化对医疗机构使用中选产品落实情况检查和督导，引导患者使用质优价宜的中选产品，进一步减轻患者负担，不断提升全市参保群众就医获得感和满意度。

　　试对报道中医疗机构的购买行为进行分析，解答什么是集中带量采购？为什么要进行集中带量采购？

任务目标

1. 了解国家医改政策对医疗机构的影响；熟知医疗机构购买行为的运行方式。
2. 掌握医疗机构购买行为分析方法。
3. 培养敬估生命、甘于奉献的职业素养。

知识准备

一、医疗机构市场的定义

　　医疗机构是指依法定程序设立的从事疾病诊断、治疗活动的卫生机构的总称。医院、卫生院是我国医疗机构的主要形式，另外，还有疗养院、门诊部、诊所、卫生所（室）及急救站等，共同构成了我国的医疗机构。

　　医疗机构市场指在市场机制的引导下，医疗机构作为服务或产品的提供者，向具有消费需求的人群提供医疗技术服务或药品产品而形成的市场。根据《药品管理法》规定，医疗机构能从药品生产企业注册的销售公司，或从药品中间商那里购买药品产品。医

机构购进药品产品的目的是为消费者提供医疗服务。

二、医疗机构市场的分类

根据不同的标准，可以将医疗机构划分为不同的类型，医疗机构市场也相应地随之变动。

（一）根据医疗机构的发起人不同分类

根据医疗机构的发起人不同分类，医疗机构可以分为公立医疗机构、合资医疗机构、私营医疗机构、股份制医疗机构和个体诊所。不同性质的医疗机构经营目标不同，有的是营利性，有的是非营利性。

（二）根据医疗机构的规模不同分类

根据医疗机构的规模不同分类，分为大型医疗机构、中型医疗机构和小型医疗机构。医疗机构的购买程序与规模直接相关，规模越大，购买程序就越繁复。

按照《医院分级管理标准》，医院经过评审确定为三级，每级再划分为甲、乙、丙三等，其中三级医院增设特等。三级特等医院和三级甲等医院是等级医院中最具权威的医院，也就是常称的"大型医院"。

（三）根据医疗机构的治疗范围不同分类

根据医疗机构的治疗范围不同分类，分为专科医疗机构和综合性医疗机构。

专科医院指专门从事某一病种诊疗的医院，综合性医院为从事各病种诊疗的医院。综合性医院通常包括急诊部、门诊部和住院部。

药品企业及营销人员在开拓医疗机构市场前，必须了解清楚目标医疗机构的性质、类别、购买行为流程及决策者。

三、医疗机构的购买类型

按医疗机构参与购买活动的权限不同分为以下几种类型。

（一）集中招标购买

2000年7月7日，国家卫生部、药品监管局等五部门联合发布《医疗机构药品集中招标采购试点工作若干规定》，开始试行医疗机构药品集中招标采购。2021年1月22日，国务院印发《国务院办公厅关于推动药品集中带量采购工作常态化制度化开展的意见》，从国家层面确定了药品带量采购常态化，按照保基本、保临床的原则，重点将基本医保药品目录内用量大、采购金额高的药品纳入采购范围，逐步覆盖国内上市的临床必需、质量可靠的各类药品，做到应采尽采。

（二）自主购买

自主购买指的是医疗机构的采购活动完全由医疗机构自主决定、单独完成，医疗机构有自己的采购程序与制度。2023 年 3 月 21 日，国家卫健委发布新规，给予医疗机构更多采购自主权，对 3 000 万以下医疗设备的购买不再设限。

（三）医药分家

医药分家指的是将公立医院的门诊药房从所在医院脱离，在利益上与医院彻底脱钩。医院不再承担供药责任，只承担提供医疗服务的责任，供药责任由药品公司承担。目前医药分家仍处于试点阶段，尚未全面推开。

按医疗机构购买活动的稳定性，医疗机构购买类型分为：直接重购、调整购买和新购买。医疗机构的新购买指的是医疗机构对新特药品的采购。新特药是新药和针对某种病特效药的合称。新药指未曾在中国境内上市销售的药品，对已上市药品改变剂型、改变给药途径、增加新适应证的药品，也属于新药范畴。

四、医疗机构购买决策过程

（一）招标采购过程

2000 年 2 月，国务院办公厅印发《关于城镇医药卫生体制改革的指导意见》，确定对医疗机构采购实行集中招标采购。医疗机构是招标采购的行为主体，可委托招标代理机构开展招标采购，具有编制招标文件和组织评标能力的也可自行组织招标采购。

1. 委托招标

医疗机构委托医药招标采购服务机构对外公开招标采购所需药品。医药招标采购服务机构可以是医疗机构联合组织的招标采购机构，也可以是经药品监管部门认定，与行政机关不存在隶属关系或其他利益关系的商业机构。

医疗机构在委托招标时，要明确拟采购的药品品种、规模和数量计划。确定采购计划的程序与医疗机构自主采购计划的确定程序相同。

2. 药品招标采购服务机构组织招标

（1）招标准备工作：汇总招标采购委托→组织专家委员会→确定招标方式→编制招标文件。公开招标采购适用于医疗机构普遍应用、采购批量较大、没有品牌限制的品种。邀请招标又叫限定招标，限定招标采购适用于医疗机构普遍应用、采购批量较大但具有品牌限制的品种。

（2）发出招标公告或发出招标邀请信。

（3）审标：审核投标人的合法性、信誉及投标药品的相关批准文件和有效质检证明文件。

（4）评标和议标：组织招标委员会进行评标和议标。

（5）开标：确定中标企业并公布中标结果。

3. 签约阶段

由中标人在招标办规定时间内，与各委托招标医疗机构之间按中标的条件进行签约。

4. 履约阶段

由中标人按照合同履行供货职责。

集中招标采购适用于医院必需的、常用的、《国家基本药物目录》品种范围内药品的采购工作。医院新特药品的采购工作一般不适用此采购方式。

（二）医院自主采购过程

（1）由医院临床医生，根据患者用药的需要，或因医疗、教学和科研需要，结合对药品临床疗效的判断，提出用药要求，送达医院药剂科。

（2）医院药剂科一般下设采购机构、药库、门诊药房和住院药房等。

（3）主管进药的院长和副院长根据临床医生和药剂科所提出的申请，结合自己的认知，对申请进行审核。如果医院没有设立药事委员会，经院长或副院长审核后，药剂科的采购部门便可进行采购。如果设立了药事委员会，则还必须上报给医院药事委员会共同决议。

（4）医院药事委员会一般由临床科室主任、药剂科主任、主管进药的院长和副院长、知名专家和教授组成。当医院采购新品牌、新品种、新剂型时，都必须经药事委员会论证通过。

（5）经医院药事委员会论证通过后，医院药剂科的采购部门便可进行采购，并跟踪药品运输情况，直到药品入库。

（6）药品入库后，由药库负责对药品的管理，并根据用药要求将药品分发到门诊药房和住院部药房。

（7）门诊药房和住院部药房根据医生处方要求，将药品配发至患者用于临床。

（8）如果临床用药效果好，获得临床医生的青睐，临床医生将会重复采购。如果临床效果评价不好，临床医生可能会降低用量或拒绝使用而转向其他用药。

五、影响医疗机构购买的因素分析

影响医疗机构购买因素包括宏观环境因素、微观环境因素和医疗机构内部因素。

（一）宏观环境因素

宏观环境因素包括经济、气候、科技发展、人口、社会文化等。

经济增长率、可支配收入、失业率、通货膨胀等社会环境因素影响就医人群的经济能力和消费水平；气候、生态、环境保护等自然环境因素影响就医病种。这些宏观环境因素直接影响医疗机构的服务成本，进而影响其购买行为。医疗机构无力改变宏观环境因素的约束，只能顺应。

（二）微观环境因素

微观环境因素是影响医疗机构购买行为的具体因素。相同宏观环境下，医疗机构的购买只需考虑微观环境因素的影响，包括药品供应商因素、竞争因素。

1. 供应商因素

供应商提供的药品的疗效、价格、服务等是医疗机构实施购买时考虑的因素。在诸因素中，相对中间商而言医疗机构更注重疗效，对广告和促销的敏感度相对较低。作为代表供应商的营销人员在进行市场开拓时需注意。

2. 竞争因素

影响医疗机构采购行为的竞争因素包括消费者的竞争、供应商之间的竞争、医疗机构之间的竞争。

（1）消费者的竞争指的是消费者在使用不同药品时，需求量差异给各品种间带来的竞争，比如在流感季期间消费者对抗感冒药的需求量更大，导致医疗机构更多地采购抗感冒药而削减其他药品的采购。

（2）供应商之间的竞争。生产同类产品的企业之间天然存在着竞争关系，竞争越激烈，采购条件就越有利于医疗机构。在特效药和专利药领域竞争少，医疗机构的选择余地小，采购条件有利于供应商。

（3）医疗机构之间的竞争。为了争取消费者，医疗机构会倾向于选择疗效更好的药品，以提高医疗机构的专业水平，力争提供比同类机构更好的医疗服务。

（三）医疗机构内部因素

医疗机构的内部因素包括医疗机构的组织因素、人际关系因素、人员因素等。这些因素具有较大的不确定性。药品生产企业或经营企业的营销人员须全面、深入地了解医疗机构内部因素，才能在营销活动中避免犯错。

课堂讨论

影响医疗机构药品采购决策的影响因素有哪些？

4+7 带量采购

任务实施

1. 以小组为单位对案例中医疗机构的购买行为进行讨论。

2. 写出案例中市医保局组织带量采购的依据及流程。

3. 针对本案的情形，试对医疗机构应如何配合监管部门做好政府集中采购拟定工作方案及措施。

任务评价

医疗机构购买行为评价见表4-3。

表 4-3　医疗机构购买行为评价表

班级：		姓名：	学号：		成绩：
项目	内容	分值	评分要求	自评	互评	教师评价
资料收集	收集信息的完整性	20			
法律依据	法律依据	20			
	集中采购流程	20			
购买行为评价	医疗机构购买行为评价	20			
	工作方案及措施	20			
总分		100			

知识巩固

【案例分析】

2022 年 11 月 8 日，某省公共资源交易中心发布年度药品集中带量采购文件。公告内容显示：为贯彻落实中央、国务院决策部署，常态化制度化推进药品集中带量采购工作，发布年度药品带量采购文件（GS-YPDLCG2022-2）。采购品种共计 44 个，其中注射剂 36 个，口服液体剂 2 个，口服常释剂型 3 个，颗粒剂 3 个。

试分析，作为符合条件的药品生产企业，为参加此次药品集中采购，应提供哪些企业资料和产品资料？

【典型案例】
药品集采

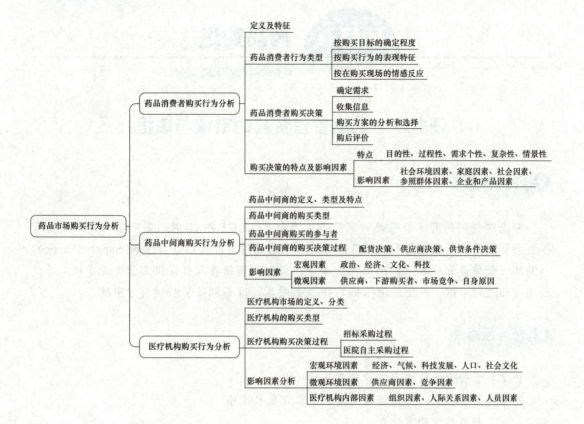

项目五　药品购进

任务一　药品首营资料的审核与填报

任务导入

湖南瑞祥制药有限公司是一家药品生产企业，2021年10月，第一次向晨阳医药有限公司供应药品（硬胶囊剂）。晨阳医药的采购员需要按照GSP（Good Supply Practice，《药品经营质量管理规范》2016版）要求，让供应商销售人员提供首营企业资料，并交给质量部进行审核、建档。请根据GSP法规要求，准备相关资料供对方审核。

任务目标

1. 掌握首营审核的概念及首营药品的规定。
2. 掌握首营企业、药品审核的审核内容及基本程序。
3. 能正确填写首营审批表。
4. 培养学生严谨细致、认真负责的岗位责任心，树立严把质量关保证人民用药安全的社会责任感。
5. 培养学生树立规范意识、岗位责任意识和分析并解决问题的能力。

知识准备

一、首营企业资质审核与填报

（一）首营企业审核的概念

药品经营企业开展对首营企业与首营品种的合法性、质量可靠性等基本情况的审核，不仅可以确认供货企业的合法资质和质量保证能力，还可以保证所购进药品的合法性和质量情况，同时能防止假药、劣药流入药品流通领域，保证消费者的切身利益。

1. 首营企业

首营企业指采购药品时与本企业首次发生供需关系的药品生产企业或经营企业。

2. 购进药品的基本条件

药品经营企业购进的药品应符合以下基本条件。

（1）必须是合法企业所生产或经营的药品。

（2）药品质量符合药品标准等有关要求。

（3）除国家未规定的以外，应有法定的批准文号和生产批号。进口药品应有符合规定的、加盖供货单位质量管理专用章原印章的进口药品注册证和进口药品检验报告书复印件。

（4）药品包装、标签、说明书符合有关规定和储运要求。

（5）中药材、中药饮片应标明产地。

（二）首营企业审核的内容

首营企业的质量审核以资料审核为主，首营企业质量审核材料的要求在《药品经营质量管理规范》（简称 GSP）及《药品经营质量管理规范实施细则》中有明确规定，并按以下几方面操作：

首营企业审核主要是审核首营企业的法定资格和质量保证能力，审查其相关资料的完整性、真实性和有效性。

（1）首营企业属于药品生产企业的，应向首营企业了解企业的规模、历史、生产状况、产品种类、质量信誉、质量部设置情况、是否通过《药品生产质量管理规范》（简称 GMP）等质量管理体系认证等，并审核以下资料。

①药品生产许可证复印件。

②营业执照、税务登记、组织机构代码的复印件。

③上一年度企业年度报告公示情况。

④药品生产质量管理规范认证证书复印件。

⑤相关印章、随货同行单（票）样式。

⑥开户户名、开户银行及账号。

⑦质量体系调查表。

（2）首营企业属于药品经营企业的，应向首营企业了解企业的规模、历史、经营状况、经营品种种类、质量信誉、质量部设置情况，以及企业是否通过 GSP 等质量管理体系认证等，并审核以下资料。

①药品经营许可证复印件。

②营业执照、税务登记、组织机构代码的复印件。

③上一年度企业年度报告公示情况。

④《药品经营质量管理规范》认证证书复印件。

⑤相关印章、随货同行单（票）样式。

⑥开户户名、开户银行和账号。

⑦质量体系调查表。

（3）验明首营企业药品销售人员的合法身份，并审核下列资料。

①加盖供货单位公章原印章的销售人员身份证复印件。

②加盖供货单位工作原印章和法定代表人印章或者签名的授权书，授权书应当明确被授权人姓名、身份证号码，以及授权销售的品种、地域、期限。

③供货单位及供货品种相关资料。

（4）与供货单位签订的质量保证协议，至少包括以下内容。

①明确双方质量责任。

②供货单位应当提供符合规定的资料且对其真实性、有效性负责。

③供货单位应当按照国家规定开具发票。

④药品质量符合药品标准等有关要求。

⑤药品包装、标签、说明书符合有关规定。

⑥药品运输的质量保证及责任。

⑦质量保证协议的有效期限。

（5）经营特殊管理药品的首营企业，还必须审核其经营特殊管理药品的合法资格，以及加盖有首营企业原印章的食品药品监督管理部门的批准文件。

（6）审核是否超出有效证照所规定的生产（经营）范围和经营方式，有效期限的证件是否在有效期内。

（7）采购部门填写的首营企业审批表，如表 5-1 所示。

表 5-1　首营企业审批表

编号：　　　　　　　　　　　　　　　　　　　　　　　　　　　填表日期：

企业名称			类别	□药品生产企业 □药品经营企业		
拟供品种						
详细地址						
邮政编码		E-mail		传真		
联系人		联系电话		身份证号码		
许可证	许可证名称		许可证号			
	企业名称		负责人			
	生产（经营）范围		有效期至		年　月　日	
	企业地址		发证机关 发证日期		年　月　日	

续表

营业执照	企业名称			注册号			
	法定代表人		经济性质	注册资金			
	经营范围			经营方式			
	企业地址			发证机关发证日期	年	月	日
GMP（GSP）证书编号				有效期限	年	月	日
需索取企业相关资料	（1）药品生产许可证或药品经营许可证复印件（　　） （2）营业执照复印件（　　） （3）上一年度企业年度报告公示情况（　　） （4）药品生产质量管理规范或药品经营质量管理规范认证证书复印件（　　） （5）相关印章、随货同行单（票）样式（　　） （6）开户户名、开户银行及账号（　　） （7）质量体系调查表（　　） （8）授权委托书、身份证（　　） （9）质量保证协议（　　） （10）其他（　　）						
业务部门意见				负责人签字：	年	月	日
质量信誉	实地考察结论			考察人签字：	年	月	日
质量部审核				负责人签字：	年	月	日
质量负责人审核				负责人签字：	年	月	日
备注							

　　若首营企业资料审核还不能确保其质量保证能力，质量部应会同药品购进部门详细了解企业职工素质、生产经营状况，必要时应组织进行实地考察，并重点考察其质量管理体系是否满足药品质量的要求等。

（三）首营企业的审核流程

1.首营企业审核

　　药品产品购销员依据销售任务需要从首营企业购进药品时，应执行以下程序。

　　（1）按规定将首营企业审核资料收集齐全后，填写首营企业审批表，附完整资料，加具意见后，报质量管理机构进行质量审核。对确实需要引进的品种需在 2 个工作日完成首营品种审批表的填写工作，并提供相关资料。

（2）质量管理部门接到首营企业审批表及有关资料后，由质量负责人尽快如实审核，并在首营企业审批表上签署意见。如依据所报送的资料无法做出准确判断时，业务部门应会同质量管理部门对首营企业进行实地考察，由质量管理部根据考察情况形成书面考察报告，并加具详细审核评定意见，再上报审批。

（3）质量负责人进行最后审核把关，并在首营企业审批表上签署明确的意见批准后，方可采购药品。

2.首营企业审核的操作流程

首营企业审核的操作流程如图 5-1 所示。

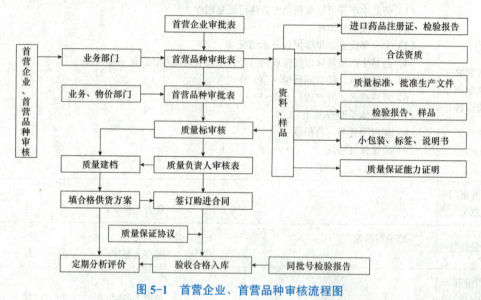

图 5-1　首营企业、首营品种审核流程图

以"生命至上"
为导向，推进健
康中国建设

【案例分析】
违反《药品经营
质量管理规范》

二、首营品种资质审核与填报

首营品种指本企业首次采购的药品。

（一）首营品种审核内容

首营品种审核主要是审核首营品种的合法性、质量等基本情况，审查其相关资料的完整性、真实性和有效性。审核内容如下。

（1）索取药品生产批件及附件，包括药品质量标准和药品使用说明书的复印件。

（2）索取并审核首营品种的包装（最小包装）、标签和药品实样。

（3）索取加盖有首营品种供货单位质量管理（检验）机构原印章的所购进批号药品的出厂检验合格报告书（"生物制品批签发合格证"）。

（4）进口药品除需提供药品的包装、标签、说明书实样等资料外，还需提供加盖有首营品种供货单位原印章的资料复印件。

①进口药品注册证或医药产品注册证；

②进口检验报告书或"已抽样"的"药品进口通关单；

③若为精神药品或麻醉药品，另需提供进口准许证。

（5）审核首营品种是否符合供货单位药品生产许可证规定的生产范围，严禁购买超生产范围的药品。

（6）了解首营品种的适应证或功能主治、储存条件以及质量状况。

（7）采购部门填写的首营品种审批表，如表5-2所示。

表5-2　首营品种审批表

编号：

药品编号	通用名称	商品名称	剂型	规格	包装单位	生产企业
药品性能、成分、质量用途、疗效、副作用情况						
批准文号		质量标准		企业 GMP 证书号		认证时间
装箱规格		有效期		储存条件		
出厂价		采购价		批发价		零售价
采购员申请原因				签字：　　年　月　日		
业务部门主管意见				负责人签字：　　年　月　日		
质量部意见				负责人签字：　　年　月　日		
质量负责人审核				负责人签字：　　年　月　日		

注：附药品生产企业许可证、营业执照、批准文件、质量标准、药检报告、样品、GMP 证书、药品说明书等资料。

对首营品种，业务部门要充分做好市场需求调查，了解发展趋势，用户评价意见，做好相关记录；质量部应定期分析药品质量的稳定性和可靠性。

（二）首营品种的审核流程

1. 首营品种审核

首营品种审核应执行以下程序。

（1）业务购进部门按规定将审核资料收集齐全后，由采购员填写首营品种审批表，将手续齐备的首营品种相关信息输入计算机 ERP（企业资源计划）系统中，报质量管理机构进行质量审核。

（2）质量管理机构将审批合格的首营品种审批表报质量负责人，质量负责人对采购部所提供的资料进行质量审核，审批合格后方可采购该药品。

2. 首营品种审核的操作流程

首营品种审核的操作流程如图 5-1 所示。

（三）首营审核的注意事项

（1）首营材料按照一个企业一个品种分别用资料袋归档，交由质量部按照一定的分类方法进行统一保管，并建立质量档案。

（2）对首营企业的实地考察可根据生产商、供应商、产品和本企业实际情况决定。

（3）在首营企业审核过程中，若首营企业曾经更名，可重新按照首营企业补充相关资料。

（4）当生产企业原有经营品种发生规格、剂型或包装改变时，应进行重新审核。

（5）质量部平时要多注意收集相关质量信息，可以将国家药品监督管理局网站、地方局网站发布的有关内容收集起来，以帮助对首营材料的审核。

（6）质量部审核资料时要注意审查资料是否完备，所提供的首营审核材料为复印件的，必须在复印材料上加盖公司的原印章。

（7）首营审核过程中首营企业审批表和首营品种审批表中所有意见的签署均有签署人全名和签署日期。

（8）首营审核工作应有相应记录。

🔖 任务实施 ●

收集首营企业审核相关资料

一、操作准备

1. 场地准备

模拟营销情景室。

2. 物品准备

（1）准备两个资料柜、两张工作台或配套桌椅。

（2）资料柜放置的资料包括：加盖首营企业原印章法人授权委托书、售货发票、

【案例分析】微信群销售未取得药品批准证明文件药品被罚

物价证明、新药证书、药品 CMP 证书、药品检验报告书、药品生产许可证、药品说明书、药品实样、药品再注册批件、营业执照、质量保证协议、药品质量标准等。

二、操作步骤

步骤 1：在资料柜中找出相关首营审核资料。

步骤 2：根据首营审核的内容不同，确定首营企业审批资料和首营品种审批资料。

步骤 3：在规定时间内正确分类资料。

步骤 4：再次确认资料。

根据 GSP 和首营企业资料的审核要求，完成下列内容。

（1）从给定的所有资料中找出正确的首营企业资料（含销售人员）。

（2）将缺少的首营企业资料名称找出。

（3）将有问题的资料编号找出，并注明原因。

三、注意事项

（1）首营企业审核，要确定待审核企业是生产企业还是经营企业。

（2）在收集资料的过程中一定要认真仔细，防止拿错资料。

（3）首营品种审核，要确定待审核品种的名称、规格、剂型、包装等，以免在收集资料的过程中混淆。

首营审核资料如图 5-2 ～图 5-9 所示。

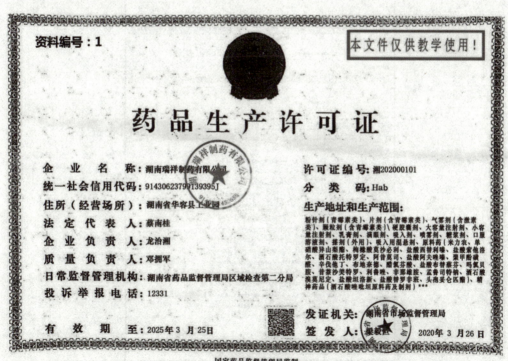

图 5-2 资料 1

资料编号：2

图 5-3　资料 2

资料编号：3

本文件仅供教学使用！

药品质量保证协议书

甲方：湖南瑞祥制药有限公司

乙方：晨阳医药有限公司

为了确保药品质量，保障人民用药安全有效，按照《药品管理法》及GSP的要求，明确责任，推进甲、乙双方合作关系，经双方协商一致，特订立如下条款，供双方信守和执行。

一、甲方承诺及义务：

1．甲方向乙方提供："两证一照"复印件，并加盖红章。

2．甲方向乙方提供的药品应：①符合国家药品质量标准和有关质量要求；②附产品合格证；③包装应符合有关规定和运输要求；④进口药品应提供：《进口药品注册证》或《药品产品注册证》、《进口药品批件》和《进口药品检验报告书》或《进口药品通关单》复印件盖质量管理机构红章；⑤中药饮片应有包装和合格证，中药材应注明产地。

3．甲方及时送货上门，一般情况在2天内送到，特殊情况例外。

4．甲方供应乙方药品时必须开具合法的票据。

5．甲方对所销药品质量在有效期内负全部责任。

二、乙方承诺及义务：

1．乙方向甲方提供："一证一照"复印件，并加盖红章。

2．乙方按照甲方的规定退货。普通品种除因质量问题外，原则上不予退货，但确因故而滞销的，乙方必须在收到货后壹个月内，经甲方同意后，依原发票（或复印件）予以退货，新药退货则必须在收到货后壹个月内完成，手续类同普通品种。

3．乙方应严格按照药品包装上注明的储藏方法和要求储藏保管，由于保管不当，引起药品包装污染，如褪色、贴上价格标签、灰尘擦拭不净、涂写、发霉污损、打湿受潮等甲方一律谢绝退货。

4．乙方收货时如发现甲方所供应的药品出现差错或运输过程中造成的破损问题，必须24小时内通知甲方，甲、乙双方及时处理，避免不必要的纠纷和损失。

三、双方共同责任及约定：

1．本协议适用于日后书面的购货合同或电话、传真等形式确立的购货合同。

2．该协议一式两份，甲、乙双方各执一份，自签字之日起生效，有效期至2022年1月14日止。

3．如遇上述事项未尽事宜，按双方友好协商一致的原则另行约定。

甲方：湖南瑞祥制药有限公司　　　　　乙方：晨阳医药有限公司

代表人（签章）：赵玥　　　　　　　　代表人（签章）：

2021年1月15日

图 5-4　资料 3

资料编号：4

营 业 执 照

（副　本）

统一社会信用代码　91130623799139395J

名　　称	湖南瑞祥制药有限公司
类　　型	有限责任公司（自然人投资或控股的法人独资）
住　　所	湖南省华容县工业园
法定代表人	蔡××
注册资本	叁仟万元整
成立日期	2007年04月13日
营业期限	2007年04月13日至　　　年　　月　　日
经营范围	中成药、中药提取物的生产；药品、植物提取物、保健食品的研发；农产品、植物提取物的销售；化学药品制剂制造；销售本公司生产的产品（国家法律法规禁止经营的项目除外）。

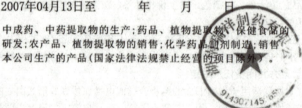

登 记 机 关　　　

2017　　　11　　　20
年　　　月　　　日

每年1月1日至6月30日通过企业信用信息公示
系统报送并公示上一年度年度报告，不另行通知
《企业信息公示暂行条例》第十条规定的企业
有关信息形成后20个工作日内通过网站向社会公示。

企业信用信息公示系统网址：

中华人民共和国国家工商行政管理总局监制

图5-5　资料4

资料编号：5

该文件仅供教学使用

销售单位业务票据印章式样备案登记表

企业单位	湖南瑞祥制药有限公司	
联系人		
联系电话		
销售单位印章式样		
单位公章	药品清单或销售清单章式样	增值税发票章式样
湖南瑞祥制药有限公司 9143071452658	湖南瑞祥制药有限公司 药品出库专用章	湖南瑞祥制药有限公司 91430623799139395J 发票专用章
合同章式样	药检章式样	财务章式样
湖南瑞祥制药有限公司 合同专用章	湖南瑞祥制药有限公司 质量检验专用章	湖南瑞祥制药有限公司 财务专用章 9143071452658
法人章		
蔡南桂		

备注：此表仅供存档备案，复印无效

湖南瑞祥制药有限公司

2021年1月1日

图 5-6　资料 5

资料编号：6

本文件仅供教学使用！

中华人民共和国
药品GMP证书

CERTIFICATE OF GOOD MANUFACTURING PRACTICES FOR PHARMACEUTICAL PRODUCTS
PEOPLE'S REPUBLIC OF CHINA

证书编号： HN20190392
Certificate No．

企业名称：　湖南瑞祥制药有限公司
Manufacturer :　Hu'nan Ruixiang Pharmacy Co．，Ltd

地　址：　湖南省华容县工业园
Address :　Hu'nan Province Huarong County Industrial Park

认证范围：　硬胶囊剂、片剂、颗粒剂（均含中药前处理和提取）
Scope of Inspection :　Hard Capsules、Tablets、Granules（The above include pre-processing and extracts of traditional chinese herbs）

　　经审查，符合中华人民共和国《药品生产质量管理规范》要求。
特发此证。

This is to certify that the above-mentioned manufacturer complies with the requirements of Chinese Good Manufacturing Practices for Pharmaceutical Products.

有效期至　2020 年 02 月 13 日
This certificate remains valid until　13/02/2020

发证机关：
Issued By

Date for Issuing　14/02/2015　　　　2015 年 02 月 14 日

国家食品药品监督管理总局制
CHINA FOOD AND DRUG ADMINISTRATION

图 5-7　资料 6

资料编号：7

本文件仅供教学使用！

药品销售人员法人授权委托证明书

编号：　湖南瑞祥制药有限公司　　　2021083 号

　　兹委托本单位员工 赵× 同志（性别：女，职务：销售经理，身份证号码：43060019950711××××）为本单位代表，负责我公司与贵公司销售业务合同的洽谈、签订及回款事宜。

　　本授权委托书委托权限：

　　以本公司名义按本公司《药品经营企业许可证》核准的药品经营范围负责 公司代理所有品种 产品与贵公司销售业务合同的洽谈、签订（合同的生效须经我公司确认）以及履行合同过程中相关事项的处理（合同的变更、终止须经我公司确认）。

　　销售货款的结算：按合同到货金额，经银行汇款到我公司指定账户，不得与被委托人进行现金结算。

　　品种信息见列表。

　　委托地区：山东省

本授权委托书郑重申明：

(1)　被委托人不得以任何理由在销售单位借、调、转货。

(2)　被委托人不得以公司名义或以货物为抵押向销售单位借支任何费用。

(3)　未经授权人书面同意，被委托人不得擅自处理公司权益。

(4)　被委托人必须在授权范围内活动，其超越授权范围的一切行为由其本人负责，与授权单位无关；并且，由此产生的法律责任及一切后果与授权单位无关；被委托人无权对此授权委托书转委。

(5)　本授权委托书同身份证对照使用。

(6)　本授权委托书复印或涂改无效。

(7)　对授权单位的所有委托事项均以此份为准，原授权委托书自动失效。

本委托书有效期限：至 2020 年 12 月 31 日止

授权单位（盖章）：湖南瑞祥制药有限公司

法定代表人（签章）：蔡南桂

签发日期： 2020 年 1 月 1 日

图 5-8　资料 7

资料编号：8

该文件仅供教学使用

中华人民共和国
居民身份证

签发机关　岳阳市公安局
有效期限　2020.03.26-2030.03.26

姓　名　赵██
性　别　女　民族　汉
出　生　1995 年 7 月 11 日
住　址　湖南省岳阳市天籁花园14
号楼████████
公民身份号码　43060019950711████

图 5-9　资料 8

任务评价 ●

首营企业资质审核评价，如表 5-3 所示。

表 5-3　首营企业资质审核评价表

项目	评分要求	分值	得分	备注
审核资料收集	资料齐全、分类正确	25		
首营企业审批表	填写完整、规范	25		
查找异常资料	注明原因	25		
审核记录	记录完整、真实、规范	25		
总分		100		

任务二 采购计划编制

任务导入

临近月末，光明药店要从 A 企业购进一批药品。作为药店店长，请根据药店经营需求情况制定采购计划。

任务目标

1.掌握采购计划的编制。
2.能正确填写采购订单。
3.培养学生的整体观，提高分析统筹规划能力。

知识准备

一、确定采购品种

根据医药产品消费者的情况选择购进品种。选择购进的品种，必须与药品市场的需求相适应，必须以临床需求为中心，以常见病、多发病需求为基础，与患者、医师的需求相符，保证企业主营药品不断档。同时，了解医院、医师、药师对药品的选购标准，注重购进药品的质量、疗效和生产厂商，要注意引进新的药品产品、特效药和治疗常见病、多发病的药品商品。

（一）畅销品种

药品产品企业应积极组织货源，增加购进数量，把握市场时机，适应市场需求，提高经济效益。

（二）平销品种

购进时应维持一定的采购水平，并通过促销活动，多销多购，保持经济效益。

（三）滞销品种

购进时应减少或停止采购，并将信息反馈给制药厂、企业。

（四）特殊品种

特殊品种即特种品种，是指有效期短并受管制的药品。采购时应根据市场销售情况，以销定购，按市场实际需求安排购进数量。

二、确定购进销量

准确确定药品购进数量是药品经营采购工作的核心。药品购进数适当，不仅能均衡保证销量的需要，还可以节省资金占用，减少库存开支，增加经济效益。

药品的购进数量因品种、价格、销量、进货渠道的不同而异。从药品生产企业购进的数量较大，从药品中间商购进的数量相对较小。对一般品种应以销量确定其购进数量，以单位前三年、季、月平均销售量为依据确定该品种的购进数量。确定购进数量的方法如下。

（一）自动订货法

自动订货法指在企业购销部门紧密衔接的条件下，前一批药品销售后，按前期购进数量继续购进，每次购进数量可以是相同的，但采购的时间却是不定的。

（二）临界点订货法

临界点订货法是把购进时间和采购结合起来确定购进数量的一种方法。不是等药品售完以后再进行采购，而是以保持一定量的药品库存为保险系数。

（三）批量控制法

批量控制法是在某一时期药品需求量可以准确预测的条件下，以多种因素为依据来选择最佳的药品采购量。即先算出单位药品的保管费用，再求出单位采购费用。当药品保管费用等于药品采购费用时，药品经营企业的药品储存总费用（保管费加采购费）最低，选择这样的时间点确定购进数量是最为适宜的。

三、确定购进时间

影响药品采购时间的因素主要有：①每次订货和交货时间的长短；②药品周转进度的快慢；③每次进货费用的高低；④存货成本与订货成本的比较；⑤销售形势的变化。

购进时间的确定，既要服从销售需求，又要考虑各种疾病的发病季节。进货时间同进货次数成反比，同每次进货数量成正比。由于进货量多，需要资金就多，进货次数多，开支的费用相对也多。因此，应把资金占用和进货费用加以比较后，选择一个最佳点，进而确定购进时间。

（1）正常经营药品购进时间的确定。一般是按药品的日平均销售量来估计，在不发生脱销、维持最低库存时购进药品。

除正常购进外，在药品调价时也可以提前或延后进货，但要计算采购的受益度和增减库存量得失之间的差额。

（2）特效药品购进时间的确定。特效药品指对某些疾病具有特殊疗效的药品。例如，感冒的发病季节在春冬两季，确定这类药品购进时间既要掌握抗感冒药的供应时间，又要准确预测销售动向，从中选出药品购进的最佳时间。

四、确定购进方式

药品购进可分为分散采购、集中采购、现卖现买、投机采购、预算采购、多货源采购、单货源采购等方式。

（1）分散采购是依据库存情况，在不同的供货商中购买所需药品。

（2）集中采购是依据库存情况，在一家供应商中购买所需药品。

（3）现卖现买是药店依据药品的销售情况，随时补充药品的库存。

（4）投机采购是根据预测市场需求的波动，在需求高峰到来之前，提前大量囤积药品，或依据市场价格的波动特征，在低价时大量买入某种药品的采购方式。

（5）预算采购是根据药店当期流通资金状况，考查可用资金数额的多少来确定采购药品的种类和数量。

（6）多货源采购、单货源采购是指一种药品可以从多个供货商处采购或单个供货商处采购。

如果有多个供应商，则采购不到特定药品的风险较小，供货的可靠性高，商讨价格的余地和不同药品规格的选择余地较大；但由于与各个供应商沟通，工作量较大，与供应商的关系较松散，供应商对长期合作的信心不足，责任心较弱。

五、确定购进渠道

药品购进渠道分为生产企业直接采购和批发企业采购。

药品购进渠道的特点如下。

（1）生产企业直接采购的特点是可购药品的种类较少，但价格较低；由于地理位置的原因，运输成本可能会高一些。

（2）批发企业采购的特点是可购药品的种类较多，但某种药品的价格会高一些；由于运输药品的种类和数量较多，可能会享受较低的运输费率。

任务实施

根据消费者的情况，制定下列药品购进计划表（表5-4）。

1. 商品货源和销售趋势的调查

（1）了解药品生产能力的变化、当前各药品经营企业库存量的多少。

（2）了解药品生命周期的变化，预测某种药品大致的经营趋向。

（3）了解医师、患者需要什么，何时需要，需要多少。

（4）了解发病率和用药变化趋势，调查企业周围网点的分布情况和影响企业购销活动的其他因素。预测某类药品销售趋势，可以为企业因时、因地、因药品制宜，给药品采购提供客观依据。

2.本企业库存情况的调查

药品经营企业在购进药品前，只有掌握了本企业的实际库存量，才能确定哪些品种库存不足需要购进，哪些品种库存积压需要调整。因此，商品库存情况的认知是购进工作的基础资料，在此基础上可衡量购进药品的多少。盘库存一般以商品账为依据，以实际库存为标准，做到货账相符，库存真实。

3.选择合适的购进方式、购进渠道

适销对路是购进工作最本质的要求。药品购进是为了销售，为使销售具有好的经济效益和为患者进行更好的服务，购进的商品必须立足于适销对路、物美价廉，即适销、适量、适时、价廉。

表5-4 药品采购计划表

采购日期：　　　　　　　　　　　　　　　　　　　　　　　　　　制表人：

序号	药品名称	规格	单位	生产厂家	供应商	采购价格	采购数量	合计金额
1								
2								

📍 任务评价 ●

采购计划编制评价，如表5-5所示。

表5-5 采购计划编制评分表

项目	评分要求	分值	得分	备注
商品货源和销售趋势的调查	了解药品供应商的分布网点、药品的经营趋向等	15		
调查库存情况	摸清本企业实际库存量	15		
确定购进的品种	根据药品商品消费者的情况选择购进品种	20		
确定购进的数量	根据销量确定购进数量	20		
确定购进的时间	根据销售需求，考虑各种疾病的发病季节，确定最佳购进时间	10		
确定购进的方式	分散采购、集中采购、现卖现买、投机采购、预算采购、多货源采购、单货源采购等，并分析原因	10		
确定购进的渠道	批发或直购	10		
总分		100		

【案例分析】

由于流感加剧，导致平安大药房消炎和清热解毒药物库存紧张，作为店长，请根据药店需求制定一份药品购进计划，以保证药品的正常供应。

任务三　药品采购与管理

任务导入

情景模拟，假设你是某医药公司的采购经理，公司需要采购一批药品，想一想该如何开展你的工作？

任务目标

1. 掌握药品的购进流程。
2. 正确填写药品购进计划表。
3. 熟悉药品采购质量档案管理方法。

知识准备

药品经营企业在药品购进活动过程中，需要根据 GSP 要求，制定能够确保购进的药品符合质量要求的药品购进程序，流程如图 5-10 所示。药品零售连锁企业实行统一进货、统一配送。连锁门店的采购是连锁门店根据销售情况向其总部提要货申请。其采购记录即为向总部要货。连锁门店不得自行采购药品。

一、制定采购计划

药品采购计划是采购环节中的重要工作之一。科学合理地制定采购计划，有助于杜绝假冒伪劣药品进入药品流通领域，有助于加速药品资金周转，保证市场供给和适应市场的不断变化。采购计划按照企业经营管理需要，一般按年度、季度、月份编制，分为年度采购计划、季度采购计划、月份采购

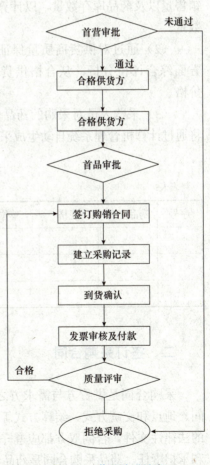

图 5-10　药品购进流程

计划和临时采购计划。

（一）药品采购计划的制定依据

（1）根据国家政策方针、药品法律法规、各级政府有关市场政策制定药品采购计划。

（2）前期计划执行情况。前期计划执行情况是对进、销存业务活动的真实反映，这对指导本期采购计划的制定具有重要作用。

（3）市场供应情况和需求情况。市场供应情况包括货源品种、数量、货源畅销程度、供货方的销售计划和付款条件、国家产业政策对药品生产的影响；市场需求情况主要包括销售客户购买力、消费结构变化情况等。这是制定药品采购计划最直接的依据。

（二）制定采购计划的程序

采购部门在制定年度和季度计划时，可以粗略制定，通常以纸质版形式编制，作为编制月份采购计划的参考。月份采购计划和临时采购计划需要精准制定，在计算机管理系统中编制。采购计划中的供应商信息、商品信息以及采购药品数量等，要与供货方开具的单据完全一致。下面是制定月份采购计划和临时采购计划的程序。

（1）采购人员根据计算机管理系统提供的前三个月药品的购进和销售数量、当月销售量以及药品库存数量，以计算机管理系统药品目录来确定拟采购的药品品种和采购数量。

（2）通过对供货商质量保证能力、供货能力、价格竞争能力、售后服务能力等方面综合评价分析，从合格供货方档案列表中确定合理的供货商，确定采购药品的价格。

（3）采购人员对采购的药品信息审核无误后，在采购计划单上签字。采购计划单将通过计算机管理系统自动生成采购订单。药品采购计划表见表5-6。

表5-6　药品采购计划表

制表人：

制表日期：

序号	药品名称	规格	单位	生产厂家	供应商	采购价格	采购数量	合计金额

二、签订采购合同

采购合同是供货方与需求方之间，就货物的采购数量、价格、质量要求、交货时间、地点和交货方式、结算方式等事项，经过谈判协商一致同意而签订的"供需关系"的法律性文件，合同双方都应遵守和履行。采购合同是经济合同，双方受合同法的保护和承担责任。药品采购合同是药品经营过程中明确供销双方责权的重要形式之一。

（一）采购合同的形式

药品经营企业在药品采购过程中，根据采购业务的不同情况，会出现不同的合同形式，采购合同的形式可分为书面形式和口头形式。

书面形式合同包括企业与药品供应商共同协商并签订的《年度购销协议》和标准书面合同，以及书信、传真、电子邮件等形式。企业会与存在常年购销关系的供应商签订《年度购销协议》，执行年度购销协议的日常采购业务，根据业务需要，也会签订标准书面合同。

口头形式是指当事人面对面地谈话，或者以电话交谈等方式达成的协议。口头订立合同的特点是直接、简便、快速、数额较小。

（二）合同签订过程中的职责分工

1. 采购部

采购部是负责药品采购合同谈判、合同起草与预审、合同条款修订、合同签订与执行和合同保管的主办部门。采购部根据业务运营的要求，结合市场实际，在与供应商反复沟通的情况下签订合同。合同签订后，采购部应根据合同内容认真履约，对因不可抗力和市场变化等原因，导致合同无法按时履约的，应及时通知供应商变更或终止合同履行。

2. 质量管理部

质量管理部是合同质量条款的主审部门，负责审查合同中涉及产品质量的相关条款，并对合同可能涉及违反相关法律法规的操作方式及内容提出审核意见。

3. 财务部

财务部是合同贸易与结算条款的主审部门。财务部根据企业的经营战略对合同进行审核，对采购价格（综合毛利率）、付款方式与付款账期、收款方式与收款账期、返利方式和返利结算等条款提出审核意见。

（三）签订采购合同的原则和要求

1. 合同签订人的法定资格

合同签订人应该是法定代表人，或者具有法定代表人的授权书，授权书应明确规定授权范围，否则签订的合同在法律上是无效的。

2. 合法的原则

签订合同必须遵守国家的法律和行政法规，包括一切与订立经济合同有关的法律、规范性文件及地方性法规，这是签订合同时最基本的要求。合同双方只有遵循这一原则，签订的合同才能得到国家的认可和具有法律效力，供需双方的利益才能受到保护。

3. 公平原则

签订合同时，合同双方要根据公平原则确定双方的权利和义务、风险的合理分配、违约责任。

4. 诚实信用的原则

合同双方在签订合同的全过程，都要诚实、讲信用，不得有诈骗或其他违背诚实信用的行为。

（四）标准书面合同内容

标准书面合同包括以下几方面的内容。

1. 合同双方的名称

合同必须写出供货单位和购货单位，即供需双方的名称。单位名称要与所盖合同章名称一致。

2. 药品信息

药品信息包括药品的品名、规格、单位、剂型。药品的品名指的是通用名称；规格指的是制剂规格，复方制剂要写明主药含量；单位有瓶、盆、袋等；剂型要详细，具体写明片剂、胶囊剂、注射剂等。

3. 药品数量

药品数量表达要明确其计量单位。

4. 药品价格

药品价格指的是与计量单位一致的单位价格，由合同双方协商议定。

5. 质量条款

企业与供货方签订了质量保证协议，不必在每份合同上都写明质量条款，但需说明按双方另行签订的质量保证协议执行。

6. 交货条款

交货日期、方式、地点。合同要标明交货日期，同时还要标明药品到站地点、交货方式。交货日期要写明"某年某月某日前交货"具体日期；交货方式如果委托第三方配送，应当提供与承运方签订的运输协议；交货地点应具体，避免不确定地点。

7. 结算方式

结算方式条款应根据实际情况，明确规定采用何种结算方式，如常用结算方式有一次付款、分期付款、委托收款、承兑汇票、支票、电汇等。

8. 违约责任

在洽谈违约责任时，要阐明供方延期交货或交货不足数量，以及供方发货药品有质量不合格等情况时，供方应承担的违约责任；需方不按时支付货款，以及拒收或者退回合格药品，使对方造成损失时需方应承担的违约责任。

（五）合同的管理

药品经营企业要加强合同管理，建立合同档案，合同档案管理的主要内容如下。

（1）采购人员及时移交合同文件给合同管理员。

（2）对年度购销协议、标准书面合同，进行编号、登记，设立管理台账，对合同的借阅做好记录。

（3）与合同有关的履行、变更及解除的电话、传真等记录，并归入档案保存。

三、建立药品采购记录

《药品经营质量管理规范》（2016年修订）第六十八条规定："采购药品应当建立

采购记录。采购记录应当有药品的通用名称、剂型、规格、生产厂商、供货单位、数量、价格、购货日期等内容，采购中药材、中药饮片的还应当标明产地。"

采购记录真实、准确地反映了药品经营企业采购活动过程中的实际情况。采购记录为企业自身和食品药品监管部门，对采购药品的追踪溯源提供了重要证据，也是企业仓储部门收货的主要依据。因此，按照 GSP 要求，药品经营企业必须对所采购的药品建立完整的记录。具体如下。

（1）采购记录是采购合同或者采购订单提交后，计算机系统自动生成的。

（2）采购记录生成后任何人不得随意修改，以保证数据的真实性和可追溯性。如确实需要修改，应按有关规定执行。

（3）采购记录应按日备份，至少保存 5 年。

药品经营质量管理规范（2016 年修订）

四、索取发票

索取发票是为了强化药品生产、流通过程的管理，防止"挂靠经营"等违法行为和经销假劣药品的违法活动，以保障药品质量安全。药品生产、批发企业销售药品，必须开具合法票据。合法票据是指增值税专用发票或者增值税普通发票。

（一）发票的要求

1. 票、货一致性

发票及销售货物或者提供应税劳务清单上列明药品的通用名称、规格、单位、数量、单价、金额等信息，应与采购记录、供货单位提供的随货同行单内容保持一致。

2. 票、账一致性

企业付款流向及金额、品名、规格应与采购发票上的购、销单位名称及金额、品名、规格一致，付款流向与供货单位首营企业审核时，档案中留存的开户行和账号一致，并与财务账目内容相对应。

（二）发票的管理

（1）发票的开具时间必须符合国家税法有关规定。

（2）按照《中华人民共和国发票管理办法》要求，开具发票的单位和个人应当按税务机关的规定存放和保管发票，不得擅自销毁。已经开具的发票存根联和发票登记簿，应当保存 5 年。保存期满，报经税务机关查验后销毁。

五、药品采购的质量评审

《药品经营质量管理规范》（2016 年修订）第七十一条规定，企业应当定期对药品采购的整体情况进行综合质量评审，建立药品质量评审和供货单位质量档案，并进行动态跟踪管理。

药品经营企业原则上每年年末由质量管理部组织采购部、储运部、销售部等相关部门，进行一次全面评审，完整记录评审全过程，建立药品质量评审档案和供货企业质量档案。评审合格可列入下年度合格供货方名单，以供企业采购药品择优选购；评审不合格不能作为下年合格供货方名单，质量管理部在计算机系统内进行锁定。企业通过定期的药品采购情况综合质量评审，确保购进药品合法和质量安全有效。药品采购质量评审内容如下。

（一）供货企业的法定资格和质量保证能力

（1）供货企业生产（经营）许可证、营业执照及变更情况。

（2）质量体系认证和运行情况。

（3）合同及质量保证协议的完善性和承诺性。

（4）变更信息资料提供的及时性。

（5）药品不良反应监测情况。

（6）《药品经营质量管理规范》标准要求的其他材料。

（二）供货品种的合法性和质量可靠性

（1）提供品种的法定批准文号和质量标准。

（2）供货品种批次、药品入库的验收合格率（外观、包装、标签、说明书等方面）。

（3）在库储存养护期间药品质量的稳定性。

（4）销后退回、顾客投诉情况。

（5）监督检查及监督抽样不合格药品情况等。

（三）供货企业配送能力和质量信誉

（1）供货合同、质量保证协议的执行情况。

（2）供货能力（到货品种的准确率）及配送能力（到货的及时性）。

（四）服务质量

（1）沟通的及时性，售后服务质量的完善性。

（2）投诉处理的快捷和妥善性，质量查询等方面的配合性。

（3）价格的合理性及其他相关情况。

（五）供货单位销售人员的合法资格

（1）验证明确法人签署的授权时间和授权范围及委托书原件的真实性。

（2）本人的身份证复印件。

（3）到期变更及其他情况。

任务实施

【填制购销合同】

一、操作准备

1. 场地准备

模拟营销情景室。

2.物品准备

（1）若干份缺少内容、条款的药品购销合同。

（2）蓝色或黑色的签字笔、纸、计算器、电话。

二、操作步骤

步骤1：检查药品购销合同的合法性。

步骤2：针对购销合同中已有条款约定不当的，找出并更正。

步骤3：根据购销合同签订的要求，对合同进行完整补充。

步骤4：检查购销合同条款的完整性、具体性。

任务评价

药品购销合同签订评价，如表5-7所示。

表5-7 药品购销合同签订评分表

项目	评分要求	分值	得分	备注
药品购销合同格式	格式要规范，符合国家相关规定	20		
药品购销合同内容	合同的条款要完整、具体，合同中用语要准确、文字要清楚	50		
购销合同履约分析	履约评价分析要恰当	20		
合同管理	是否建立合同档案，档案内容是否全面	10		
总分		100		

知识巩固

【案例分析】

某药品批发企业从医药公司购进药品，进货单见表5-8。

表5-8 ×××进货单

进货日期	药品名称	规格	数量	生产企业	生产批号	有效期
2022/11/3	新复方大青叶片	24片×20	20	山东润华药业	20220506	2024/05
2022/11/3	藿香正气水	10mL×10	10	齐鲁药厂	20220427	2024/04
2022/11/3	牛磺酸颗粒	0.4g×12	6	北京首尔药厂	20220515	2024/05

续表

进货日期	药品名称	规格	数量	生产企业	生产批号	有效期
2022/11/3	盐酸西替利嗪片（西可韦）	10mg×12	5	苏州东瑞制药有限公司	20220710	2024/07
2022/11/3	布洛芬缓释胶囊（芬必得）	300mg×20	10	中美天津史克制药有限公司	20221015	2024/10
2022/11/3	复方酮康唑软膏	7g	20	青岛国风药业有限公司	20220212	2024/02

要求：写出签订药品购销合同的程序。

任务四　药品收货与验收

任务导入

药品经营 A 企业从药品生产 B 企业采购了一批药品，其中有常规药品 X 和 Y，精神药品 W，冷链药品 Z，现已到货，A 企业采购部通知收货和验收。B 企业的药品 X、Y、W、Z 若干及其合格证明文件、验收记录等实物和资料。模拟设置收货和验收区域，按照相应药品收货和验收程序及要求进行收货和质量验收。

任务目标

1. 了解药品收货与验收的类型，学会一般药品、冷链药品、特殊管理药品和销后退货药品的收货与验收。

2. 熟悉药品收货与验收的工作流程，能够规范填写药品收货与验收的记录。

3. 掌握药品收货与验收的工作内容，能准确判断药品收货与验收过程中的异常情况并做出相应的处理。

4. 培养学生具有良好的职业道德品质，积极向上的工作态度。

5. 促进学生创新精神和实践能力的培养。

知识准备

药品收货是指药品到货时，收货人员根据供应商提供的随货同行单（票），对照采购记录，检查运输工具、核对药品实物、接收药品的过程。

《药品经营质量管理规范》（2016年修订）第七十三条规定："药品到货时，收货人员应当核实运输方式是否符合要求，并对照随货同行单（票）和采购记录核对药品，做到票、账、货相符。"

随货同行单（票）应当包括供货单位、生产厂商、药品的通用名称、剂型、规格、批号、数量、收货单位、收货地址、发货日期等内容，并加盖供货单位药品出库专用章原印章。

一、药品收货

（一）药品收货类型

根据收货药品的来源，可以分为采购到货收货和销后退回收货两种。根据药品管理要求的不同，分为一般药品收货、冷链药品收货和特殊管理药品收货。

1. 采购到货收货

一般是指药品经营企业基于销售面采购的药品，由供货单位或委托物流企业送货至指定地点时的收货。

2. 销后退回收货

销后退回收货是指已销售出去的药品因某种原因（如采购失误、滞销、产品召回、质量问题等）退货至供货单位的收货。药品零售连锁门店将药品退回连锁总部仓库的收货也属销后退回收货。

（二）药品收货流程

根据GSP的要求，药品收货的一般流程包括运输工具检查、票据核对、到货检查、通知验收等环节，如图5-11所示。

1. 一般药品收货

（1）运输工具和运输状况检查。检查运输工具是否密闭，运输工具内有否雨淋、腐蚀、污染等可能影响药品质量的现象；检查是否符合协议约定的在途时限。供货方委托运输药品的，企业采购部门要提前向供货单位索要委托的承运方式、承运单位、启运时间等信息，并将上述情况提前通知收货人员；收货人员在药品到货后，要逐一核对上述内容。

（2）核对随货同行单（票）。检查到货票据是否加盖供货单位药品出库专用章原印章，与备案的票据、印章（系统中的扫描件或纸制留存）进行对比是否一致；查询计算机系统中的采购记录，与随货同行单（票）进行对比。

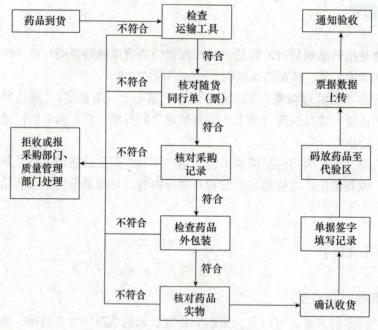

图 5-11　药品收货流程

（3）检查药品外包装与核对药品实物。检查药品外包装是否完好，有否破损、污染、标识不清等情况；依据随货同行单（票）逐批核对药品实物。核对内容包括药品的通用名称、剂型、规格、批号、数量、生产厂商等。

（4）单据签字。确认收货后，收货人员在随货同行单（票）上或客户确认单上签字，并盖收货专用章，交给供货单位或委托运输单位送货人员。

（5）填写收货记录。收货人员根据收货检查情况，在计算机系统中填写收货记录。

（6）码放药品。对符合收货要求的药品，收货人员按品种、批号进行托盘堆码，需将标签全部朝外，便于验收、入库上架、出库下架时对药品信息的识别。堆码完成后，将托盘转移至符合药品储存条件的待验区内。

（7）交接单据。收货人员将随货同行单（票）、检验报告单等相关证明性文件转交验收人员。

原印章

2. 冷链药品收货

冷链药品收货除应满足以上一般药品收货的流程和要求外，还应增加符合其特性要求的以下收货内容。

（1）检查运输方式、工具和温度。冷藏、冷冻药品到货时，应当检查冷藏车、车载冷藏箱或保温箱的温度状况，检查并留存运输过程和到货时的温度记录。

冷链药品

如果使用保温箱或冷藏箱运输的，要查看蓄冷剂是否直接接触药品，温度监测记录系统的温度探头是否在药品附近等；冷藏车运输的，要多点测量货物外表温度、车厢温度，还要抽样开箱测量货物内部温度，防止出现药品外冷内热现象。

采用冷藏车配送的，应向运输人员索取在途温度，当场打印温度记录；采用冷藏箱或保温箱配送的，收货人员应立即将其转移到冷库待验区，打开冷藏箱或保温箱，取出温度记录仪，关闭开关，导出温度记录仪中的在途温度记录，并打印保存，确认运输全过程温度状况是否符合规定。

（2）核对随货同行单（票）。冷链药品收货除随货同行单（票）外，还应提供冷链药品运输交接单。收货人员检查冷链药品运输交接单，重点检查启运时间、启运温度。

（3）核对实物、检查药品外包装。均应在冷库待验区进行。核对无误后，将冷链药品转移至冷库待验区，将空冷藏箱移出冷库，交还给送货人员。

（4）单据签字。确认收货后，收货人员在《冷链药品运输交接单》上填写收货日期、收货时间（具体到分钟）、到货温度，然后在随货同行单（票）上签字，并盖收货专用章交给送货人员。

（5）填写收货记录。收货人员根据收货检查情况，在计算机系统中填写冷链药品收货记录。

（6）码放药品。对符合收货要求的药品，收货员应将其码放在冷库的待验区，通知验收员进行验收。如为冷冻药品，在冷库收货后应立即通知验收人员进行验收，之后迅速存入冷冻库。

3. 特殊管理药品收货

特殊管理药品包括医疗用毒性药品、麻醉药品、精神药品和放射性药品。特殊管理药品收货除按照一般药品收货流程操作外，还应做到如下要求。

（1）特殊管理药品应在特殊药品规定的区域内双人完成收货工作。委托运输麻醉药品和第一类精神药品的，到货时，收货人员应向承运单位索取其所在省、自治区、直辖市药品监督管理部门发放的麻醉药品、第一类精神药品运输证明副本，检查运输证明的有效期（麻醉药品和第一类精神药品运输证明有效期为1年，不跨年度）。在收货后1个月内将运输证明副本交还发货单位。

（2）麻醉药品和第一类精神药品到货时，承运单位与收货单位双方应共同对货物进行现场检查，现场交接药品及资料。

（3）收货人员在检查运输工具和运输情况时，应符合"道路运输麻醉药品和第一类精神药品必须采用封闭式车辆，有专人押运，中途不应停车过夜"的规定。

（4）对符合收货要求的特殊管理药品，收货人员应将药品转移至特殊管理药品专库待验区。

（三）销后退回药品收货

销后退回的药品，由于经过流通环节的周转，其质量已经脱离本企业质量体系的监控，在外部运输储存环节面临巨大的质量风险，因此在退回过程中，应该严格按照销后退回程序进行申请和审批，并在退回收货环节严格按照收货流程操作。收货人员除按照一般药品收货流行"检查运输工具和运输情况、核对随货同行单（票）、检查药品外包装与核对药品实物、单据签字、填写退货药品收货记录、码放药品、交接单据"操作外，还应做到如下要求。

（1）核实退回药品来源。

（2）冷链药品销后退回，收货人员应先检查运输方式和到货温度，核实退货方提供的温度控制说明文件和售出期同温度控制的相关数据，确认是否符合规定的条件，然后再按销后退回药品和冷链药品收货的相关规定进行收货。

（3）销后退回特殊管理药品，除应符合销售退货药品收货操作要求，还应遵守特殊管理药品的收货规定。

（4）符合收货要求的销后退回药品应暂存于符合药品储存条件的代验区，并做标识，待验收合格后再入库。

二、药品验收

药品验收是指验收人员依据国家药典标准、相关法律法规和有关规定，以及企业验收标准采购药品的质量状况进行检查的过程。药品验收内容包括查验检验报告书、抽样、查验药品质量状况、记录等。

《药品经营质量管理规范》规定，企业应当按照规定的程序和要求对到货药品逐批进行验收，验收人员应在符合药品储存要求的场所和规定的时限内完成验收工作。依据随货同行单（票）逐批查验药品的合格证明文件，按照验收制度和操作规程对每次到货药品进行逐批抽样验收。

（一）类型

根据药品购销方式不同，药品验收分为普通购销验收和直调药品验收；根据药品来源渠道不同，药品验收分为采购到货验收和销后退货验收；根据采购药品的性质和管理要求不同，分为一般药品验收、冷链药品验收、特殊管理药品验收。

药品验收场所

（二）药品验收流程

药品验收由质量管理部专职验收人员负责，药品验收的一般流程包括单据和货物核对查验、检验报告书的检查、验收抽样、验收检查、填写验收记录和入库交接等环节。

1. 一般药品验收

（1）核对药品。验收人员按照随货同行单再次核对药品实物，并检查随货同行单是否加盖供货单位出库专用章原印章。

（2）查验合格证明文件。验收人员应按照药品批号逐批查验药品合格证明文件是否齐全，是否符合规定的要求。从生产企业购进的药品，查验药品检验报告书是否有加盖供货生产企业质量管理专用章原印章的检验报告书原件或复印件；如果从批发企业购进的，查验药品检验报告书是否有加盖供货批发企业质量管理专用章原印章的检验报告书复印件。印章应与备案样章一致。

对实施批签发管理的生物制品进行验收时，需查验是否有加盖供货单位药品检验专用章或质量管理专用章原印章的生物制品批发合格证复印件。

对进口药品进行验收时，需查验是否有加盖供货单位质量管理专用章原印章的相关证明文件：①进口药品注册证或医药产品注册证；②进口蛋白同化制剂、肽类激素应有进口准许证；③进口药材应有进口药材批件；④进口药品检验报告书或注明"已抽样"字样的进口药品通关单；⑤进口国家规定的实行批签发管理的生物制品，必须有批签发证明文件和进口药品检验报告书。

（3）抽取样品。药品验收人员应按照验收规定的方法，对每次到货药品进行逐批抽取样品。抽取的样品应该具有代表性，能准确地反映被验收药品的总体质量情况。

（4）检查样品。药品验收人员应对抽样药品的外观、包装、标签、说明书等逐一进行检查、核对，确认是否符合规定的验收标准。

验收抽样原则与方法

检查样品验收标准

（5）填写验收记录。药品验收人员对照药品实物在计算机系统中录入药品的批号、生产日期、有效期、到货数量、验收合格数量、验收结果等内容，确认后系统自动形成验收记录。

（6）验收药品处置。

①对已经验收完毕的药品，验收人员应当及时调整药品质量状态标识。

②在计算机系统中输入药品验收信息后确认，计算机系统按照药品的管理类别，自动分配库位。仓库保管员根据计算机系统的提示，经复核确认后将验收合格药品入库至指定位置。

（7）扫描上传。药品验收人员在检验报告书等合格证明文件上加盖本企业质量管理章并扫描，扫描后的文件上传到计算机系统。

（8）资料整理。药品验收人员将每日收到的随货同行单（票）和检验报告书等合格证明文件分别进行整理，按月装订，存档。

2. 特殊管理药品验收

特殊管理药品的验收除按照一般药品验收流程"核对药品、查验合格证明文件、抽取样品、检查样品、填写验收记录、验收合格药品处置、扫描上传、资料整理"操作外，还需注意以下几个方面。

（1）特殊管理药品应在特殊管理药品的待验区内双人完成验收工作，验收应快速

及时，货到即验。

（2）药品经营企业的特殊管理药品待验区必须设置在特殊管理药品的专库或者专区内。药品验收人员应在特殊管理药品的专库或者专区内完成特殊管理药品的验收。

（3）对进口麻醉药品和精神药品进行验收时，药品验收人员应查验是否有加盖供货单位质量管理专用章原印章的进口许可证。

（4）药品验收人员应查验特殊管理药品的包装、标签及说明书上是否有规定的标识。

3. 冷链药品验收

冷链药品验收除按照一般药品验收流程"核对药品、查验合格证明文件、抽取样品、检查样品、填写验收记录、验收合格药品处置、扫描上传、资料整理"操作外，还需注意以下几个方面。

（1）药品经营企业的冷链药品待验区必须设置在冷库内，药品验收人员应在冷库内完成冷链药品的验收。

（2）冷链药品验收应快速及时，一般随到随验，在60分钟内完成验收。在规定时间内，因各种原因不能进行验收的，冷链药品必须放置在冷库待验区待验。

冷链药品收货过程中常见问题

（三）验收异常情况及处理

1. 货单不符

随货同行单（票）或到货药品与采购记录的有关内容不相符的，通知采购部门，由采购部门负责与供货单位核实情况，做如下处理。

（1）对于随货同行单（票）内容中，除数量以外的其他内容与采购记录、药品实物不符的，经供货单位确认并提供正确的随货同行单（票）后，方可收货。

（2）对于随货同行单（票）与采购记录、药品实物数量不符的，经供货单位确认后，应当由采购部门确定并调整采购数量后，方可收货。

（3）供货单位对随货同行单（票）与采购记录、药品实物不相符的内容，不予确认的，应当拒收，存在异常情况的，报质量管理部门处理。

2. 资料不全

（1）药品合格证明文件不全包括以下情况：合格证明文件上未加盖供货单位药品检验专用章或质量管理专用章原印章，或印章与备案不符；有注册证、准许证不在有效期内的；有缺少部分批号药品检验报告书或批号与检验报告书不符的；有检验报告没有合格结论的。

（2）对于上述合格证明文件不符合要求，缺失或不规范的情况，药品验收人员不得确认入库，需报告质量管理部门处理。由质量管理部门通知供货企业，补全补对相关资料后方可验收入库。如确认无法提供正确、完整资料的，按拒收处理，由验收人员填写药品拒收通知单，经质量管理部门审核确认后，通知供货单位，将拒收药品退给供货单位。未退货前，拒收药品可暂存于待处理区。

（3）有合格证明文件上的信息如药品名称、规格、批号、生产企业名称、注册证号等与药品实物不符时，需报告质量管理部门处理。由质量管理部门通知供货企业，更换正确的合格证明文件后方可验收。

对于到货药品无随货同行单（票）的，或在计算机系统中无与随货同行单（票）相关的采购记录的，应当拒收。

随货同行单（票）以及单（票）上的出库专用章与企业备案的章样不一致，报质量管理部门处理，更换备案资料后方可收货。

3. 运输条件不符质量异常

（1）发现运输工具内有雨淋、腐蚀、污染等可能影响药品质量的现象，及时通知采购部并报质量管理部门处理。

（2）根据运输单据所载明的启运日期，在途时限不符合协议约定的，报质量管理部门处理。

（3）供货方委托运输药品的承运方式、承运单位、启运时间等信息，与企业采购部门事先通知的内容不一致，收货人员应通知采购部门并报质量管理部门处理。

（4）运输冷藏、冷冻药品未采用规定的冷藏设备运输或温度不符合要求的，应当拒收，同时对药品进行控制管理，将药品隔离存放于符合温度要求的环境中，做好记录并报质量管理部门处理。

（5）对销后退回的冷藏、冷冻药品，退货方不能提供温度控制说明文件和售出期间温度控制的相关数据，或温度控制不符合规定的，应当拒收，做好记录并报质量管理部门处理。

4. 药品异常

（1）对外包装出现破损、污染、标识不清等情况的药品，应当拒收。

（2）在发现上述异常情况时，收货人员应填写到货异常记录。

（3）对拒收药品应及时填写药品拒收通知单。

（4）对药品包装、标签、说明书等内容不符合药品监督管理部门批准的，将药品移入不合格药品区，不能退货，需上报药品监督管理部门进行处理。

（5）包装封条损坏，最小包装封口不严，有破损、污染或渗液，包装及标签印字不清晰，标签粘贴不牢固等情况，属于供货方质量违约责任，将药品移入退货区，办理拒收退货手续。

（6）无包装、标签、说明书的药品，视同不合格药品，应直接拒收。

三、记录表格

（一）一般药品收货记录表

一般药品收货记录表，如表5-9所示。

表5-9　一般药品收货记录表

×××公司　一般药品收货记录

收货记录编号_____

序号	收货日期	供货单位	通用名称	商品名称	剂型	规格	单位	生产厂商	批准文号	到货数量	收货数量	生产批号	生产日期	有效期至	收货员	备注

（二）冷链药品收货记录表

冷链药品收货记录表，如表5-10所示。

表5-10　冷链药品收货记录表

××××公司　冷链药品收货记录表

收货记录编号_____

序号	收货日期	供货单位	通用名称	商品名称	剂型	规格	单位	生产厂商	批准文号	到货数量	收货数量	生产批号	生产日期	有效期至	收货员

备注	是否冷链：□是　□否	在途温度记录：□有　□无
	运输单位：	发运地点：
	启运温度：	到达地点：
	启运时间：	到达时间；
	运输工具：	

（三）特殊管理药品收货记录表

特殊管理药品收货记录表，如表5-11所示。

表5-11 特殊管理药品收货记录表

××××公司 特殊管理药品收货记录

收货记录编号＿＿＿＿＿＿＿＿＿＿＿＿

序号	收货日期	供货单位	通用名称	商品名称	剂型	规格	单位	生产厂商	批准文号	到货数量	收货数量	生产批号	生产日期	有效期至	收货员1	收货员2

备注	麻醉药品、第一类精神药品：□是 □否	专人押运：□有 □无
	《麻醉药品、第一类精神药品运输证明》：□有 □无	启运时间：
	承运公司：	到达时间：

（四）销后退回药品收货记录表

销后退回药品收货记录表，如表5-12所示。

表5-12 销后退回药品收货记录表

××××公司 销后退回药品收货记录表

收货记录编号＿＿＿＿＿＿＿＿＿＿＿＿

序号	到货日期	通用名称	商品名称	生产厂商	退货单位	批准文号	生产批号	剂型	规格	到货数量	单位	生产日期	有效期至	退货原因	收货数量	拒收数量	收货员

备注	退货凭证：□有 □无	售出期间温度控制数据：□有 □无
	是否冷链：□是 □否	在途温度记录：□有 □无
	启运温度：	到达温度：
	启运时间：	到达时间：

（五）收货环节相关材料样表

（1）随货同行单（票），如表5-13所示。

表5-13　随货同行单（票）

××××公司　随货同行单（销售清单）

收货单位： 收货地址：						发货日期：					编号 No:		
商品编码	商品名称	剂型	规格	生产厂商	单位	数量	含税批价	税率	销售价	金额	零售价	提货仓库		
												每件内装		批号
												件数		有效期至
												每件内装		批号
												件数		有效期至
												每件内装		批号
												件数		有效期至
合计人民币（大写）：				¥：				收款方式			备注			
开票员：　　　　收款员：　　　　业务员： 发货员：　　　　复核员：														

（2）采购记录表，如表5-14所示。

表5-14　药品采购记录表

××××公司　药品采购记录表

记录编号：

序号	购货日期	供货单位	通用名称	商品名称	剂型	规格	生产厂家	批准文号	数量	单位	单价	金额	采购人	采购审核	备注

（3）冷链药品运输交接单，如表5-15所示。

表 5-15 冷链药品运输交接单

××××公司 冷链药品运输交接单

记录编号: 日期:

供货单位（发运单位）					
购货单位（接收单位）					
药品简要信息 （应与随货同行联相应）	药品名称	规格	生产企业	生产批号	数量
温度控制要求		温度控制 设备			
运输方式		运输工具			
启运时间	年 月 日 时 分	启运温度			
保温时限		随货同行联 编号			
发货人签字		运货员签字			
备注					
以上信息发运时填写					
以下信息收货时填写					
到达时间		在途温度			
到达时温度		接收人员签字			

（六）到货异常记录

到货异常记录，如表 5-16 所示。

表 5-16 到货异常记录

××××公司 到货异常记录

记录编号:

到货时间		来货单位	
品名规格		生产企业	
储存要求		到货温度	
运输方式		控温方式	

异常情况：
1. 无采购记录（ ）
2. 无随货同行联（ ）
3. 无药检单（ ）
4. 随货同行联不符合要求（ ）
5. 随货同行联与实物不符（ ）
6. 随货同行联与物流凭证不一致或异常（ ）
7. 其他（ ）

批号	装箱规格	单位数量	生产日期	有效期

收货员：

（七）拒收通知单

拒收通知单，如表5-17所示。

表5-17　药品拒收通知单

××××公司　药品拒收通知单

单据编号：　　　　　　　　　　退货单位：

记录编号：　　　　　　　　　　打印时间：

序号	拒收日期	通用名称	商品名称	生产厂家	供货单位	批准文号	生产批号	剂型	规格	拒收数量	单位	生产日期	有效期至	拒收原因	收货员	验收员

质管审批意见：　　　　　　审批人：　　　　　　审批日期：

（八）药品验收记录

药品验收记录，如表5-18所示。

表5-18　药品验收记录表

××××公司　药品验收记录

收货记录编号＿＿＿＿＿＿＿＿＿＿＿＿

序号	验收日期	到货日期	通用名称	商品名称	生产厂商	供货单位	剂型	规格	批准文号	生产批号	生产日期	有效期至	到货数量	单位	验收结果	不合格数	不合格项	处置措施	验收人

（九）特殊管理药品验收记录

特殊管理药品验收记录，如表 5-19 所示。

表 5-19 特殊管理药品验收记录表

××××公司 特殊管理药品验收记录

收货记录编号_____

序号	验收日期	到货日期	通用名称	商品名称	生产厂商	供货单位	剂型	规格	批准文号	生产批号	生产日期	有效期至	到货数量	单位	验收结果	不合格数	不合格项	处置措施	验收人1	验收人2

（十）销后退回药品验收记录

销后退回药品验收记录，如表 5-20 所示。

表 5-20 销后退回药品验收记录表

××××公司 销后退回药品验收记录

收货记录编号_____

序号	验收日期	退货日期	通用名称	商品名称	生产厂商	退货单位	剂型	规格	批准文号	生产批号	生产日期	有效期至	数量	单位	验收结果	退货原因	验收结果	验收人
备注																			

（十一）直调药品验收记录

直调药品验收记录，如表 5-21 所示。

表 5-21 直调药品验收记录表

××××公司 直调药品验收记录

验货记录编号_____

序号	验收日期	到货日期	通用名称	商品名称	生产厂商	退货单位	剂型	规格	批准文号	生产批号	生产日期	有效期至	到货数量	单位	合格数量	验收结果	购货单位	验收人
备注	委托验收协议：□有 □无					直调单位：												
	验收记录传递时间					直调单位联系人												

任务实施

【药品验收】

一、操作准备

1.场地准备

药品库房及基本设施（温湿度计、空调、冷藏箱、除湿机、药品存放架、计算机等）。

2.物品准备

（1）随货同行单（票）和采购记录（填制完整）若干份，同批号的药品检验报告书，加盖供货单位质量管理机构原印章的进口药品检验报告书或注明"已抽样"字样的进口药品通关单，以及进口药品注册证或医药产品注册证复印件、药品样本（15～20种）。

（2）收货与验收设备。

（3）空白药品质量收货记录表、药品质量验收记录表、药品拒收报告单若干。

（4）工作服、笔。

二、操作步骤

步骤1：核实到货药品的运输方式是否符合要求，并对照随货同行单（票）和采购记录核对药品，做到票、账、货相符。

步骤2：对待验区的药品进行整理、归类。

步骤3：根据随货同行单（票）和采购记录对药品进行收货与验收。

步骤4：说明收货和验收依据、场所、方法、时限、内容的要求。

步骤5：根据收货和验收的实际情况，分别填写药品质量收货记录表、药品质量验收记录表和药品拒收报告单。

步骤6：收货和验收完毕，清理现场。

任务评价

药品收货与验收评价，如表5-22所示。

表5-22　药品收货与验收评价表

项目	评分要求	分值	得分	备注
药品收货类型	分类正确	10		
药品收货流程	流程清晰、正确、完整、规范	20		
收货异常情况处理	处理方法正确、规范	10		
药品验收类型	分类正确	10		
药品验收流程	流程清晰、正确、完整、规范	20		

项目	评分要求	分值	得分	备注
验收异常情况处理	处理方法正确、规范	10		
相关表格记录	表格选择正确	10		
	填写清晰，无涂改，内容真实有效	10		
总分		100		

📍 知识巩固 ●

【案例分析】

2023 年 10 月，北京市市场监督管理局网站发布一条处罚信息，涉及北京朗迪制药有限公司，该公司生产的 32 批次碳酸钙 D3 颗粒、碳酸钙 D3 颗粒（Ⅱ）、碳酸钙 D3 片（Ⅱ）含量测定项下维生素 D3 不符合规定。根据公布的处罚信息显示，该公司生产产品 32 批次的不合格药品共计生产 931 669 盒，除成品留样的 242 盒外均已售出。经核算，朗迪制药销售上述批次药品的实际销售额 618 万余元。北京市市场监管局依据《药品管理法》2019 第九十八条第三款第（一）项对朗迪制药的处罚内容包括：责令停产停业整顿 30 天；没收已召回的不合格药品 5 万多盒；没收违法所得 618 万余元；罚款 13 403 万余元。这些罚没款，合计超过 1.4 亿元。

请问：你对这个案例有什么感想？事故造成的后果是什么？应当如何避免？

知识结构

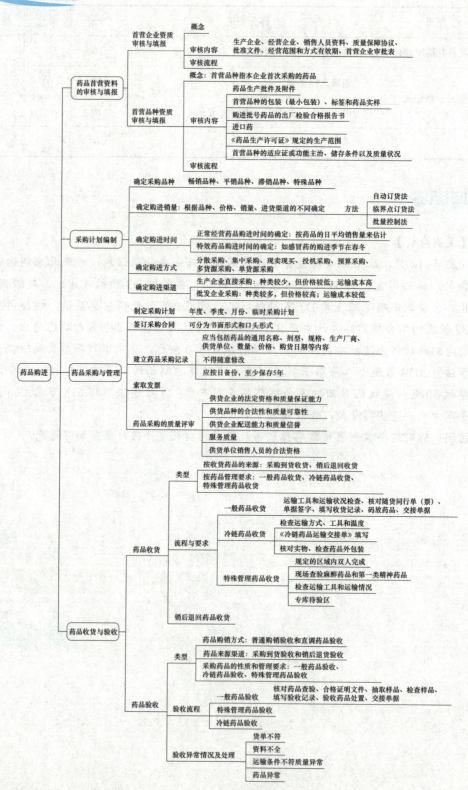

项目六　药品销售

任务一　药品促销方案设计

任务导入

葡萄糖酸钙锌口服液用于治疗因缺钙、锌引起的疾病，包括骨质疏松、手足抽搐症、骨发育不全、佝偻病、妊娠期、哺乳期、绝经期钙缺失，以及小儿生长发育迟缓、食欲缺乏、厌食症、复发性口腔溃疡及痤疮等症状。请运用所学知识为×××牌葡萄糖酸钙锌口服液撰写一份国庆节促销活动计划书，以提高它的知名度，增加销售量，扩大销售。

任务目标

1. 掌握药品促销与药品促销组合含义。
2. 掌握药品促销组合包含四种促销方式及其特点。
3. 熟悉药品促销作用。
4. 能够运用促销策略理论为某一药品完成促销方案设计。
5. 树立正确的世界观、人生观、价值观，培养职业素养及探索精神。

知识准备

一、药品促销的含义

药品促销是指药品生产企业经过人员和非人员推销方式将药品及药品生产企业信息与潜在用户进行信息沟通，引发并刺激对药品生产企业及药品产生兴趣、好感与信任，进而作出购置决议的一系列活动的总称。药品促销的本质是药品生产企业和潜在用户之间沟通信息、赢得信任、激起需求、促进购置。潜在用户不但包含最终消费者，还包含与其相关组织，如医院、药品零售企业、健康卫生组织等。

药品促销组合是药品生产企业运用广告、人员推销、公关宣传、营业推广四种基本促销方式组合成一个策略系统，使企业的全部促销活动互相配合、协调一致，最大限度地发挥整体效果，从而顺利实现企业目标。

促销组合体现了现代市场营销理论的核心思想——整体营销。促销组合是一种系统化的整体策略，四种基本促销方式则构成了整体策略的四个子系统。每个子系统都包括了一些可变因素，即具体的促销手段或工具，某一因素的改变意味着组合关系的变化，也就意味着一个新的促销策略。

二、促销组合的方式

促销组合主要有以下四种方式，各种方式的优缺点见表 6-1。

（一）人员推销

人员推销指药品生产企业派出医药代表，直接与消费者接触，向目标顾客进行产品介绍、推广，促进销售的沟通活动。

（二）广告促销

广告促销指药品生产企业按照一定的预算方式，支付一定数额的费用，通过不同的媒体对药品进行广泛宣传，促进药品销售的传播活动。

（三）营业推广

营业推广指药品生产企业为刺激消费者购买，由一系列具有短期诱导性的营业方法组成的沟通活动。

（四）公共关系

公共关系指药品生产企业通过开展公共关系活动，或通过第三方在各种传播媒体上宣传企业形象，促进与内部员工、外部公众良好关系的沟通活动。

表 6-1　各种促销方式的比较

促销方式	优点	缺点
人员推销	推销针对性强，有利于加强服务，推销成功率高，有利于信息反馈	招用人员多，费用高，推销范围有限
广告促销	传播面宽，形象生动，节约人力	只针对普通消费者，难以马上成交
公共关系	影响面广，信任度高，可提升企业著名度和声誉	费用较大，效果难以控制
营业推广	吸引力大，激发购置欲望，可促成消费者即时冲动购置行动	接触面窄，有不足，有时会降低商品价格

三、药品促销组合的影响因素

药品生产企业在对促销方式进行选择、运用和搭配组合时，除了应考虑促销方式本身的特点之外，还应考虑下列因素。

【案例分析】
中国药品营销案例——
康弘药业：借力放大

（一）促销目标

促销目标是影响促销组合决策的首要因素。每种促销工具——广告促销、人员推销、公共关系和营业推广等都有各自独有的特性和成本。营销人员必须根据具体的促销目标选择合适的促销工具组合。

（二）药品的类型和特点

对于处方药，最重要的促销手段是人员推销，其次是公共关系。对于非处方药和保健品，最重要的促销手段是广告，其次是营业推广和人员推广，最后是公共关系。

（三）促销策略

促销组合较大程度上受公司选择推动或拉引策略的影响。推动策略要求使用销售团队和贸易促销，通过销售渠道推出药品。拉引策略则要求在广告和消费者促销方面投入较多，以建立消费者的需求欲望。

推动策略是以中间商为主要促销对象，把药品产品推进分销渠道，从而推上最终市场，如图 6-1 所示。药品生产企业采用推动的策略，则人员推销是首选。

图 6-1　推动策略货物流

拉引策略是以最终消费者为主要促销对象，首先设法引起潜在购买者对药品的需求和兴趣，如果促销奏效，消费者便会纷纷向中间商咨询购买这种药品，中间商就会向药品生产企业进货，如图 6-2 所示。药品生产企业采用拉引的策略，则广告和品牌战略成为药品生产企业营销战略的重点。

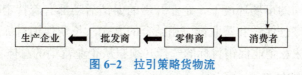

图 6-2　拉引策略货物流

（四）顾客所处的购买准备阶段

顾客处于不同购买准备阶段所采取的营销策略不同，如表 6-2 所示。

表 6-2　不同购买阶段采取的营销策略

顾客购买准备阶段	采用的促销组合策略
知晓阶段	广告和公共关系
认识和喜欢阶段	广告和人员推销
偏好和确信阶段	人员推销和广告
购买阶段	人员推销

（五）产品所处的生命周期

药品产品所处的生命周期不同采取的促销组合不同，如表 6-3 所示。

表 6-3　不同生命周期的促销组合策略

产品生命周期	促销组合
引入期	广告、公共关系及营业推广，提高知名度
成长期	加强广告和公共关系
成熟期	加强营业推广，辅以少量广告
衰退期	营业推广，附以提示性广告

（六）其他营销因素

影响促销组合的因素是复杂的，除上述四种因素外，公司的营销风格，销售人员素质，整体发展战略，社会和竞争环境等不同程度地影响着促销组合的决策。营销人员应审时度势，全面考虑才能制定出有效的促销组合决策。

四、药品促销组合的决策过程

（一）确认促销对象

企业通过对目标市场的研究与市场调研，界定其药品的销售对象是现实购买者还是潜在购买者，是消费者个人、家庭还是社会团体。明确了药品的销售对象，也就确认了促销的目标对象。

（二）确定促销目标

不同时期和不同的市场环境下，企业开展的促销活动都有着特定的促销目标。短期促销目标，宜采用广告促销和营业推广相结合的方式。长期促销目标，采用公关促销具有决定性意义。须注意企业促销目标的选择必须服从企业营销的总体目标。

（三）设计促销信息

须重点研究信息内容的设计。企业促销要对目标对象所要表达的诉求是什么，并以此刺激其反应。诉求一般分为理性诉求、感性诉求和道德诉求三种方式。

药品常见的
促销组合

（四）选择沟通渠道

传递促销信息的沟通渠道主要有人员沟通渠道与非人员沟通渠道。人员沟通渠道向目标购买者当面推荐，能得到反馈，可利用良好的"口碑"来扩大企业及产品的知名度与美誉度。非人员沟通渠道主要指大众媒体沟通。大众媒体沟通与人员沟通的有机结合才能发挥更好的效果。

（五）编制促销预算

企业应从自己的经济实力和宣传期内受干扰程度大小的状况决定促销组合方式。如果企业促销费用宽裕，则可同时使用几种促销方式；反之，则要考虑选择耗资较少的促销方式。

（六）确定促销的具体组合

根据不同的情况，将人员推销、广告促销、营业推广和公共关系四种促销方式进行适当搭配，使其发挥整体的促销效果。确定促销具体组合应考虑的因素有产品的属性、价格、寿命周期、目标市场特点、推动或拉引策略。

（七）衡量促销效果

1. 投入产出比评估法

投入产出比主要反映促销投入与销售产出的平衡关系，即单位投入所获得的销售回报。计算公式为：促销费用 ÷ 促销产出。

【例】为开发甲、乙两个市场，销售主管决定对这两个市场均投入 2 万元组织一场推广活动，经过精心策划、实施后：

甲市场当月实现 20 万元销售额，投入产出比为：（2÷20）×100%=10%

乙市场当月实现 12 万元销售额，投入产出比为：（2÷12）×100%=16.67%

从投入产出比来看，甲市场的促销效果优于乙市场。

（1）投入产出比评估法的优点：简洁、直观。

（2）投入产出比评估法的缺点：过于笼统，无法反映促销资源的内在实际使用效果。

（3）适用条件：没有市场基础，或市场基础非常薄弱，重新启动市场及新产品导入期。

2. 销售增量回报比评估法

销售增量回报比主要反映促销投入与销售增长的平衡关系，即单位投入所获得的销售增长。计算公式为：1-（促销费用 ÷ 促销前后的销售差值）。

【例】甲、乙两市场每月销售分别徘徊在 15 万、5 万元左右，为提升业绩，销售主管决定对每个市场均投入 2 万元组织一场推广活动。经过精心策划、实施后：

甲市场当月实现 20 万元销售额，增量回报比为：1-2÷（20-15）=60%

乙市场当月实现 12 万元销售额，增量回报比为：1-2÷（12-5）=71.43%

从增量回报比来看，乙市场的促销效果优于甲市场。

（1）销售增量回报比评估法的优点：体现促销资源对销售增长的贡献情况。

（2）销售增量回报比评估法的缺点：无法体现促销对企业利润的贡献情况。

（3）适用条件：适用市场维护、市场阻击、深度开发等，适用于单一产品或产品毛利率相差不大的促销活动评估。

3. 效益增量回报比评估法

效益增量回报比评估法主要反映促销资源对企业效益增量的贡献情况，主要以毛利额的形式反映。即单位投入所获得的销售毛利增长。计算公式为：1-（促销费用 ÷ 促销前后的毛利差值）。

【例】某公司有 A、B、C、D、E、F 六个品种，每种产品的毛利率分别为：15%、18%、20%、60%、40%、10%。甲、乙两市场原有销售基础分别为 15 万、5 万。同样投入 2 万元费用进行促销后，结果见表 6-4、表 6-5。

表 6-4　甲市场促销活动结果　　　　　　　　　　　　　　　　单位：万元

产品名称	假定毛利率	促销前		促销后	
		平均销售额	毛利额	当月销售额	毛利额
产品 A	15%	3	0.45	3.5	0.525
产品 B	18%	3	0.54	3.5	0.63
产品 C	20%	2	0.4	2	0.4
产品 D	60%	1	0.6	3	1.8
产品 E	40%	1	0.4	3	1.2
产品 F	10%	5	0.5	5	0.5
合计		15	2.89	20	5.055

表 6-5　乙市场促销活动结果　　　　　　　　　　　　　　　　单位：万元

产品名称	假定毛利率	促销前		促销后	
		平均销售额	毛利额	当月销售额	毛利额
产品 A	15%	1	0.15	1.1	0.165
产品 B	18%	1	0.18	1.1	0.198
产品 C	20%	1	0.2	1.1	0.22
产品 D	60%	0.5	0.3	4.6	2.76
产品 E	40%	0.5	0.2	1	0.4
产品 F	10%	1	0.1	1.1	0.11
合计		5	1.13	10	3.853

从表 6-4、表 6-5 可以看出，甲、乙两市场同样投入 2 万元费用，销售增量都是 5 万元。两市场的效益增量回报比如下：

甲市场前后毛利额增量为：5.055-2.89=2.165（万元），即效益增量回报比为：1-2÷2.165=7.62%

乙市场前后毛利额增量为：3.853-1.13=2.723（万元），即效益增量回报比为：1-2÷2.723=26.55%

通过分析可知甲市场投入 2 万元费用仅带来 0.165 万元的毛利增量回款，远低于乙市场。因此，乙市场的促销效果优于甲市场。

（1）效益增量回报比评估法优点：能充分体现促销资源的真正价值，为以后促销找出主攻方向。

（2）效益增量回报比评估法缺点：计算过程较为复杂，基层业务员通常无法知道各产品的毛利率。

（3）适用条件：适用成熟市场推广、多产品组合促销。

4.边际效益评估法

严格来说，边际效益法不是促销效果评估方法，而是一种对促销活动的推理手段。边际效益法主要用于促销资源预算、费用分配及备选促销方案的选择。

【例】仍沿用上述产品，各产品毛利率不变，有以下两种促销费用预算方案可供选择，如表 6-6 所示。

表 6-6　促销费用预算方案

产品名称	假定毛利率	促销前		方案一（2万元费用）		方案二（3万元费用）		方案三（4万元费用）	
		平均销量	毛利额	预计销量	毛利额	预计销量	毛利额	预计销量	毛利额
产品 A	15%	3	0.45	3.5	0.525	4	0.6	5	0.79
产品 B	18%	3	0.54	3.5	0.63	4	0.72	5	0.9
产品 C	20%	2	0.4	2	0.4	3	0.6	3	0.6
产品 D	60%	1	0.6	3	1.8	6	3.6	6.5	3.9
产品 E	40%	1	0.4	3	1.2	4	1.6	4.5	1.8
产品 F	10%	5	0.5	5	0.5	6	0.6	7	0.7
合计		15	2.89	20	5.055	27	7.72	31	8.65

通过表 6-6 计算可知：相对促销前，方案一的毛利增量即边际效益为：2.165 万（5.055-2.89）；边际效益率为：（2.165÷2）×100%=108.25%

相对方案一，方案二的毛利额增量即边际效益为：2.665 万（7.72-5.055）；边际效益率为：（2.665÷1）×100%=266.5%

相对方案二，方案三的毛利增额量即边际效益为：0.93 万（8.65-7.72），边际效益率为：（0.93÷1）×100%=93%，边际效益低于1，即效益增长值低于费用的增长值很明显，方案二为最优方案。

五、促销效果评估的注意事项

（一）评估周期

效果评估应采取单次评估与中期评估相结合的方式。

随着客户消费的选择日益理性、信息传播的滞后等原因，当月组织实施的促销即使在活动结束之后几个月仍然能发挥一定的销售促进作用。同时，促销活动的负责人能够在一定程度上控制促销结果，如压货等，非常容易造成销售上升的假象。因此，在实施效果评估时，建议采取短期、中期相结合的方法，这样才能使效果评估更加合理、公平。

（二）促销费用的计算

在计算促销费用时应考虑以下几点。

（1）很多企业在计算促销费用时往往没有计算赠品，如礼品、宣传物品等。这会造成促销费用失真，不能真实反映出促销费用的效果。

（2）有部分客户在促销期内购进较大数量的产品，由于滞销或其他私人原因，容易出现退货现象（尽管大部分企业在实施促销时都会注明不允许退货），因此，建议除加强控制外，应根据历史经验预提退货损失，并将其列入促销费用。

（3）促销活动的关键在于事前计划、费用预算、事中控制。效果评估只是用于活动结束后的总结，目的是为以后开展促销活动提供可借鉴的经验与教训。

📍 任务实施 ●

葡萄糖酸钙锌口服液说明书

【药品名称】锌钙特（葡萄糖酸钙锌口服溶液）

【通用名】葡萄糖酸钙锌口服溶液

【成分】本品为复方制剂，每支含葡萄糖酸钙600mg、葡萄糖酸锌30mg、盐酸赖氨酸100mg。

【适应症】用于治疗因缺钙、锌引起的疾病，包括骨质疏松、手足抽搐症、骨发育不全、佝偻病、妊娠期、哺乳期、绝经期钙缺失，以及小儿生长发育迟缓、食欲缺乏、厌食症、复发性口腔溃疡及痤疮等症状。

【包装规格】10mL×12支

【注意事项】①肾功能不全或糖尿病患者慎用；②对本品过敏者禁用，过敏体质者慎用；③本品性状发生改变时禁止使用；④请将本品放在儿童不能接触的地方；⑤儿童必须在成人监护下使用；⑥如正在使用其他药品，使用本品前请咨询医师或药师。

【用法用量】口服。婴幼儿一日5～10mL，成人一日20～30mL，分2～3次，饭后服。

【不良反应】①可见轻度恶心、呕吐、便秘等反应；②长期服用可引起反跳性胃酸分泌增高。

【药物相互作用】①不宜与洋地黄类药物合用；②不宜与四环素、青霉胺、苯妥英钠以及磷酸盐同用。如与其他药物同时使用可能会发生药物相互作用，详情请咨询医师或药师。

【药理作用】本品所含钙参与骨骼的形成与骨折后骨组织的再建，以及肌肉收缩、神经传递、凝血抑制，并降低毛细血管的通透性；本品所含锌为体内许多酶的重要组成成分，具有促进生长发育、改善味觉等作用；缺乏时，生长停滞、生殖无能、伤口不易愈合、机体衰弱，还可发生结膜炎、口腔炎、舌炎、食欲缺乏、慢性腹泻、味觉丧失及神经症状等。盐酸赖氨酸具有促进人体生长发育的作用。

请为葡萄糖酸钙铁锌口服液设计一个国庆节促销方案。具体步骤如下。

1. 确认促销目标

促销目标应依据药品生产企业总体目标拟定，紧扣销售目标。促销目标的确定要交代背景，说明原因。即客观、简练地描述与此促销目标有关的情况，如当前市场、消费者和竞争者状况，药品生产企业情况及本次促销动机等。

2. 设计促销主题

促销主题是指促销活动的主体内容，促销主题的展示由促销内容、促销产品、促销赠品、宣传品、展示装备及现场环境等构成。在突出品牌理念、维护品牌形象的原则下，作为阶段性促销活动还要让现场受众知道这次促销活动的主体内容、促销组合方式和方法、活动起止时间等。

促销活动通常安排在节假日，起止日期与节假日基本同步，可提前几日开始。对于某一种或几种药品开展的促销活动持续时间选择一周为宜。如果是大型节庆活动，促销时间可以安排长些，但一般不超过一个月。

3. 编制促销预算

促销费用预算一般要考虑广告费用、营业推广费用、公共关系活动费用、人员推广费用等。

4. 撰写促销方案

促销活动方案设计要求如下：

（1）确定促销对象；

（2）选择促销方式；

（3）促销活动设计要紧扣主题；

（4）促销活动设计要求具有有效性；

（5）促销活动设计要求具有可操作性。

5. 衡量促销效果

促销活动效果评估应采取单次评估与中期评估相结合的方式。通过衡量此次促销活动效果，为下次促销活动做铺垫。

◆ 任务评价 ●

药品促销方案设计评价，如表6-7所示。

表6-7 药品促销方案设计评价表

项目	评分要求	分值	得分	备注
确定促销对象	对象确定正确	5		
确定促销时间	时间安排合理	5		
确定促销方式	方式选择合理	5		
确定促销目标	目标明确、合理、可行	5		
设计促销主题	主题明确、贴切、可行	5		
编制促销预算	费用预算制定具体、合理	20		
编制促销方案	促销活动设计合理、可行、具体	30		
促销方案格式	反映情况是否真实、完整、客观	10		
	方案是否条理清晰	5		
	得出结论是否明确	5		
	文档格式是否正确（有标题、报告者签名、日期）	5		
总分		100		

知识巩固

【案例分析】

浙江杭州的胡庆余堂药店，试制成功一种新药品"复方抗结核片"，经过五年的临床观察，确认对肺结核病疗效显著，但却是"养在深闺人未识"，打不开销路，结果积压34万瓶之多。后来，药店在中央人民广播电台做了"复方抗结核片"的广告。仅仅两个月的时间，就收到来自全国各地29个省、市、自治区要求订货的信函5 700多件，不仅售出了全部的存货，还打开了新的销路，赢得了众多的客户。

【典型案例】中脉峰灵"五一"促销活动方案

问题：

（1）胡庆余堂药店是采用什么方法找到顾客，打开销路的？

（2）这种寻找顾客的方法有什么优、缺点？

（3）使用这种寻找顾客方法的过程中应注意什么问题？

任务二　药品公共关系营销

任务导入

××年3月27日,《扬子晚报》刊登广告:南京化学厂将开展丝素牙膏宣传直销活动。3月28日,南京大学的1 400名学生到繁华街道或居民家中宣传保护牙齿的知识,散发宣传单,直销丝素牙膏。4月23日,南京化学厂请江苏乐团为南京大学免费举办一场音乐会,并赠书500本。

问题:请你为南京化学厂丝素牙膏编写宣传直销活动的策划书。

任务目标

1. 掌握公共关系工作的方法与技巧,培养学生综合分析问题的能力。
2. 能够运用所学知识进行公共关系策划方案设计。
3. 树立居安思危意识,注重培养创新思维,提升心理抗压能力。
4. 掌握危机公关处理的程序及原则。
5. 能够运用所学知识进行公关危机处理。
6. 增强学生品牌意识、建立诚信观念。
7. 培养学生的团队合作精神和责任意识。

知识准备

一、公共关系的概念及特征

"公共关系"一词是从英文"Public Relations"翻译而来,简称PR,也称为"公众关系"。公共关系策略是指企业为获得公众信赖、加深顾客印象而用非付费方式进行的一系列促销活动的总称,简称"公关策略"。具有如下特点:

(1)创造性:公关营销策划是创造性思维发挥的过程。

(2)客观性:公关营销策划需要保持面向公众的客观性,并根据企业的实际情况开展策划工作。

(3)灵活性:公共关系营销可以根据市场形势和消费者需求进行调整,以达到最佳营销效果。

(4)长期性:公共关系营销不是短期的,而是长期的,可以持续发挥作用,达到企业的营销目标。

（5）预测性：通过对企业公关、营销信息的分析研究，寻找其中的发展规律和企业必须具备的条件，并依据研究结果制定可行的计划方案。

（6）复杂性：公关营销策划是公共关系学、营销学、策划学、社会学、市场学、心理学等诸多学科的融合，同时也要对大量信息进行收集、分析、研究和提炼。

二、公共关系在药品市场营销过程中的作用

公共关系在药品市场营销过程中起的作用有以下几点。

（1）搜集信息，为药品企业在市场营销活动中的决策提供帮助。

（2）建立信誉，提高企业素质，树立良好的企业形象，增强企业的竞争力。

（3）凝聚、沟通、协调关系，从公共利益出发，重视社会效益，使企业利益与社会利益保持一致。

（4）舆论宣传，提高企业在公众心中的形象。

三、公共关系在药品市场营销过程中的活动方式

在药品市场营销过程中公共关系可以通过以下几种活动方式进行。

（1）商品贸易展览展销会。

（2）产品订货会。

（3）促销活动。

（4）新闻发布会。

（5）制造新闻事件。

四、药品公共关系营销策划原则

（一）可行性
方案、人力、财力、先进的辅助手段等方面的可行性是实现企业战略目标规划与策略的有效保障。

（二）利益性
以最小的成本投入实现最大程度的经济效益收获。

（三）时效性
公关营销策划的方案中要保持简明的策划风格与清晰的策略描述，以把握时机谋求最好的结果。

（四）整体性

具有全局概念的公关人员既能有长期的营销格局，又能将方案中各层面清晰地以主客观条件为依据，用不同的视角加以解释。策划内容中还要包含相关的各部门工作衔接安排、预测应变机制，以及企业战略、管理制度等方面的协调运作安排，形成详细而清晰、简明又具竞争力的完整策划方案。

公共关系营销策划的成功与否并不取决于创意或突发奇想，真正决定方案成功的关键在于策划方案是否按照原则设计。这就要求策划人员充分掌握企业公共关系的目标与策略，以及市场中存在的客观规律。

五、药品公共关系营销策划程序与步骤

1952年，被誉为美国"公关圣经"的《有效公共关系》出版发行。在这本著作里，斯科特·卡特里普和森特提出了公共关系的"四步工作法"来说明公共关系运作的程序：公共关系调查研究→公共关系策划→公共关系实施→公共关系效果评估。

（一）公共关系调查研究

公共关系调查是就公众对组织形象的评价进行统计分析，用数据或文字显示公众的整体意见，或者就某一具体公共关系活动条件进行实际考察。

公关调查的目的是甄别公众对象，测量舆情民意，评价组织形象，然后找出差距，确定存在的问题，为组织设计形象、策划公关活动提供依据。调查程序一般是确定调查任务、制定调查方案、收集资料和实施调查方案、分析处理调查结果、撰写调查报告。其目的就是要确保前期公共关系调查的科学性和调查结论的可靠性。

1. 确定调查任务

确定调查选题即确定公共关系调查活动的课题，也就是确定要研究解决什么问题。公关调查研究一般是从选择和确立具体项目开始的。

从调查内容上讲，公关调查任务有三种。

（1）探索性调查，也称"问题摸底调查"或"试探性调查"，是指当调查的问题和范围不明确时所采用的一种调查方法。

（2）描述性调查，通过调查，描绘出调查对象的全貌及其特征解决"是什么"，反映本来面目，不追根求源。

（3）解释性调查，也称"因果关系调查"。不但要解决"是什么"，而且要剖析"为什么"，不仅要知道结果，而且要知道结果的原因。

2. 选择调查对象

公共关系人员根据组织形象的现状和目标要求，分析现有条件选择调查对象。

【案例分析】美国亨氏集团的母亲座谈会

3.确定调查内容

（1）组织自身状况调查，包括基本情况调查和实力情况调查。

组织基本情况调查：包括组织总体情况、组织经营情况、组织荣誉情况及组织文化情况。

组织实力情况调查：包括组织的物质基础情况、组织的技术实力情况、组织的财务实力情况、组织成员的待遇情况。

（2）相关公众状况调查。公众构成情况，包括内部公众构成情况、外部公众构成情况。公众评价情况，即公众对社会组织的各种评价，包括对组织产品、服务质量、管理水平、人员素质、外向活动、产品或服务的形象评价。

（3）传播媒介状况调查：包括大众传媒的分布情况、大众传媒的功能作用情况、大众传媒所需信息情况。

（4）社会环境状况调查：包括基本社会环境状况调查，具体市场环境状况调查，如市场需求状况、消费者状况、市场竞争状况等调查。

（5）社会组织与公众关系现状调查——综合项目调查，包括认知度调查、美誉度调查及和谐度调查。

（6）公共关系活动条件的调查，指组织在开展公关活动之前，对开展活动的主客观条件进行调查研究，包括公关活动主体人力、财力情况调查和公关活动客观环境调查。

（7）组织形象差距分析。将组织自我希望具有的形象与组织实际具有的社会形象进行对比，揭示两者之间的差距，为今后的公关工作指出了前进的方向。

4.制定调查方案

公关人员根据公关活动调查任务、对象及内容，制定调查的计划方案。

5.开展实际调查

开展实际调查即搜集调查资料，主要分为外部资料和内部资料。外部资料通常包括政府相关政策、新闻媒体资料、行业组织资料和金融机构资料等。内部资料包括企业组织架构、产品情况、生产能力、研发能力等。

6.整理调查资料

资料整理是指根据调研目的，运用科学方法，对原始材料进行审核、汇总、加工，使之条理化、系统化，从而获得反映调查客体性质特征的初级材料的处理过程。具体分为四个步骤。

（1）资料审核。

（2）资料分组，根据调查的目的和任务，按照一定的标识，将调查资料分为组间异质、组内同质的几个小组的资料整理方法。

（3）分配数列。调查资料按一定的标识分组后，将各组按序排列，计算出各组分配所得到的频数和频率所形成的数列。

（4）绘制图表。统计表和统计图是用表格或图像显示资料整理结果的基本形式，使资料数据简明扼要、生动形象地展现出来，便于统计资料分析。统计表是统计图的基础，统计图是统计表的延伸。

7. 撰写调查报告

调查研究报告是调查研究的最终成果。它是对公共关系调查研究发现的问题作出系统的分析说明，提出结论后编写的书面报告，这是公共关系调查研究最后阶段的主要工作。调查研究报告的内容一般包括三个部分：第一部分是前言，包括调查研究的意义和目的、调查研究的对象和范围、调查研究的方式和方法、调查研究的进程等；第二部分是报告的主体，包括调查研究所获得的材料和分析说明；第三部分是结论、建议和意见，作为调查研究报告的总结。调查报告的格式和写作要求，如表 6-8 所示。

表 6-8　公共关系调查报告文体格式与写作要求

文体格式		常用形式	基本内容	写作要求
主体部分	标题	直叙式、观点式、问题式	表达调查主题	题目精练新颖、高度概括、有吸引力
	导言	叙述式、提问式、总结式	介绍调查工作概况：如调查时间、范围、方式、内容、目的等	点明主题、高度概括、精练简短
	正文	逻辑分叙式、表格说明式、条文列举式	现状资料分项目汇总叙述；分析造成该现状的内外原因和影响因素	主题明确；中心突出；材料典型；逻辑性强；条理清晰；报告语言简洁、有说服力
	结尾	归纳式、警告式	全文小结并提出建议和措施	概括全文、形成结论、提出建议
署名		标题之下、全文之后	调查单位与写作时间	简单明确
附录		原件、资料卡、表格等	调查表、典型材料、数据库	根据正文需要

（二）公共关系策划

公共关系策划是根据组织形象的现状和目标要求，分析现有条件，设计最佳行动方案的过程。

公共关系策划分为两阶段八个步骤：准备阶段，主要进行形象现状及原因分析、确立目标；策划阶段，主要进行设计主题、分析公众、选择媒介、预算经费、审定方案，最后形成文件（策划书）。

【案例分析】
"三高"为中国
申奥放歌

1. 准备阶段

（1）组织形象现状及原因分析。即公关调查，了解组织形象的现状，了解开展公共关系所拥有的主客观条件。

（2）确定目标。所有确定的目标都必须遵循以下原则。

①确定性。目标是结果式而非过程式，可以明确评估。例如，本次公共关系活动的目标是"召开一次新闻发布会"——过程式；"将本厂的新产品在全国的知名度从现在的 20% 提高到 50%"——结果式。

②具体性。

a.定性。确定形象性质。例如，是以服务的新颖、周到而著称，还是以实力的雄厚、稳固而扬名。

b.定量。量化的标准。例如，怎样才算树立了良好的形象？知名度、美誉度到底要提高多少？有多少人支持、理解？

③可行性、可控性。

a.目标是可测量的，即通过公共关系调查，其结果是可以检测的。

b.目标要有现实性。

c.目标要有激励性、挑战性。

d.目标要具有一定的弹性、应变措施和保障。

2. 策划阶段

（1）设计主题。公关策划主题是指围绕实现公关目标，针对特定公众对象，对整个公关活动的策划和操作起到指导、规范作用的中心思想。它是公关目标的集中体现，是公关活动的高度概括。因此，能否提炼出鲜明突出的公共关系主题，主题能否吸引公众、抓住人心，是公共关系策划成败的重要标志。

活动宣传主题

（2）分析公众。界定公众是正式策划的重要准备工作，目的是明确目标公众，为确定策划目标提供可靠的依据。界定公众首先应该对公众进行分类，明确公众的权利要求，分析公众的态度，在此基础上确定目标公众。分析公众大致包括以下几个方面。

①他们是谁？（顾客市场定位）

②他们有多少？（市场潜力研究与策划）

③他们在哪？（顾客分布研究与策划）

④他们想什么？（顾客消费心理与行为）

⑤他们要什么？（需求分析）

⑥公众态度？（积极还是消极）

（3）选择媒介。选择媒介的原则是以最小的人力、财力、物力获取最佳的效果。

①个体传播媒介。个人对个人所进行的传播，这种方式对象最明确，能深入、细致地解决一些特殊问题，但传播面较窄，适用于针对个别特殊的公众和关键公众。

②群体传播媒介。个别人面对一群人所进行的传播，可针对一群人的特殊要求、特殊问题进行传播，如报告会、演讲会等。

③大众传播媒介。大众传播媒介又可分为电子类传媒和印刷类传媒，传播迅速快、辐射面广、影响力大，有利于解决共性问题。

课堂活动

一家经营强力胶水的商店，坐落在一条鲜为人知的街道上，生意很不景气。一天，这家商店的店主在门口贴了一张布告："明天上午九点，在此将用本店出售的强力胶水把一枚价值 4 500 美元的金币贴在墙上，若有哪位先生／小姐用手把它揭下来，这枚金币就奉送给他（她），本店绝不食言！"你认为该项活动的传播媒介应当选择哪种？

（4）预算经费。公关经费预算是指为保证公关策略和技术的顺利实施所需要的人、财、物力的估算与安排。

费用的基本构成包括人员开支、项目开支、材料开支、管理费用。预算的计算通常采用目标先导法，先制定出公共关系期望达成的目标和工作计划，然后将完成任务所需的各项费用项目详细列举出来，核定各单项活动和全部活动的预算。同时，在预算总额已定的情况下，应当提出一定比率（比如 10%）的风险基金，以备偶然事件的发生。

（5）审定方案。审定方案时需要考虑的因素：目的性、可行性、降低消耗。

（6）撰写策划书。公共关系策划书是指拟订出书面的文字活动方案，将实现公共关系目标的思路具体化，成为准备和开展公共关系活动的指南。

策划书的格式内容包括题目、活动主题、活动目标、活动基本程序、传播与沟通方案、经费预算、效果预测。

（三）公共关系实施

公共关系实施是指公共关系主体为了实现既定公共关系目标，充分依据和利用实施条件，对公共关系活动计划实施策略、手段、方法设计并进行实际操作与管理，力求达成计划目标的过程。

1. 公共关系活动计划实施的模式。

（1）根据特定的公共关系活动性质划分。

①宣传性公共关系：借助各种传播媒体和交流方式等媒介开展宣传工作。

②交际性公共关系：通过人际交流来开展公共关系，进而建立广泛的社会关系网络，形成有利于组织发展的人际环境。

③服务性公共关系：以提供优质服务为主要手段，以获取社会公众的了解和好评，建立自己的良好形象。例如，咨询服务、接待顾客和访问用户、保证服务质量、现场服务、为社区或辖区居民提供的优惠服务、满足公众心理需要服务等。

④社会性公共关系：利用举办或资助各种社会性活动开展活动，以提高组织的知名度和美誉度。开展社会性公共关系时应注意：淡化商业性，突出公益性；要量力而行；遵循经济性的原则；注意公共关系活动的连续性；社会性公益活动必须与经常性公共关系活动相结合。

（2）根据组织主体不同发展时期的工作重心划分。

①防御性公共关系：指组织为了防止自身可能出现的危机与风险，以及组织遇到风险时采取的一系列活动方式的总称。

②建设性公共关系：指适应组织初创阶段或一种新的产品、新的服务项目开始推出时，为了打开局面进行的公共关系工作的模式。

③维系性公共关系：社会组织在稳定发展之际，持续不断地向目标公众传播组织的有关信息，使组织形象潜移默化地根植于公众脑海中，进而长期赢得公众的理解与支持。

④矫正性公共关系：矫正性公共关系是组织遇到风险、公共关系严重失调，从而组织形象发生严重损害时所采用的一种公共关系模式。具体处理方法，如表6-9所示。

表6-9　矫正性公共关系的处理方法

两种情况	举例	措施
由于外在的原因	某些灾害、误解、谣言，甚至人为的破坏，致使组织的形象受到损害	及时、准确地查明原因，迅速制定对策，采取行动，纠正或消除损害组织形象的行为和因素
由于组织的内在原因	产品质量、服务态度、环境保护、管理政策、经营方针等方面发生了问题而导致公共关系的严重失调	迅速查明原因，采取行动，尽快与新闻界取得联系，控制影响面，及时把外界舆论准确地反馈给决策层和有关部门，提出消除危机的办法和纠正错误的措施

⑤进攻性公共关系：组织为开创新局面、树立新的形象而采用的一种模式。

2. 公共关系计划实施的管理。

（1）公共关系计划实施的准备。公共关系活动实施前的准备包括：对实施人员进行培训；要对实施障碍因素进行调查和试验；准备所需的物品和材料；布置活动现场；协调组织各有关部门的关系与新闻界等外部公众联系。

（2）公共关系活动实施过程中的障碍。

①目标障碍指在公共关系计划实施中，由于所拟定的公关目标不正确或不明确、不具体而给实施带来的障碍。从以下五个方面检查计划目标：是否切合实际并可以达到；是否可以进行比较和衡量；是否指出了所期望的结果；是否是计划实施者在职权范围内所能完成的；是否规定了完成期限。

②沟通障碍，包括语言障碍、习俗障碍、观念障碍、心理障碍、组织障碍。

③突发事件的干扰包括两大类：一类是人为的纠纷危机，如公众投诉、新闻媒介的批评、不利舆论的冲击等；另一类是不以人的意志为转移的灾变危机，如地震、水灾、火灾、空难等。

（四）公共关系效果评估

公共关系评估是根据特定的标准，对公共关系计划、实施过程、实施效果进行检查、分析和总结。

1. 公共关系效果评估的内容

（1）检查原定的目标是否达到。

（2）检查实施公关计划所用的人员、时间和费用。

（3）分析所选择的公共关系传播渠道与目标的要求是否相符，以及经验教训。

（4）分析公共关系活动是否达到了预期效果，存在的问题及其原因。

（5）经济效益和社会效益是否良好。

2. 公共关系评估的程序

公共关系评估有以下三个步骤。

（1）准备过程的评估标准：背景材料是否充分；信息内容是否正确充实；信息的表现形式是否恰当。

（2）实施过程的评估标准：检查发送信息的数量；检查信息被传播媒介采用的数量；检查接收到信息的目标公众的数量；检查注意到该信息的公众的数量。

（3）借助效果的评估标准：了解信息内容的公众数量；了解改变观点的公众数量；了解改变态度的公众数量；发生期望行为的公众数量；发生重复期望行为的公众数量；达到的目标与解决的问题；对社会经济与文化发展产生的影响。

3. 公共关系评估方案的制定

完整的评估方案的内容包括：确定评估的目标；确定评估的程序；确定评估的标准；确定评估方法；安排评估的人员；分析评估的环境；整理评估的资料；撰写评估报告。

4. 公共关系评估报告的撰写

评估报告的内容一般包括以下几方面。

（1）企业是如何进行公共关系活动的。

（2）其他企业是如何进行公共关系活动的；是否充分掌握信息；是否达到预期目标。

（3）企业是否争取到了公众的支持；企业对期望争取的公众是否有明确的认知；与目标相对应的项目是否在计划中并付诸实施；目标公众是否接收并理解传播之意及其反应。

（4）活动项目的短期目标、长期目标是否实现。

（5）是否超出了预算。经费使用是否合理。

（6）其他特定内容，如品牌、无形资产、人员素质等，相对静态项目评估和专题活动、广告效果、销售额等动态项目的评估。

5. 公共关系效果评估报告的要求与格式

（1）公共关系效果评估报告应是定性分析和定量分析的结合。

（2）公共关系效果评估报告的内容主要陈述公共关系活动开展的情况和取得的成果。

（3）公共关系效果评估报告的格式通常有书面和口头两种。

六、危机公关处理

危机公关是指应对危机的有关机制，具有意外性、聚焦性、破坏性和紧迫性。危机公关是指某企业或机构为避免或减少危机造成的严重损害和威胁，从而研究、制定和实施一套有组织、有计划地应对危机的管理措施和战略，其中包括危机解决、控制和危机结束后的产业恢复。

（一）药品企业危机公关的重要性

第一，维护企业良好形象。

第二，减少企业损失。

第三，扩大企业影响力。

（二）药品危机公关的处理原则

1. 承担责任原则

事件一经报道，公众马上高度紧张，强烈关注。这时的公众有四大心态特点：

（1）相信媒体报道，不相信当事组织言论，情绪激动；

（2）宁信其有，不信其无，有罪推定；

（3）渴望新信息，追逐新信息，认为新的就是真的；

（4）以偏概全，全盘怀疑，全面否定。

在这些情绪化的心态下面，潜藏着公众冷静的价值关注。公众真正关注以下两点。

第一，受害者利益，从而也是公众自身的利益；第二，谁为受害者和可能的受害者负责。

在公众这样的心态和价值关注中，当事组织处理危机的首要原则，就是承担责任，无论当事组织有没有责任，责任轻还是责任重。宣布承担责任，是组织作为社会一员，必须履行的道德义务，也是组织化解危机的最佳选择，能有效、快速地平服公众激动的心情，免除危机进一步激化的危险，为解决危机创造良好的舆论环境。

公众无疑情绪激动，但这并不等于公众不分青红皂白。组织勇于承担责任的言行，会在公众心里产生良好的回应，这种回应是组织妥善处理危机时宝贵的支持，也是危机过后组织及其产品、服务继续在消费者中间生存、发展的坚实基础。

逃避责任，组织可能毁于社会的重压；承担责任，组织得到赞许，把危机变成发展的转机。因此，当事组织在事件突发的第一时间，就向媒体、公众和消费者宣布，组织愿意承担一切可能的责任，这是组织不致毁灭的最重要选择。

课堂活动

2022年12月底，鱼跃医疗被曝出"94元血氧仪涨价至299元"，"用户投诉鱼跃医疗私自召回已发出制氧机，随后翻倍涨价"等事件，引发公众质疑。

12月28日，鱼跃医疗首次回应涨价争议称：299元属于原价。1月3日，鱼跃医疗在投资者互动平台再度回应：因成本上涨，取消血氧仪折扣优惠。

但这两次回应并未被消费者接受，维权声高涨，与此同时江苏省丹阳市市场监督管理局开始介入调查。

近一个月后，调查结果出炉：江苏鱼跃医疗设备股份有限公司因哄抬血氧仪价格，被罚款270万元。据市监局公布信息显示，自2022年12月开始，鱼跃医疗利用市场供需紧张状况，在血氧仪生产入库平均成本环比上涨47%的情况下，大幅提高该产品销售价格，平均销售价格环比上涨了131.78%，销售价格上涨幅度明显高于成本增长幅度，推动血氧仪市场价格上涨过快、过高，扰乱市场价格秩序。

请分析鱼跃医疗在处理公共危机过程中出现了哪些问题？该如何解决？

2. 真诚沟通原则

第一，充分传播。当事组织向媒体、公众、消费者及一切关注事件的人们，提供一切可能的沟通办法，如新闻发布会、媒体现场采访、网络互动、热线电话、公开信、广告、短信等传播方式和手段，保证社会大众的知情权。

第二，承担责任。当事组织利用各种传播手段和工具，不要辩解、争论、推卸责任、指责他人、鸣冤叫屈，也不要点头哈腰、不分是非、讨好奉承等，而是要宣布对受害者承担必要的责任。所谓承担责任，是组织作为社会负责任的一员，在事件发生后，对受害者和整个社会的一个道德承诺，是组织应尽的社会道德义务。

第三，有人情味。事实真相无疑是重要的，但在事件传播过程中，受众感受的重要性甚至超过了事件本身。如果当事组织一味"以事实说话"，忽视了大众的内心感受，组织仍会被认为"不真诚"。

3. 速度第一原则

在大众传播时代，任何有新闻价值的事件，都会在事件发生之后，甚至在事件发生的同时，被立即报道出来，并很快成为媒体关注的热点，引发公众震荡，形成危机。因此，当事组织如果不能在事件发生后的第一时间，向媒体公布事件真相（就其所知），这个组织就失去了控制事态恶化的最佳战机，以后的挽救，要花费百倍的努力。

从危机管理的角度看，事件发生马上正确处理，这是危机管理的前提；事件发生马上正确传播，则是危机管理的核心。不仅要传播的内容正确，还要传播的速度"马上"。

从传播学的角度讲，事件发生后最初的12～24h内，是消息传播最快、变形最严重的时段，也是受众最焦虑、最渴望信息、最彷徨的时段。当事组织的一举一动，都被媒体广泛报道，因此第一时间采取正确的传播手段传播正确的内容，几乎就等于成功处理危机的胜局。

4. 系统运行原则

现在从国家到地方，从公共行政管理到具体社会组织内部，方方面面，都在建立危机管理制度和危机管理体系。

危机管理，就是要保证当事组织采取的各项措施及时、正确、连贯、符合长远利益。每个大型组织，特别是药品行业的大型组织，应建立危机管理制度，保证危机一旦发生，立即启动危机解决程序，系统运作化解危机。

概括来讲，危机管理程序如下：

（1）成立危机处理小组，相关人员参加，组织的高级领导人负责指挥，连续作战；

（2）组织内部实施特殊管制，保证内部安定，对外信息统一；

（3）全力做好危机传播，与媒体和公众保持良性沟通、互动；

（4）果断采取措施，解决问题，标本兼治。

5. 权威证实原则

当事件因报道而引发危机，无论当事组织怎么解释，媒体和公众都不会相信。

当事组织的产品、服务或其他方面是否存在问题，并造成事件发生，这样的问题，只能由政府主管部门或第三方权威机构经过缜密调查研究，给出最终结论。因此，当事组织在事件发生后，只需真诚解决问题，等待权威结论，任何自下结论的做法都于事无补，还会激怒受害者，加剧危机。

（三）危机公关的应对措施

1. 在危机发生前的预防

（1）做好预防工作。造成药品企业危机的原因很多，有些是偶然因素，但大多数都是有一定变化的过程。各公司的管理者对日常收集的信息有深刻的了解，可以随着时间的推移采取有效的预防措施，能够避免危机或将危机造成的损害和影响降到最低。因此，危机预防是危机管理的第一阶段。

（2）制定危机公关预案和增强员工的危机意识。

首先，要成立危机核心管理小组，明确小组成员的职责。小组成员包括首席执行官、法务、媒体联系人、其他利益相关（如股东、供应商）联系人、客户联系人、产品研发和制作人、公关稿写手。这个团队将决定发送出去的消息内容及发出方式，以尽量不失去客户的信任。

其次，制定危机管理方案。药品企业应根据可能发生的危机制定一套完整的危机管理计划。其中不仅需要明确如何防止危机的爆发，还应制定具体方案在发生危机时如何应对，并注重运用媒体、官方的力量来实行解决方案。

再次，对员工进行危机管理培训和演练。让他们知道如何应对及如何去执行，使员工掌握危机管理知识，提高危机管理能力和处理危机的心理素质，从而增强员工危机管理水平和企业整体能力。

2. 在危机发生后的应对

危机公关预案更多是战略上的指导。当危机实际发生时具体如何做也很重要，包含以下七个步骤。

（1）对危机进行风险评估。评估关于品牌的负面评论对企业整体业绩和声誉的影响再决定是否回应、如何回应。有些问题会自行消失，有些则需要提供针对性的解决办法。在声誉管理方面，顺势而为是最好的选择。

【案例分析】华为断芯危机应对

（2）快速反应。当重大危机发生后，公关人员根据实际情况，在危机公关预案中通用的公关稿模板上进行修改，然后通过社交媒体等多种渠道发布。发布渠道的选择，一定要是适合大部分用户和其他利益相关者的沟通渠道，这样才更容易获得传播。

快速反应可以给人一种已经控制局面的印象，也能争取到时间进行更详细的解释。

（3）成立危机公关团队。当重大危机发生后，要立即成立危机核心管理小组，明确公关工作的相关负责人，并明确定义他们的职责。比如谁负责公关稿撰写、谁负责公关稿推送和渠道分发、谁负责把控方向和最终审核等。如果危机升级，则需要一个专业、可靠的危机公关团队。危机公关团队的建立将确保危机沟通工作顺利进行，并且确保对应的负责人在正确的时间、正确的位置做正确的事。

（4）评估危机情况。专业的危机公关团队应当评估公关情况并采取相应措施。根据公关危机产生的舆论规模和可能带来的影响，团队应选择适当的应对措施，最终目的是消除或尽量减少危机带来的影响。

（5）危机公关执行。回应和处理危机的方式取决于行业，但也有一般规则可循。如果想把损失降到最低，绝不可否认问题、推卸责任或忽略舆论呼声，这只会使情况恶化。勇于承认错误、弥补对用户的损失，可以树立企业成熟有担当的形象。

（6）与有影响力的人合作。一旦品牌、产品或服务受到舆论抨击时，还应该寻找可以为其帮助发声的人，即在危机期间和之后可以为企业品牌代言的名人、明星和关键意见领袖。与关键意见领袖合作的重点是要选择合适的人，通过舆情监测工具可以找到适合的关键意见领袖帮助处理公关危机。

以所在行业领域为关键词设置监测主题，可以找到该领域活跃度高、影响力大、粉丝数多的公开账号。需要注意的是，这只是提供了一个有影响力的传播者参考名单。接下来，还需要检查这些账号平时发布什么类型的内容，他们所发布内容的参与度（互动量），以及他们活跃在哪些社交媒体平台上（如知乎、微信、小红书……）。根据以上分析，选择最合适的关键意见领袖为品牌发声。

（7）公共关系工作复盘。公共关系工作复盘就是通过对已处理的公共关系事件进行回顾、反思，进而发现问题、汲取经验，从而实现经验的积累和能力突破。常见的问题如下。

①针对具体危机公关事件的问题：什么做对了？哪些部分不合格？还能改进什么？

②针对公关团队建设的问题：团队是否需要更多的培训和指导？是否应该调整和重新分工团队中的各个角色？是否添加新成员？

③针对公关执行的问题：响应速度够快吗？有没有方式可以改进？应该使用什么样的传播渠道？是否需要改变表达方式和措辞？

公关危机的一般
处理方案

解答以上问题，可以获得对建立更完善的公关危机策略非常有价值的参考信息。

任务实施

请为南京化学厂丝素牙膏编写宣传直销活动的策划书。

一、确定组织形象现状及原因分析

根据任务要求写出本次活动的组织形象现状，开展公共关系所拥有的主客观条件。

二、确定公关策划目标

根据任务要求写出本次活动的目的。

三、设计公关策划主题

根据任务要求写出鲜明突出的公共关系主题。

四、确定公关策划对象

根据任务要求写出本次策划活动的目标对象。

五、确定公关策划媒介

根据任务要求写出本次公关活动的媒介选择。

六、确定公关策划预算

根据任务要求写出本次活动的费用预算。

七、编写公关策划方案

根据综合分析结果，按照活动主题、活动目标、活动基本程序、传播与沟通方案、经费预算、效果预测等内容编写公关策划方案。

审定方案时需要考虑的因素：目的性、可行性、降低消耗。

八、撰写策划书

公共关系策划书是指拟订出书面的文字活动方案，将实现公共关系目标的思路具体化，成为准备和开展公共关系活动的指南。

策划书的格式内容包括题目、活动主题、活动目标、活动基本程序、传播与沟通方案、经费预算、效果预测。

任务评价

公关策划方案设计评价，如表6-10所示。

表6-10　公关策划方案设计评价表

项目	评分要求	分值	得分	备注
组织形象现状及原因分析	分析合理、可行、完整、具体	5		
确定公关策划目标	目标可行、具体、确定、可控	5		
设计主题	主题鲜明突出，具有吸引力	5		
分析公众	公关对象明确、分析到位	5		

续表

项目	评分要求	分值	得分	备注
选择媒介	媒介选择合理	5		
编制预算	费用预算制定具体、合理	10		
审定方案	方案目的明确、可行、能够降低消耗	10		
编制策划方案	策划活动设计合理、可行、具体	30		
策划方案格式	反映情况是否真实、完整、客观	10		
	方案是否条理清晰	5		
	得出结论是否明确	5		
	文档格式是否正确（有标题、报告者签名、日期）	5		
总分		100		

知识巩固

**【典型案例】××
危机公关方案**

【案例分析题】

1. 广东电台"城市之声"员工为台庆五周年设计了一个方案：立足将城市之声五周年台庆与申办奥运活动相结合，通过电子传播媒介，传达"城市人盼奥运"的城市之声电台的时代强音，并把这一理念传遍全世界。

围绕一首歌曲——五个"1036"系列活动策划主题进行城市之声五周年台庆活动。一首歌曲即是以都市人热心的申奥为主题，在活动中将它作为一条主线贯穿整个台庆活动。五个"1036"意指与主题有关的五个系列活动：1 036个五岁的孩子亲手绘制的图画；1 036米长的都市人亲笔签名横幅；1 036个市民支持申奥的声音；1 036封少年亲手寄出的信；1 036张录有主题歌的CD光盘，在送给1 036名市民时，传递城市之声支持申奥的热诚。活动的实施与网络活动相结合，从而扩大影响与传播范围。

要求：试运用公共关系学中的相关知识分析评点这一案例。

2. 2017年8月，海底捞火锅由于其卫生问题遭媒体曝光并紧追不舍。有记者报道北京的海底捞有老鼠爬进食品柜，甚至有员工用漏勺掏下水道。这样一则消息马上把海底捞推到了舆论的风口浪尖。在"危机"关头，海底捞快速反应，公开发布致歉声明，态度也极为诚恳。他们感谢媒体及公众的监督，愿意承担相关的经济责任和法律责任，承诺对海底捞所有的门店进行全面整改。

要求：从以上案例中，你学到了什么？

任务三　药品营业推广

任务导入

中国加入世界贸易组织后，传统中医药如何走出国门是人们普遍关心的一个课题。膏药作为传统中药的四大剂型之一，有着悠久的历史。一直以来膏药都因其疗效确切、使用方便、价格便宜为国人所认可。目前，我国膏药每年的市场份额大约20亿元，形成了以桂林天和、羚锐股份和奇正藏药为领先的竞争局面。

三七贴是一种专门用来改善肩颈病痛，以及腰膝酸软等各种关节问题的外用产品，其中含有三七、薄荷、桂花、桉叶及肉桂等。规格：每贴11cm×15cm，12贴装，每盒19.9元。用法用量：取本品撕去背衬纸，贴在身体相应部位，每贴8～12h。假如你是该产品的销售人员，准备在广西地区针对药店消费者进行一次营业推广策划活动，目的是打开销售局面、诱导消费观念、形成良好口碑、刺激总需求。

任务目标

1. 掌握营业推广的概念及其特点。
2. 熟悉营业推广的影响因素。
3. 了解营业推广的方式。
4. 能够运用所学知识进行营业推广设计。
5. 培养学生的职业道德和团队合作精神。

知识准备

一、营业推广的概念

营业推广是一种适宜于短期推销的促销方法，是企业为鼓励购买、销售商品和劳务而采取的除广告、公关和人员推销之外的所有企业营销活动的总称。

二、营业推广的特点

营业推广有以下几个特点。

（1）针对性强，促销效果显著。在开展营业推广活动中，可选用的方式多种多样。一般说来，只要能选择合理的营业推广方式，很快就会收到明显的增销效果，而不像广告和公共关系需要较长的时间才能见效。因此，营业推广适合在一定时期、一定任务的短期性的促销活动中使用。

（2）影响面较小，一般不能单独使用。营业推广是公关、广告和人员推销的一种辅助性促销方式，常常配合其他促销方式使用，从而能使与其配合的促销方式更好地发挥作用。

（3）顾客容易产生疑虑。采用营业推广方式促销，能够为企业创造声势获取快速反应。若长期频繁使用或使用不当，容易使顾客对企业产生疑虑，反而对产品或价格的真实性产生怀疑。因此，企业在开展营业推广活动时，要注意选择恰当的方式和时机。

三、营业推广的作用

营业推广的作用主要包括：可以吸引消费者购买；可以奖励品牌忠实者；可以实现企业营销目标。

四、药品企业营业推广的方式

（一）面向消费者的营业推广方式

1. 赠送样品

向消费者赠送样品或试用品。赠送样品是介绍新产品最有效的方法，缺点是费用高。一般通过送货上门、邮寄发送、店内提供、附在其他产品上赠送等形式来实施。

2. 优惠券

优惠券又称礼券、代金券，持有者在购买某特定产品时，可凭此优惠券按规定减少一定的货款。优惠券可以邮寄、附在其他产品内，也可以刊登在杂志或报纸广告上向消费者提供。

3. 设置特价品

以低于正常价格的优惠价格优待消费者，或在产品包装上特别标明，或采用特价方式推广。

4. 赠品

赠品以较低的成本或免费的方式向消费者提供某一物品，以刺激其购买另一特定产品，如"买一送一"。

【案例分析】
"买三送一"，
一药店被罚

5. 奖品

奖品包括兑奖和游戏等形式。奖励会对购买行为产生影响，而在促使消费者购买非必需品方面的功效往往更大。奖励的目的在于强化企业形象、赢得美誉、扩大顾客基数、产生近期销售。

6. 现场示范

药品企业派促销员在销售现场示范本企业的药品药效，向消费者介绍药品的特点、用途和使用方法等。

（二）面向中间商的营业推广方式

针对中间商的营业推广通常是在双方的贸易过程中进行的。

1. 推广津贴

药品企业为促使中间商购进并积极推介企业产品，而给予的各种津贴，常有广告津贴、展销津贴、陈列津贴等。其实质是一种特别报酬。

2. 交易折扣

药品企业规定中间商只要在一定时期内大量购买自己的某种产品，就可得到一定的价格优惠，购买量越多，折扣越多。中间商一般通过短期减价或"特卖"的形式将这部分折扣转让给消费者。

3. 促销协作

这是在中间商开展促销活动时，药品企业提供一定的协作和帮助，是一种共同参与的方式。促销协作可以是提供现金、实物或服务的方式。现在有不少生产企业提供资金、技术和相关人员帮助中间商设计和改进销售场所的环境，如柜组、橱窗，乃至卖场布局设计，给顾客创建特殊的购物环境。

（三）面向内部员工的营业推广方式

为了鼓励药品代表积极推销产品、建立良好的顾客关系和做好市场调研等工作，药品企业可以采用以下几种方式。

1. 销售红利

事先规定医药代表的销售指标，对超指标的医药代表提成一定比例的红利，以鼓励医药代表多销售产品。这种奖励更偏重于物质方面激励。

2. 销售竞赛

在医药代表之间发动销售竞赛，对销售额领先的医药代表给予奖励，以此调动销售人员的积极性。此类奖励可以有更多的选择，有时偏重于物质，有时则偏重于精神方面，视激励对象的需要而定。

3. 推销提成

将部分销售额作为医药代表推销产品的奖励或酬劳，把推销成效与推销报酬结合起来，激发医药代表努力创造业绩。

五、营业推广的控制

营业推广是一种促销效果比较显著的促销方式。倘若使用不当，不仅达不到促销的目的，反而会影响药品销售，甚至损害企业的形象。因此，企业在运用营业推广方式促销时，必须予以控制。

（一）选择适当的方式

选择合适的营业推广方式是促销获得成功的关键。一般来说，应结合药品的性质、不同方式的特点，以及消费者的接受习惯等因素选择合适的营业推广方式。

（二）确定合理的期限

如果活动时间过短，活动的影响面有限，则达不到促销的目的；若活动的时间过长，则又丧失了营业推广原本具有的短期促销意义。利用节假日举办相关"文化氛围"的营业推广活动，相对活动的时间可以长一点，如国庆长假。而"五一"劳动节、端午节、清明节等是小长假，时间就可以短些。

（三）忌弄虚作假

营业推广的主要对象是企业的潜在顾客，因此，企业在营业推广过程中，坚决杜绝弄虚作假的短视行为发生。营业推广本来就有贬低商品之意，如果再不严格约束企业行为，将会产生失去企业长期利益的巨大风险。因此，弄虚作假是营业推广中的最大禁忌。

（四）奖励的大小

营业推广活动要成功必须要有相应的奖励。较大的奖励程度虽然可以增加更多的销售，但奖励水平与其所达到的奖励效果不一定保持正相关关系。因此，企业需根据经验，权衡奖励水平和销售预期之间的关系，确定新的、更加合适的奖励水平。例如，"买一送一"营业推广活动的策划者，试图通过"送"达到刺激消费者多"买"某一指定的商品。"送"的价值大小，是激励水平的高低，同样也是活动成本的大小。

（五）确定合理的推广预算

营业推广活动的预算方法是：管理费用（如印刷费、邮费和促销活动费）＋产品的奖励费用（赠品与奖品的价值、奖励金、减价导致收益减少等）。更多采用的是经验推算法，即以往完成一定促销目标的实际营业推广费用，加上现在各种价格与服务费用变动的幅度，再进行调整得出。

六、营业推广设计

（一）确定推广规模

营业推广的实质就是对消费者、中间商和推销员予以奖励，所以企业在制定具体营业推广方案时应首先决定奖励的规模。在确定奖励规模时，最重要的是进行成本效益分析。假定奖励规模为1万元，如果因销售额扩大而带来的利润远超过1万元，那么奖励规模还可扩大；如果利润增加额少于1万元，则这种奖励是不合适的。营业推广的成本效益分析，为制定有关奖励规模的决策提供必要的数据。

（二）确定推广目标

营业推广目标的确定指明确推广的对象及目的。只有知道推广的对象及推广目的，才能有针对性地制定具体的推广方案。例如，为达到培育忠诚度的目的，或是鼓励大批量购买为目的。

（三）选择推广方式

选择合适的推广工具是取得营业推广效果的关键因素。企业一般要根据目标对象的接受习惯、产品特点和目标市场状况等综合分析选择推广方式。由于每一种促销方式对中间商或消费者的影响程度不同，费用也不同，必须选择既能节约推广费用又能收到预期效果的营业推广方式。

（四）确定推广期限

营业推广活动持续时间的长短要恰当。期限过长，消费者丧失新鲜感而产生不信任感；期限过短，一些消费者还未得到营业推广的实惠。

（五）确定费用预算

确定营业推广预算的方法有两种：一是先确定营业推广的方式，再预计其总费用；二是在一定时期的促销总预算中拨出一定比例用于营业推广。后者较为常用。

（六）编制推广方案

根据药品的特点，依据推广的目的、对象、费用与效益的比值综合考虑，确定企业最佳的营业推广方式，并制订推广方案。

📍 任务实施 ●

一、确定推广规模
根据任务要求写出本次推广活动的规模。

二、确定推广目标
根据任务要求写出本次推广活动的目的。

三、选择推广方式
根据任务要求写出本次推广活动的方式及实施。

四、确定推广期限
根据任务要求写出本次推广活动的时间及地点。

五、确定推广预算
根据任务要求写出本次推广活动的费用预算。

六、编写推广方案
根据综合分析结果，按照活动目的、活动对象、活动主题、活动时间与地点、活动方式及内容、预算费用、推广效果评价等内容编写推广方案。

任务评价

药品促销方案设计评价，如表6-11所示。

表6-11　药品促销方案设计评价表

项目	评分要求	分值	得分	备注
明确营业推广的目的	目的明确、合理、可行	5		
明确营业推广的优惠幅度	优惠幅度合理、可行	5		
明确营业推广的期限	期限确定合理	5		
确定费用预算	费用预算合理、具体	10		
编制推广方案	推广设计合理、可行、具体、新颖	50		
推广方案格式	反映情况真实、完整、客观	10		
	方案条理清晰	5		
	得出结论明确	5		
	文档格式正确（有标题、报告者签名、日期）	5		
总分		100		

知识巩固

【典型案例】咖啡店营业推广策划方案

【实例分析】

从冠名《中国成语大会》，弘扬中国传统文化，到独家赞助中国首部关注儿童性格养成的动画片《小小鲁班》，关爱儿童健康成长，再到成为《旋风孝子》第一合作伙伴，全国知名乳业品牌君乐宝始终在品牌传播中延续着尊老爱幼传统与爱的温情，这种温情与君乐宝"至诚、至善、至爱"的企业理念极其吻合，将君乐宝创"心"营销阐释得淋漓尽致。随着当代老龄化趋势和家庭亲情的需求越发凸显，君乐宝再度出击，借助《旋风孝子》的强势登陆与代言人黄晓明的号召力，黄晓明、开啡尔（君乐宝旗下品牌）、湖南卫视三者携手推"孝"，共同在春节为观众营造一种开心过年，带爱回家的温馨氛围，倡导回归传统价值的家庭关爱。

要求：

1.分析君乐宝营业推广的目标。

2.分析企业选择了哪种营业推广形式。

3.这份促销方案中包含哪些内容？

任务四　药品电商营销

◉ 任务导入 ◉

好药师网上药店（北京好药师大药房连锁有限公司）是九州通医药集团的全资子公司，营销网络覆盖全国各大城市，是一家以西药、中药和医疗器械批发、物流配送、零售连锁及电子商务为核心业务的股份制企业。2009年，九州通医药集团获得B2C资质，开始布局好药师医药电商业务。目前，好药师已入驻国内主流电商平台，同时与京东、天猫建立了长期稳定的良好合作关系。现阶段B2C销售和O2O服务是其核心业务，企业分京东旗舰店、天猫旗舰店、官方网站和O2O四个业务模块。依靠九州通医药集团线下药店基础（自营＋合作），好药师快速推进"线上线下联动式用药"的医药O2O服务，充分利用九州通医药集团全国物流体系及现有的药店客户资源，实现线上到线下的"药急送"服务。

请运用所学知识为好药师药店设计国庆节网上推广北京同仁堂安宫牛黄丸的活动。

◉ 任务目标 ◉

1. 能贯彻药品网络营销策略，实施药品网络营销。
2. 能制作药品销售网页。
3. 能提供顾客线上用药咨询。
4. 培养学生药品网络推广的能力，正确对待网络营销的态度。
5. 能完成药品线上销售报表。

◉ 知识准备 ◉

一、药品电商营销概述

（一）药品电商营销的定义

药品电商营销即药品电子商务，指医疗机构、医药生产商、代理商、经销商、分销商、医药公司、医药信息提供商、第三方机构等，以盈利为目的的市场经济主体，通过互联网及移动互联网为基础，进行药品销售及相关服务的行为。

我国药品电商商业模式主要包括B2B（Business-to-Business，企业对企业）、B2C（Business-to-Consumer，企业对消费者）、O2O（Online to Offline，线上到线下）三种类型，即以医疗和医药相关商品为核心的线上批发和零售。B2B模式主要为企业服务，分为政府主导的 B2B 采购平台和药企 B2B。B2C 主要为个人提供药品服务，按照是否为自营可分为自营式和平台式。另外，消费者用户还可以在 O2O 平台线上下单买药、线下享受服务。这三种模式的特点，如表 6-12 所示。

表 6-12　我国药品电商行业主要商业模式

商业模式	内容	特点
B2B	不同企业与企业之间，通过互联网进行药品及服务的交换的平台模式，分为自营式和平台式。其中，自营式 B2B 具备产品和价格的优势，能够吸引更多终端客户，更能成为企业的主流选择。此外，政府主导的 B2B 是非盈利性的药品集中招标采购平台	交易次数少，交易金额大；交易对象广泛；交易过程复杂；交易操作规范
B2C	以网络零售业为主，主要借助互联网开展在线销售活动和服务的商业模式，分为自营式和平台式。互联网医药电商平台一般二者兼顾，既提升产品供应能力，又满足个人用户的多元需求	直接面向消费者；产品多样化；服务个性化；购物体验便捷；支付方式安全；竞争激烈；物流配送快速
O2O	消费者在线上下单零售，终端安排线下指导及药品配送的商业模式	每笔交易可跟踪，推广效果可查

（二）药品电商营销的特点

药品电商营销的特点如下。

（1）及时互动、双向沟通。

（2）传播范围广，不受时空限制。

（3）成本低、速度快。电商营销制作周期短，即使在较短的周期进行投放，也可以根据客户的需求很快完成制作。

（4）药品电商营销的投放更具有针对性。

（5）药品电商营销缩短了媒体投放的进程。广告主在传统媒体上进行市场推广一般要经过三个阶段：市场开发期、市场巩固期和市场维持期。互联网将这三个阶段合并在一次广告投放中实现：消费者看到网络营销，点击后获得详细信息，填写用户资料或直接参与广告主的市场活动，甚至直接在网上实施购买行为。

综上所述，电商营销是极具生命力的新兴的营销方式，它所具有的优势是现今任何一种营销形式所无法比拟的。电商营销带来了互动营销、快捷营销和更多机会的营销。

二、药品电商运营流程

一般来说，药品电商运营流程包括以下几个步骤。

（1）商品采购。电商平台通过各种渠道获取需要销售的药品，如从品牌厂商处直接采购、从第三方供应商处采购、从自有工厂生产等。

（2）商品上架。将采购到的商品上架到电商平台，包括添加商品信息、图片、售价等。

（3）营销推广。通过各种营销手段推广商品，吸引消费者的关注和购买。

（4）订单处理。处理来自消费者的订单，包括订单确认、付款、发货等。

（5）售后服务。为消费者提供售后服务，包括退款、换货、维修等。

（6）数据分析。对电商平台的运营数据进行分析，了解销售情况、消费者偏好等，根据分析结果进行调整，提升电商平台的运营效率。

（7）资金管理。对电商平台的资金进行管理，包括收入、支出、结算等。

（8）商品运输。负责将商品从仓库发往消费者所在地，可以使用各种运输方式，如快递、物流、机器人无人配送等。

电商运营流程是电商平台运营的核心流程，通过不断完善和优化运营流程，可以提升电商平台的运营效率和竞争力。

三、药品销售网页制作

（一）药品销售网页概述

网页是指通过互联网向全球提供信息的一些文档文件，包括个人信息、商业、娱乐等内容，如图6-3所示。

网页和网站有所不同。网页是在浏览互联网时看到的画面、文字、图片和动画等，它是利用超文本标记语言（Hyper Text Markup Language，HTML）编写的，存放在网络上的 Web（World wide Web，万维网）服务器中，供访问者使用浏览器来阅读。利用HTML 语言编写出来的网页又称为超文本，即网页中包含有文本、图形、声音、图像和超链接（Hyper Text）等多媒体信息。通常人们看到的网页，都是以".htm"或".html"后缀结尾的文件，称 HTML 文件。网站则是指存放在网络服务器上的完整信息的集合体，它包含一个或多个网页，这些网页以超链接方式链接在一起，形成一个整体，描述一组完整的信息。

图 6-3　药品销售网页

（二）医药销售网页制作工具

1. 记事本

用记事本创建网页的步骤如下。

（1）单击"开始"按钮，选择"程序"→"附件"→"记事本"命令，在"记事本"的窗口中输入 HTML 代码。

（2）输入代码结束后，选择"文件"菜单中的"保存"或"另存为"命令，则弹出图 6-4 所示的"另存为"对话框；在"文件名"文本框中输入 Web 页的名称（注意文件名必须以 .html 或 .htm 为扩展名）。如果需要，应在"保存在"列表框中定位到特定的目录；单击"保存"按钮，即创建了一个 Web 页，如图 6-5 所示。

（3）打开文件夹，单击，进行测试，HTML 的网页就完成了，如图 6-6 所示。

完成网页的制作后，就可以在网页中根据促销药品的需要进行网页设计。如图 6-7 所示为某学生的药品在线商城网页设计图。

图 6-4 "另存为"对话框

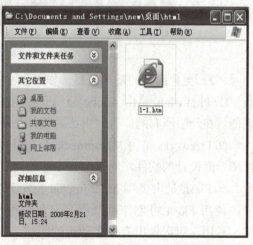

图 6-5 单击"ie"图标，进行测试

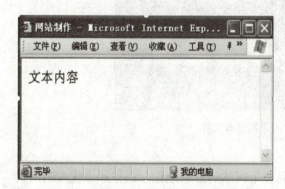

图 6-6 运行效果

图 6-7 药品在线商城网页

2. 网页编辑器

（1）FrontPage 或者 Dreamweaver 工具。FrontPage 和 Dreamweaver（图 6-8）是网页编辑工具。企业可以根据自己销售药品的需要，进行网页编辑。

图 6-8　Dreamweaver 软件

（2）美化网页的基本工具，如图 6-9 所示。

① Photoshop 是由 Adobe 公司开发的图形处理软件，它功能完善、性能稳定、使用方便。在几乎所有的广告、出版、软件公司，Photoshop 都是首选的平面制作工具。

② Fireworks 是由 Macromedia 公司开发的图形处理工具。它是第一套专门为制作网页图形而设计的软件，同时也是专业的网页图形设计及制作的解决方案。

③ Flash 是由美国 Macromedia 公司开发。Flash 是交互式矢量图和 Web 动画的标准。使用 Flash 可创作出既漂亮又可改变尺寸的导航界面，以及其他奇特的效果。易学、易用，可以做出有很多动画的网站。医药企业可以在各种销售策略的基础上做一些动态网页吸引消费者的注意。

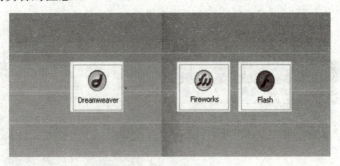

图 6-9　美化网页的基本工具

3. 网页的基本构成元素

一个构思奇妙、制作精美的网页会提高整个网站的形象地位。制作一个优秀的网页不仅要有艺术的修养，懂得必要的网络语言，还要对图形图像、音频、视频制作，传输技术等有相当理解。

（1）文字（标题、字号、字型……）。文字是网页发布信息所用的主要形式。在网页中可以通过字体、颜色、底纹、边框等设置文本的属性。图 6-10 为某医疗电商网页设计的首页文字。

图 6-10 某医疗电商网页设计的首页文字

（2）图形。图形（网页上经常使用的图片格式：Jpg、Gif……），可以使用 Photoshop、Firework 等图像处理工具制作完成。

（3）交互功能。交互功能（菜单按钮、链接、表单、数据交换……），帮助浏览者在 Web 内导航，如图 6-11 所示。

图 6-11 某医药企业交互功能

（4）多媒体元素。多媒体元素、包括声音、动画、视频片段、背景音乐等。例如，动画可以使用 flash 等工具制作完成。

4. 医药销售网页制作步骤

（1）网页的选题。在制作网页之前，首先要确定网页的内容。网页的设计内容切勿过广，这样虽然内容比较丰富，但往往涉及各个方面的内容会比较肤浅。对于医药企业设计的网页是对医药进行销售及介绍。

（2）网页的组织结构。总体结构的确立至关重要，它是网站设计能否成功的关键所在。一般网页的组织结构采用树形结构。对于网页的整体布局要有一个大概的了解，比如关于医药的介绍、账户的注册和登录等。

（3）资料的收集与整理。在对未来的网页有了一个初步的构思后，还需要丰富的内容。网页的基本组成元素有三个：文字内容、图片和超级链接。而互联网的最迷人之处在于它信息的极大丰富，如果网页只有漂亮的外观而实质内容很少，那么就不会有

多少人在网页中停留。对于网页中涉及的图片可以是网上下载，或是使用 Photoshop 制作。要注意的一点是，网站的内容必需合法。

（4）选择网页的设计方法。设计网站的方法有很多，可以使用 HTML 语言来编辑，也可以使用网页制作工具（如 FrontPage）来设计网站。

5. 设计网页要注意的问题

（1）网页的标题要简洁，明确。

（2）文本要使用水平线，以分割不同部分。

（3）对重点段落要强调显示。

（4）网页中插入的图片要尽量小。

（5）图形要附加文字说明，以便关闭图像时查看。

（6）网页中引用的资料及商标不能侵犯版权。

四、互联网营销策略

药品销售网页的制作，是为了吸引潜在客户的注意。为了更好地营销，常使用一些互联网营销策略。

（一）药品网络营销策略组合的基本原则

1. 整合原则

药品网络营销是以互联网为工具的系统化的企业营销活动。企业在网络营销策略组合方面既要考虑企业内部资源，又要分析市场需求环境，要通过产品、价格、渠道、促销和品牌等各个营销要素的整合，实现系统整体优化。

2. 创新原则

药品网络营销必须深入研究顾客的实际需求和竞争者的策略，通过网络营销的创新，形成区别于竞争者的差异化策略，为顾客提供特色鲜明的医药产品与服务，满足顾客个性化需求，提高顾客购买的效用和价值。

3. 简单原则

药品网络营销是一系列具体的、明确的、直接的、相互联系的操作指令，是一套操作性强的实施路径和方法，必须简单易行，操作方便。

4. 双赢原则

在药品网络营销中，企业要通过网络营销策略组合，优化企业经营资源的配置状态和利用效率，为顾客购买最大限度地节约成本，为企业提高收益。医药产品具有特殊性，成功的药品网络营销策略组合必须把经济效益和社会效益结合起来，实现企业和顾客的双赢。

【案例分析】药网与九州通达成深度战略合作

（二）医药网络营销策略

医药网络营销策略包括产品策略、价格策略、渠道策略、促销策略和品牌策略。

1. 产品策略

产品是医药网络营销的关键要素。由于受到处方药网络销售和医疗保险费用网上支付两方面的影响，医药网络营销的产品目前主要集中在非处方药、医疗器械、保健品、隐形眼镜等品类。

（1）质量策略。质量和疗效是医药产品的核心内容，也是医药产品的支柱。医药网络营销必须确保产品质量安全、有效、稳定，让产品质量成为医药网络营销的核心竞争力。

（2）差异化策略。网上购买的主要群体是年轻人，他们的消费更倾向个性化。差异化的产品更加符合年轻人的消费需求和消费习惯。同时，差异化的医药产品有利于形成独特的价值卖点，能够吸引更多的消费者购买。

（3）包装策略。包装是医药产品的重要部分，体现产品的外在质量，是消费者购买的重要依据。良好的包装有美化产品、促进销售、刺激消费等作用。

2. 价格策略

（1）高价策略。高价策略是针对差异化的医药产品进行定价，主要适用于知名产品、稀有或独家产品、药品及保健品等。

（2）竞争定价策略。竞争定价策略针对主要竞争对手的价格水平，制定具有竞争优势的价格，主要适用于普通产品、常用产品、众多厂家都能生产的产品等。

（3）特殊价格策略。特殊定价是在药品网络营销中，企业在特定的时间可以制订特定的价格来吸引顾客。如在"爱眼日""爱耳日""爱牙日""双十一"等特殊时间节点，配合一定的主题健康宣教的同时，对相应的专科用医药产品制订临时的优惠价格等。

3. 渠道策略

（1）会员渠道。会员渠道是医药网络营销一个重要渠道，主要适合医药网络零售形式。

（2）分销渠道。药品网络分销渠道的建设必须适应具体营销模式和医药产品的特点。由于药品产品关系公众健康，受政府监管部门的严格管控，医药网络营销渠道的物流配送环节必须符合《药品经营质量管理规范附录6：药品零售配送质量管理》要求。

（3）线上线下协同渠道。线上线下协同渠道在医药网络营销渠道中应用最为广泛。这种渠道策略是指零售连锁药店建立的网络营销平台，通过网上销售医药产品、支付货款和完成交易，通过线下的实体药店把产品配送给消费者，或由消费者自取。这种线上线下资源的整合提升了消费者的购买体验，提高了药店的销售规模和经济效益。

4. 促销策略

（1）促销策略。促销策略就是企业吸引顾客访问网站，让顾客浏览医药产品网页，做出购买决策，进而实现产品销售。

（2）推销策略。推销策略就是企业主动向顾客提供产品信息，让顾客认识、了解企业的产品，促进顾客购买产品。

（3）链销策略。互动的信息交流可以强化企业与顾客的关系，增加顾客的满意度，这是企业开展网络链销的基础和前提。感到满意的顾客成为企业的种子顾客，会以自己的消费体验为企业做宣传，向其他顾客推荐企业的产品，从而形成口碑效益，最终形成顾客链，实现链销。

5. 品牌策略

（1）重视品牌。品牌是质量、信誉和文化的集合体，也是一种无形资产，其价值源于消费者对企业或者产品内在的认可。例如，哈药集团有限公司的"哈药"品牌。因此，医药网络营销企业要高度重视品牌建设，形成强大的品牌效应。

（2）建立品牌。网络品牌是企业品牌在互联网上的延伸。医药网络营销企业要在激烈的市场竞争中立于不败之地，就必须建立自己的网络品牌。网络品牌包括企业的域名、网站、电子邮箱等。

五、药师为顾客提供互联网服务的内容和主要形式

（一）互联网药学服务的内容

互联网药学服务是互联网医疗的一部分，是互联网技术在药学服务领域中的应用，包括以互联网为载体和技术手段开展处方审核、用药交代、用药咨询、用药教育、药物重整、药物治疗管理、药品安全性监测、药学科普等药学专业技术服务。药师可以借助互联网平台及各类网络终端，利用文字、图片、音频、视频等多种方式，向患者、患者家属及公众等提供以下药学服务。

1. 处方审核

药师可以通过互联网对来自互联网医院、处方流转平台的电子处方及患者上传的电子、纸质处方进行规范性和适宜性审核。审核处方时，应确认处方来源的合法性，不能确认处方来源合法时，不得进入下一步审核流程。对处方适宜性进行审核时，应收集并复核患者的相关信息，如疾病情况、过敏史、检验检查结果、现用药情况等。

针对线上续方的场景，应对患者情况、处方时效性、处方真实性进行核查，若患者病情发生变化或用药时间过长，需要重新评估确认，应要求患者联系医生重新开具处方。若患者病情发生变化或续方超过 12 周，应要求患者联系医生重新开具处方。处方存在不规范、用药不适宜问题时，应与处方医生联系，或与患者说明情况，请患者与处方医生联系确认。

处方审核可采用人工在线审核，或信息系统辅助人工审核模式，即经信息系统助审核、药师人工在线复核的方式进行。互联网药学服务运营方应提供处方审核所需的软硬件条件和工作环境，如计算机、移动终端、符合规范要求的电子处方系统、药学信息软件、必要的参考资料等。

2. 用药交代

药师通过互联网向患者进行用药交代，应按照处方或医嘱进行。通过互联网调剂

的药品，应同时附有通俗易懂的书面用药指导单，应标明患者姓名与药品名称、规格、用法用量、储存方法、使用注意事项等内容。用药交代内容也可采取向患者直接发送文字、图片、音频、视频或二维码等方式提供。向患者提供的用药交代内容应有记录，并完整留存。

3. 用药咨询

药师利用互联网技术及工具，通过文字、图片、音频、视频等形式，对患者、患者家属、医务人员及公众提出的用药相关问题进行解答。咨询结束时，药师应询问咨询者是否还有疑问，确认咨询者能清楚并正确理解回复内容，必要时应提供电子资料。如所咨询问题涉及其他专科性内容时，应转交给相应专科药师或指导患者重新咨询。

药师应如实记录用药咨询相关内容，至少包括：咨询者姓名、年龄、性别、联系方式，咨询问题与回复内容，与咨询问题相关的患者疾病与用药情况、患者生活习惯等。用药咨询全过程应留存文字、图片、音频、视频等记录。

4. 用药教育

用药教育是指药师对患者提供合理用药指导、普及合理用药知识等药学服务的过程，以提高患者用药知识水平，增强用药依从性，降低用药错误发生率，保障医疗质量和医疗安全。

药师向患者提供用药教育可通过与患者直接互动，或者通过发送文字、图片、音频、视频等用药教育材料的方式进行。药师还可在软件系统的辅助下，为患者定制并发送个性化的用药提醒，进一步扩展用药教育的服务内容。

5. 药物重整

药物重整的服务对象为住院患者，重点面向以下患者：

（1）接受多系统、多专科同时治疗的慢性病患者，如慢性肾脏病、高血压、糖尿病、高脂血症、冠心病、脑卒中等患者；

（2）同时使用五种及以上药物的患者；

（3）医师提出有药物重整需求的患者。

在进行药物重整的过程中，药师应与患者或患者家属充分沟通，说明药物重整的目的及要求，全面了解其所患疾病、过敏史、药品不良反应史、检验检查结果、疾病的治疗过程、既往用药史、现用药品、用药疗程等。核对患者所用药品和使用方法是否与医嘱一致。药物重整后的实施方案应采用文字、图片、音频、视频等方式与患者进行沟通，必要时应出具书面说明。重整过程中如认为有必要调整原用药方案，应与处方医师沟通。

药物重整的过程和结果应记录于互联网药学服务管理系统中，并与患者或患者家属进行确认。

6. 药物治疗管理

药物治疗管理是指药师通过互联网对患者药物治疗的全过程进行针对性、连续性管理。与患者一起管理药物治疗方案，可增强用药依从性，提升患者自我用药管理能力。

药物治疗管理的流程包括：收集患者疾病与用药信息、评估和确认患者是否存在药物治疗问题、与患者一起确定治疗目标并制订干预措施、执行计划、跟踪随访。药物治疗管理的过程应有记录。

药师可通过开设互联网药学门诊，或者相应的药物治疗管理患者群的方式，对患者进行药物治疗管理服务。通过互联网开设药学门诊应遵循线下药学门诊的规范要求。

7. 药学科普

药师通过互联网向公众提供用药科普信息时，应在突出科学性和专业性的同时，兼顾通俗性和实用性，发布的药学信息应真实、准确、客观，不得发布有争议性的内容，避免误导公众。药学科普信息可以通过文字、图片、音频及视频等形式发布，发布内容须经相关发布平台审核。

（二）开展药学服务的主要形式

1. 实时互动

通过专业机构认证的微信公众号、视频号、小程序、APP 或第三方服务平台等进行文字、音频、视频直接互动交流。

2. 图文回复

患者发送处方、病历资料、实验室检验结果、辅助检查报告等图片和文字，药师收到后在一定时间内进行回复。

以上两种形式可以同时使用、互为补充。

（三）不适合开展互联网药学服务的情况

以下情况不适合开展互联网药学服务。

（1）涉及特殊管理药品、终止妊娠药品等国家规定不允许通过互联网渠道销售的药品。

（2）针对危重症、急症、病情复杂的患者的服务。

（3）超出药师自身专业能力的药学服务需求。

（4）药师不得出于商业目的介绍或推荐药品。

六、线上销售报表的制作

企业在完成线上销售后，往往需要对所销售的药品进行统计分析，以帮助企业了解销售情况和趋势，从而制定更好的销售策略。因此药师要能完成药品线上销售报表，如图 6-12 所示。

线上销售报表的制作有以下几个步骤。

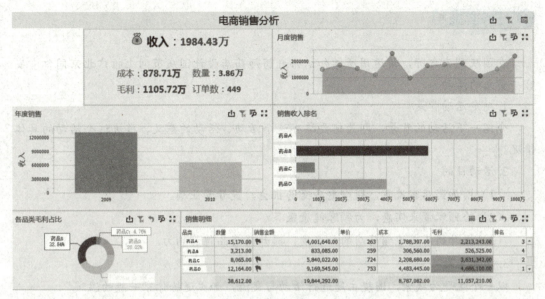

图 6-12 电商销售报表（图片来源于网络）

（一）收集销售数据

收集销售数据，包括销售额、利润等指标，可以在销售系统中获取。

（二）整理数据

将收集到的销售数据整理成表格形式，便于后续的分析和展示。可以使用 Excel 等工具进行数据整理。

（三）选择合适的图表类型

根据数据的特点和需要展示的内容，选择合适的图表类型。常见的图表类型包括折线图、柱状图、饼图等。

（四）设定图表样式

根据需要，设定图表的样式，包括颜色、字体、线条粗细等。可以使用 Excel 等工具进行设置。

（五）添加数据标签

在图表上添加数据标签，便于读者更加清晰地了解数据信息。

（六）导出图表

将制作好的图表导出为图片或 PDF 文件，便于在报告中使用。

以上是制作报表的基本步骤，需要注意数据的准确性和完整性，以便更好地进行分析和决策。同时，根据实际需要，可以添加更多的数据分析和展示内容，以便更好地了解销售情况和趋势。

任务实施

在国庆到来之际，请运用所学知识为好药师药店设计国庆节网上推广北京同仁堂安宫牛黄丸的活动。

1. 确定活动背景

介绍一下活动的背景，即为何要举办这个活动、活动的意义、举办这个活动的具体情况。

2. 活动目的

（1）增加药店客流量，获取更多交易机会，提升营业额。

（2）给顾客带来实惠，为顾客健康服务。

（3）提升药店或连锁药店的知名度，提升药店品牌影响力。

3. 活动主题

以一个主题为线索，围绕主题进行活动与交流，如"送给你家一般的温暖"。

4. 活动时间

明确活动时间，在规定时间内活动真实有效，吸引顾客。

5. 活动价格策略

（1）高价策略。例如，北京同仁堂产品质量上乘，物有所值；准确掌握产品价格定位，消费者愿意支付较高的价格；北京同仁堂产品有品牌效应，能满足消费者的心理需求。

（2）竞争定价策略。如果这类医药产品缺乏特色、市场竞争激烈，价格往往是其主要竞争手段，企业要利用网络营销的优势，压缩药品的中间流通环节，节省费用，降低成本，以低于竞争者的定价吸引消费者购买。北京同仁堂安宫牛黄丸相比于梧州中恒生产的牛黄丸，虽然价格更贵，但是老品牌、口碑好、质量上乘等优点，更受消费者青睐。

（3）特殊价格策略。在药品网络营销中，企业在特定的时间可以制订特定的价格来吸引顾客。如在"爱眼日""爱耳日""爱牙日""国庆节"等特殊时间节点，配合一定的主题健康宣教的同时，对相应的专科用医药产品制订临时性优惠价格等。

6. 活动宣传

微信朋友圈、微博药店会员转发优惠活动、药品网络广告、问答平台、线上线下推广等。

7. 活动注意事项

（1）切勿堆叠关键词，使用户体验差。

（2）网站实施时盲目追求流量和排名。虽然流量和排名是企业实现展示和价值的有用途径，但获得流量的成本已经大幅提高。网站排名稍低也能带来好处。

（3）网站上的图片太多，特别是大图片太多。一些传统的企业网站充满大量图片，这会导致用户打开网站需求时间长，导致用户体会感欠佳。

8. 撰写推广方案

撰写推广方案内容包括：活动背景、活动目的、活动主题、活动时间、活动方式、活动内容、活动宣传、活动注意事项。

任务评价

任务评价内容包括：基本知识和技能、准备工作、分析能力、表达能力、合作能力等，具体内容，如表6-13所示。

表6-13 任务实施评价表

考核项目	考核标准	分值	得分
活动背景	背景合理，定位明确	10	
活动目的	目的明确	20	
应对策略	制定的相应策略准确、有针对性	20	
撰写推广方案报告	撰写推广方案报告	20	
PPT陈述	PPT制作清晰有条理，语言表达流畅	10	
团结协作	组内成员分工合理、团结协作	20	
合计		100	

知识巩固

【案例分析】

广州首家"互联网＋"药店

广州首家医药电商康爱多O2O体验店于2015年5月30日在白云区云景路开业。该店以"互联网"为主导理念，构建以用户服务为基本、提升用户体验为核心的O2O模式。康爱多O2O旗舰店面积400平方米左右，设置品种规格过万，门店更为现代化、年轻化、互联网化、智能化。

从模式上看，康爱多O2O体验药房的优势在于集"低价＋体验＋服务"三者于一身。首先，门店无线网络（Wi-Fi）全覆盖、开辟体验区、提供免费煎药服务、提供服药休息区、开通互联网支付，为顾客提供技术体验和购物便利。在体验区，门店配备互联网设备，安排销售人员引导顾客了解、熟悉、体验和下载APP。在服务方面，门店不仅提供线下快速配送服务，还针对不同疾病和不同人群设置了六大专业药师服务团队，为顾客提供健康咨询和用药指导。门店还开通了网络医院，顾客可通过远程网络接受诊疗服务。

该店以O2O体系为基础，一方面将自身线上、线下业务全线打通，形成闭环；另一方面，打造连接药厂、医生和患者的新模式，承接处方药品市场份额，同时完善慢性病会员管理服务。截至目前，康爱多运用移动互联网，连接患者端、专业医务人员、上游药企的沟通平台已经完成搭建，他们希望通过互联网元素与患者互动。

业内专家认为，药品作为特殊商品，对于顾客而言，O2O最核心的价值点在于提升专业服务。医药O2O尽管模式各有差异，但其最终导向均以低价优惠及线上下单、线下送货为主。如何以用户为核心、最大化提升并发挥药房专业价值是药店未来竞争获胜的关键。

要求：

1. 请分析康爱多O2O体验药房的核心竞争力。

2. 请问康爱多O2O体验药房运用了哪些网络营销策略？

任务五　药品渠道营销

🔹 任务导入 ●

甲药厂是生产羚羊感冒胶囊的企业。羚羊感冒胶囊的规格为0.1g×12粒/盒，600盒/件，服用后无特殊服务的要求，价格适中，有效期三年，运输中不易损坏、流失或腐烂变质，而且该药品处于成熟期。市场形势比较乐观，整个经济形势景气，目标市场的顾客数量较多但地点分散，且购买批量小、频数高。企业的资本实力一般，计划提高企业技术开发与生产能力，增强企业核心竞争力，所以较多考虑增强和发展与批发商、零售商的合作关系，而相应减少流通领域的投入。

请为甲药厂制定一个渠道设计方案，并说明理由。

🔹 任务目标 ●

1. 了解药品分销渠道、选择渠道成员、串货的类型与成因。

2. 能详述药品分销渠道制定的关键步骤和流程，能正确认识到药品分销渠道策略的内涵及其特征。

3. 能够根据渠道类型和优缺点、渠道开发目标等制订适合产品的销售渠道设计方案，培养学生综合分析问题的能力。

4. 掌握渠道成员的选择标准、渠道冲突管理的措施，能够根据企业的渠道目标开发新的渠道成员。

5. 树立正确的市场营销道德观念，避免串货等渠道冲突问题。

6. 培养合作共赢、互惠互利的观念。

知识准备

一、分销渠道的概述

药品分销渠道指药品在从生产者向消费者转移过程中，取得药品的所有权或帮助所有权转移的企业和个人。分销渠道包括取得所有权的中间商和帮助转移所有权的代理中间商，以及处于渠道起点和终点的生产者和消费者。但是不包括供应商、辅助商。

分销渠道的特点有：能为公司带来更持久的优势；起点是生产者，终点是消费者；引发转移商品所有权行为；中间商的介入是必不可少的。

二、分销渠道的类型

（一）按商品在流通过程中经过的流通环节划分

按商品在流通过程中经过的流通环节，分销渠道可以划分为：直接渠道和间接渠道。

1. 直接渠道

直接渠道指药品不经任何中间环节，没有中间商参与，药品由生产企业直接销售给用户的渠道类型，也称"零级渠道（零渠道）"。直接渠道是原料药销售的主要方式。

直销与传销的区别

2. 间接渠道

间接渠道是指药品从生产企业经由一个或多个商业环节销售给消费者的渠道类型。间接渠道是药品市场上占主导地位的渠道类型，包括一级渠道、二级渠道和三级渠道。

（1）一级渠道仅有一个中间商的渠道。这个中间商通常是零售商。

（2）二级渠道包括两个中间环节的渠道。这两个环节通常是批发商和零售商。

（3）三级渠道包含三个中间环节的渠道。除批发商和零售商外，中间环节应再加一个代理商或一个更大的批发商。

（二）按渠道模式划分

按渠道模式，分销渠道可分为：传统渠道、整合分销渠道和网络销售系统。

1. 传统渠道

传统分销渠道是指由独立制造商、批发商和零售商组成的，各自追求自己的利润最大化的一种松散的渠道模式。

2. 整合分销渠道

整合分销渠道主要包括垂直渠道系统、水平渠道系统和多渠道系统三种形式。

（1）垂直分销渠道是由生产企业、批发商和零售商形成的统一体，三方协商行动，对渠道的影响取决于实力。实力强的一方拥有或者给予其他各方以特许权，或者领导营销系统的合作。根据整合方式的不同，垂直渠道系统可以分为公司式垂直渠道系统、契约式垂直渠道系统和管理式垂直渠道系统三种形式。

（2）水平渠道系统是同一层次的两家或两家以上相互独立的企业，通过不同方式联合起来创造新的营销机会的渠道系统。

（3）多渠道系统是指企业通过两条或两条以上的渠道，将相同的药品销售给同一个或不同的目标市场。

3. 网络销售系统

网络销售系统是一种新兴的销售渠道系统，也是对传统商业销售运作的一次革命。企业通过国际互联网络，发布商品及服务信息，接受用户的网上订单，然后配送或由用户自行取货。

分销渠道还可以按照中间环节（层次）的多少分为长渠道和短渠道；按照每一渠道层次中间商的多少分为宽渠道和窄渠道。

三、分销渠道的设计

（一）分销渠道设计目标

营销渠道设计的目标（表6-14）实际上是渠道设计者对渠道功能的预期，体现渠道设计者的战略意图。制定目标是营销渠道管理的首要环节，它是在全面分析环境变化和正确评估企业实力与条件的基础上，对营销渠道功能与效果应达到的水平提出的要求。目标对营销渠道来说，既是发展方向的规定，也是投入力量的要求。

表6-14　营销渠道设计目标

目标	操作说明
顺畅	最基本的功能，以短渠道较为适宜
便利	应最大限度地贴近消费者，广泛布点，灵活经营
增大流量	追求铺货率，广泛布局，多路并进
开拓市场	一般较多地倚重经销商，市场成熟后开拓自己的网络
提高市场占有率	渠道保养至关重要
扩大品牌知名度	争取和维护客户对品牌的信任度与忠诚度
经济性	渠道的建设成本、维系成本、替代成本及收益
市场覆盖率	多家分销和密集分销
控制渠道	以管理、资金、经验、品牌或所有权来控制渠道

对于任何一家企业来说，营销渠道设计的目标都应为：确保设计的渠道结构能达到适合市场定位的市场覆盖率，确保生产商对渠道有一定程度的控制，并具有一定的灵活性，便于调整和更换，实现企业的分销目标，从而更好地实现企业利润等营销目标。

（二）分销渠道模式

企业分销渠道设计要决定分销渠道的类型，推销人员上门推销、以其他方式自销，或是通过中间商分销。如果决定中间商分销，还要进一步决定选用中间商的类型和规模。

（三）分销渠道结构

1. 渠道结构三个方面的内容

（1）渠道长度：需要确定分销商级数，各影响因素与渠道长度的关系，渠道控制与资源运用的关系。在消费者市场，企业面对的最终顾客是家庭和个人，即是最终消费者。一般策划有以下几种长度不同的销售渠道可供选择：生产者→消费者；生产者→零售商→消费者；生产者→批发商→零售商→消费者；生产者→代理商→零售商→消费者；生产者→代理商→批发商→零售商→消费者。

（2）渠道宽度：需要确定同一级别的经销商数目、竞争情况，产品类别对渠道宽度的要求。销售渠道的宽度是指企业在同一层次上并列使用的中间商的多少，分宽渠道和窄渠道。宽渠道是指企业使用的同类中间商很多，分销面很广；窄渠道是指企业使用同类的中间商很少，分销面窄，甚至一个地区只由一家中间商经销。

（3）渠道多重性：需要根据公司实力、现有资源及竞争者影响力确定是否采用多重渠道。

2. 确定渠道长度

（1）市场因素与渠道长度关系，如表 6-15 所示。

表 6-15 市场因素与渠道长度关系

影响因素	宜用短渠道	宜用长渠道
目标市场范围	窄	广
顾客的集中程度	集中	分散
顾客的购买量及频率	量大，频率低	量小，频率高
消费的季节性	有季节性	无季节性

（2）药品因素与渠道长度关系，如表 6-16 所示。

表 6-16　药品因素与渠道长度关系

影响因素	宜用短渠道	宜用长渠道
药品性质	体积大、较重、易腐烂、易损耗的药品	体积小、较轻、易保存、损耗小的药品
药品价格	高	低
药品的通用性	销量小、使用面积窄	销量大、使用面积广
药品所处的生命周期阶段	处于投入期的药品	处于成长期或成熟期的药品
药品利润	低	高

（3）企业自身因素与渠道关系，如表 6-17 所示。

表 6-17　企业因素与渠道关系

影响因素	宜用短渠道	宜用长渠道
规模	大	小
财务及融资能力	财力雄厚	财力薄弱
渠道的管理能力	较强	较低
控制渠道的愿望	强烈	不强烈
营销人员的数量与素质	高	低
对市场的了解程度	低	高
仓储及配送能力	强	弱

（4）中间商因素与渠道关系，如表 6-18 所示。

表 6-18　中间商与渠道关系

影响因素	宜用短渠道	宜用长渠道
合作的可能性	不愿意合作	愿意合作
成本	高	低
提供服务的质量	低	高

（5）环境因素，主要指社会环境因素，包括经济形势与国家政策法规。

①经济形势：经济萧条、衰退时，企业往往采用短渠道；经济形势好，可以考虑长渠道。

②国家政策法规：如专卖政策、进出口规定、反垄断法、税法等。

3. 确定中间商的数目

确定中间商的数目即决定渠道的宽度。这主要取决于产品本身的特点、市场容量的大小和需求面的宽窄。通常有三种可供选择的形式。

（1）密集性分销。运用尽可能多的中间商分销，使渠道尽可能加宽。例如，消费品中的便利品（卷烟、火柴、肥皂等）、工业用品中的标准件、通用小工具等，适于采取这种分销形式，以提供购买上的更大便利程度。

（2）独家分销。在一定地区内只选定一家中间商经销或代理，实行独家经营。独家分销是极端的形式，是最窄的分销渠道，通常只对某些技术性强的耐用消费品或知名产品适用。独家分销对生产者的好处是，有利于控制中间商，提高他们的经营水平，也有利于加强产品形象，增加利润。但这种形式有一定风险，如果这一家中间商经营不善或发生意外情况，生产者就要承受损失。

采用独家分销形式时，通常产销双方议定，销方不得同时经营其他竞争性商品，产方也不得在同一地区另找其他中间商。

（3）选择性分销。即有条件地精选几家中间商进行经营。这种形式对所有各类产品都适用，有利于扩大销路、开拓市场、展开竞争；节省费用，较易于控制，不必分散太多的精力；有助于加强生产商和中间商的了解和联系，提高销售量。

（4）复合式分销。综合运用多种分销模式和渠道推广并销售产品或服务。这种分销策略有利于调动各方面的积极性。

（四）渠道成员选择

企业在找到一定数量的潜在合作伙伴以后，在确定具体合作者之前，先要对渠道成员进行评判，根据企业实现渠道目标和渠道策略的需要，综合考虑渠道成员的能力、可控性和适应性三个因素。

1. 渠道成员的能力标准

（1）销售能力。这是选择分销商最关键的标准，包括能取得所期望的市场份额；具有健全的销售机构，稳定、训练有素的销售队伍；拥有完善的销售网络和较强的市场开拓能力；市场覆盖范围足够广；有足够的销售费用；有良好的广告媒体环境。

【案例分析】
经销商选择的
重要性

（2）企业形象与声誉。在当地具有良好的企业形象和商业信誉，无不良商业行为记录，具有良好的合作伙伴。

（3）经营历史与经验。选择有经验的分销商能快速打开销路，能在行情的变动中掌握市场的主动权，并拥有一批忠实的顾客。因此，大部分生产企业愿意选择有经验的分销商。

【案例分析】
另辟蹊径，
打开销路

（4）合作意愿。对公司和产品有认同感，能自觉执行企业的营销策略，与公司保持一致；对公司和市场具有较高的责任心，能以积极认真的态度去开拓和运作当地市场。

（5）产品组合情况。从四个方面考虑渠道成员经销的系列产品：

产品质量、互补性产品、兼容性产品和竞争对手的产品。一般认为应该避免选用经营竞争产品的分销商。

（6）中间商的财务状况。调查渠道成员的信用及财务状况是一个必需环节。具有足够的资金实力，确保能按期付款。

（7）管理能力。整个企业销售管理是否规范、高效，关系着中间商营销的成败。这些都与生产企业的发展休戚相关，包括人员管理能力、资金管理能力、物流管理水平。

（8）综合服务能力。选择中间商要看其综合服务能力如何，如售后服务、技术指导、财务援助、仓储等。合适的中间商所能提供的综合服务项目与服务能力应与企业产品销售所需相一致。

2. 渠道成员的可控性标准

（1）控制内容。企业可以从哪些方面控制某一渠道成员。

（2）控制程度。企业在某一个方面控制某一渠道成员可以达到的程度。

（3）控制方式。企业可以用什么方法控制渠道成员。

3. 渠道成员的适应性标准

对渠道成员选择的适应性标准，主要分析、评价渠道成员对企业的营销渠道的适应能力，以及环境变化的应变能力。评估方法以定性评价为主，比如通过访谈，了解一个渠道成员的经营理念和发展思路，判断其融入企业原有营销渠道的难易程度；通过分析其发展历史，判断其危机处理能力和应变能力；通过实地考察，了解基础设施和人员素质，判断基础设施和人员素质与企业要求相适应的程度。目前，办公是否电子化，是判断渠道成员适应性的一个重要指标。

渠道成员的选择方法

（五）规定渠道成员彼此的权利和责任

在确定了渠道的长度和宽度之后，企业要规定出与中间商彼此之间的权利和责任，如对不同地区、不同类型的中间商和不同的购买量给予不同的价格折扣，提供质量保证和跌价保证，以促使中间商积极进货。

渠道成员的能力判断

还要规定交货和结算条件，以及规定彼此为对方提供哪些服务，如产方提供原料，代培技术人员，协助促销；销方提供市场信息和各种业务统计资料。在生产者与中间商签约时应包括以上内容。

四、分销渠道方案评估

分销渠道方案评估的实质是从似乎合理但又相互排斥的方案中选择最能满足企业长期目标的方案。因此，企业必须对各种可能的渠道方案进行评估。评估标准有三个，即经济性、控制性和适应性。

（一）经济性标准

经济性标准是最重要的标准，是企业营销的基本出发点。在分销渠道评估中，企业应将每个分销渠道方案可能达到的销售量与销售成本做静态效益或动态效益比较，以评价分销渠道决策的合理性。

（二）控制性标准

控制性标准是企业对分销渠道的控制能力的评估，包括对销售量、价格及销售范围等的控制能力。

（三）适应性标准

适应性主要是指企业要考虑分销渠道对未来环境变化的能动适应性，即考虑渠道的应变能力，主要评估地区适应性、时间适应性及中间商适应性。

五、药品渠道管理

对渠道的管理主要包括对中间商的培训、激励、评估和信用管理工作。企业只有加强对分销渠道的管理，才能保证渠道的运行按照事先预定的方式和轨迹进行，才能保证渠道设计的有效性，使得生产商和中间商都能获得应有的利润。

（一）渠道成员培训

渠道成员培训内容包括：企业形象宣传、产品知识培训、销售政策培训、营销理念培训等。

培训形式有内部培训和外部培训两种。内部培训包括企业销售人员拜访洽谈、集中演示、会议交流等；外部培训通常是由企业委托专业培训公司进行。

（二）渠道成员激励

渠道成员激励方式主要有直接激励和间接激励两种。

（1）直接激励。通过给予物质或金钱奖励来肯定经销商在销售量和市场规范操作方面的成绩。实践中，生产企业多采用返利的形式，但可能会产生串货、乱价等短期行为。

（2）间接激励。通过帮助渠道成员进行销售管理，以提高销售的效率和效果来激发渠道成员的积极性和销售热情的一种激励手段。渠道中的任何成员都需要激励，激励在管理学中被解释为一种精神力量和状态，可以起到激发和推动作用，引导行为指向目标。

不同激励政策的特点也不同，具体见表 6-19。

表 6-19　不同激励政策的特点

沟通激励	业务激励	扶持激励
1. 提供产品、技术动态信息； 2. 公关宴请； 3. 交流市场信息； 4. 经销商建议	1. 佣金总额动态管理； 2. 灵活确定佣金比； 3. 安排经销商会议； 4. 合作制定经营计划	1. 实施优惠促销； 2. 提供广告津贴； 3. 培训人员； 4. 融资支持

（三）评估渠道成员

定期评估渠道成员的绩效是渠道管理的重要任务之一，企业必须定期按一定标准衡量中间商的销售业绩。如果某一渠道成员的绩效过分低于既定标准，则须找出主要原因，同时，还应考虑可能的补救办法，必要时企业可更换渠道成员。

为了加强管理，生产者与中间商在代销合同中应涉及绩效标准与佣金比率的相关内容，如销售配额、市场覆盖率、平均存货水平、必须对顾客提供的服务内容等。渠道成员的评估可以从经济性、可控性和适应性上予以考虑。

（四）客户资信的风险控制方法

对渠道成员进行资信风险控制的方法有以下几点。

（1）监督和检查客户群。

（2）信用额度审核。

（3）控制发货。

（4）贸易暂停。

（5）巡访客户。

（6）置留所有权。

（7）坚持额外担保。

应停止发货的情况包括：付款迟缓，超过规定的限期；交易金额突破信用限额。

六、渠道冲突管理措施

渠道冲突是组成营销渠道的各组织间敌对或者不和谐的状态。当一个渠道成员的行为与其渠道合作者的期望相反时，便会产生渠道冲突。渠道冲突主要包括水平渠道冲突、垂直渠道冲突和多渠道冲突。

（一）渠道冲突的原因

1. 目标不一致

以某一药店的钙片为例，同时销售三种品牌。该药店的经营目标与三种品牌的钙片都无关。而对于药品生产企业，其特定品牌钙片的销售量和市场占有率决定其"生死存亡"，其品牌销售观与零售药店有着天壤之别。若药厂感到零售药店无视其品牌，零售药店的行为就会被药厂视为对其所定目标的阻碍，从而产生个体目标与渠道整体目标的差异，引起冲突。

2. 角色对立

角色是对某一岗位的成员的行为所做的一整套规定。应用于营销渠道中，任一渠道成员都要实现一系列其应该实现的任务。

3. 沟通困难

沟通困难指渠道成员间缓慢或不精确的信息传递。目前，退换货问题极易引起渠道成员间矛盾的出现。为了减少沟通困难，可通过信息网络实现信息共享。

4. 决策权分歧

决策权分歧指渠道成员对其应当控制特定领域交易与预期不符，发生在渠道成员对外在影响的范围不满意时。

5. 感知差异

以购买现场（Point-of-Purchase，POP）促销为例，采取这种方式的生产商认为 POP 是一种有效的促销方式，可以提高零售量；而零售商通常视现场宣传材料为一堆废物，占用了宝贵的空间。

华北制药分销渠道冲突

6. 资源稀缺

资源稀缺是指由于稀缺资源分配引起的冲突。

（二）渠道冲突管理的主要措施

1. 确立共同目标

确立达到系统最优的共同目标，使之成为渠道成员实现各自目标的桥梁，将有助于渠道冲突的解决。

对于垂直性冲突，一种有效的处理方法是在两个或两个以上的渠道层次中实行人员互换。比如，让厂商的一些销售主管去部分经销商处工作一段时间；一些经销商负责人可以在厂商制定有关经销商政策的领域内工作。经过互换人员，可以提供一个设身处地为对方考虑问题的位置，便于在确定共同目标的基础上处理一些冲突。

2. 加强渠道合作

渠道成员的共同目标和各自目标的实现取决于成员间的合作和联合努力。加强渠道合作有助于加强渠道成员间的理解和信任，消除差异感，要明确一点，代理即伙伴，整个渠道竭诚合作，构成利益共同体。

3. 加强信息沟通

加强渠道成员之间信息传递的及时性和准确性，有助于消除渠道内部的误解和冲突，有利于渠道合作。

4. 决策权的明晰

明确各渠道成员的角色、功能、区域、经营决策权和网络划分，并达成一致，有助于渠道冲突的减少和渠道管理。

5. 规范销售行为

规范销售行为是解决渠道冲突的关键，很多渠道成员之间的竞争和冲突都是由于违规行为引起的。在规范过程中，公司起主导作用，对违规经销商要严格处理，才能达到规范市场的目的。

（三）串货的成因

恶性串货是指经销商为了获取非正常利润，蓄意向其指定区域之外的市场销售产品，对其他区域经销商的销售和网络造成严重影响，从而导致激烈的渠道冲突。通常以低于药厂规定的出价向其他区域销货。串货的具体原因如下。

（1）公司向经销商施加的任务过重，使其难以在本区域内完成。

（2）为取得高额奖励或返利，经销商一味追求销量。

（3）不同市场上存在价差，且价差足以弥补运输成本。

（4）公司对市场控制乏力，受害区域经销商施以报复性冲货。

（5）经销商以融资为目的，通过快速上量进行套现。

（6）经销商处理库存积压产品。

（7）不同区域渠道发展的不平衡。

（四）治理串货的有效对策

（1）用制度制止串货，并实现激励与市场行为挂钩。

（2）合理规划区域市场和目标销量，减少网络的交叉或重叠。

（3）完善价格体系，从政策制定到政策执行尽量避免产生价差。

（4）完善物流管理，提高物流识别能力。

（5）加大监控和处罚力度，厂方业务代表应对串货负连带责任。

（6）公司做到一定规模，可构建自己主导的销售网络，直接控制区到终端。

七、评估并调整渠道管理方案

（一）评估渠道效率

渠道效率就是渠道活动的投入——产出比。与渠道目标相对应，渠道效率也有可量化和不可量化两种。可量化渠道效率由经济利益指标测量，如销售额、利润额、市场占有率、市场覆盖范围等；不可量化渠道效率则可以通过一些主观判断或认知来测量，如目标顾客与渠道成员的满意度、渠道发展、渠道合作、渠道氛围等。

对渠道效率的评估，就是将上述渠道效率的可量化指标及不可量化指标，与企业的表现和竞争者的表现相比；还应与企业的渠道任务相比，由此找出企业渠道的差距和问题，为渠道和渠道策略的调整提供依据。

（二）调整或重建渠道

渠道管理过程的最后一步，是在必要时对渠道及渠道策略做出调整。渠道和渠道策略的调整可以是局部的，只调整和改良某个或某些环节；也可以是全面的，对企业的整个渠道或渠道策略开展重建。例如，调整渠道构造、调整渠道政策、调整渠道关系、调整局部市场区域的渠道及更新整个渠道网络。

渠道和渠道策略的调整，既是渠道管理过程的最后一步，也是新一轮渠道管理活动的开始。一方面要以渠道效率评估为依据；另一方面也需要向新一轮渠道的调查与分析提供信息，形成新的渠道目标和渠道策略。企业的分销渠道管理由此循环往复，不断地开展下去。

课堂活动

为贯彻党中央、国务院关于药品监管"四个最严"要求及一系列决策部署，细化、具体化《药品管理法》关于药品网络销售的规定，统筹群众购药便利性和药品安全监管，切实保障公众用药安全和合法权益，市场监管总局、药监局在深入研究、充分论证的基础上，制定了《药品网络销售监督管理办法》，并自2022年12月1日起施行。《药品网络销售监督管理办法》共六章42条，明确了药品网络销售监管部门职责、药品网络销售主体责任、网售处方药实行实名制、没处方不得展示处方说明书等信息、第三方平台将被停止服务的五种违法行为及七类药品不得网售等内容。

思考：请查找中国药品营销渠道管理相关案例，深刻体会国家对于药品销售监管的高度重视。

任务实施

制订一个渠道设计方案的操作流程包括分析客户需要、确定渠道设计目标、评估影响因素、确定分销渠道方案及评估渠道选择方案。

1. 分析客户需要

对目标客户进行调查，收集各类渠道信息。通过对这些信息进行分析处理，确定目标客户对购买地点、购买便利性、购买价格、产品附加服务的要求等。请写出需要收集的信息内容，分析目标顾客的特点及需求。

2. 确定渠道设计目标

请结合企业的实力及市场形势，在考虑市场需求以及产品、中间商、竞争者、企业政策和环境等其他影响渠道因素的基础上，确定该企业设计营销渠道所要达到的目标。渠道目标包括渠道对目标市场的满足内容、水平，以及中间商与企业应该执行的职能，为企业分销产品到达目标市场提供最佳途径。

3.评估影响因素

重点分析市场、产品、企业本身及中间商这四个方面的影响因素，列出其基本情况。

4.确定分销渠道方案

请结合营销渠道目标及分销渠道设计的影响因素，开展备选渠道方案的设计。

（1）确定分销渠道的长度和分销商的级次。

请结合分销渠道目标及分销渠道设计的影响因素等综合分析，确定分销渠道的类型是直接渠道还是间接渠道，是长渠道还是短渠道。如果是长渠道还应明确分几级分销。

（2）确定分销渠道的宽度。

请结合产品本身的特点、市场容量的大小和需求面的宽窄等，确定中间商的数目和种类。评估中间商的选择合理性，包括中间商的服务对象、地理位置、经营范围、销售能力、服务水平、储存能力、运输能力、财务状况、信誉及管理水平、合作诚意等。

（3）确定渠道的多重性。

请结合企业的实力及市场竞争情况，确定是否采取多重渠道策略。

（4）确定渠道结构的基本框架。

确定了渠道长度、宽度及多重性后，根据调查访谈所获取的相关企业的渠道信息以及与本公司主要管理人员的讨论后，确定采取的分销渠道模式，搭建渠道结构的基本框架。

（5）确定渠道成员选择。

请结合渠道成员选择标准及渠道目标等，进行渠道成员的选择。

（6）确定渠道成员的权利和责任。

在确定了渠道的长度和宽度及渠道成员之后，企业还要确定与中间商彼此之间的权利和责任。生产者与中间商应当在价格策略、销售条件、区域权利和各自执行的具体义务方面协商一致，并签订相应协议。如对不同地区、不同类型的中间商和不同的购买量给予不同的价格折扣，提供质量保证和跌价保证，以促使中间商积极进货。还要规定交货和结算条件，以及规定彼此为对方提供哪些服务，如产方提供零原料，代培技术人员，协助促销；销方提供市场信息和各种业务统计资料。

5.评估渠道选择方案

请从经济性、控制性和适应性三个方面对各种分销渠道进行评估、分析、比较，从各方案中遴选最优的、最有利于实现企业长远目标的分销渠道。

任务评价

药品分销渠道设计方案评价，如表6-20所示。

表 6-20　药品分销渠道设计方案评价表

项目	评分要求	分值	得分	备注
分析客户需要	分析原有资料的准确性	10		
确定渠道目标	渠道设计目标合理、可行、具体	10		
评估影响因素	影响因素列举合理	5		
确定分销渠道选择方案	渠道长度和分销商级次合理、明确	5		
	中间商的数目和种类合理、明确	5		
	渠道结构的基本框架清晰	5		
	选择渠道成员的要求条款合理	10		
	规定渠道成员的权利和责任协议	10		
评估渠道选择方案	渠道选择方案符合经济性、可控性和适应性	15		
渠道方案格式	反映情况是否真实、完整、客观	10		
	方案是否条理清晰	5		
	得出结论是否明确	5		
	文档格式是否正确（有标题、报告者签名、日期）	5		
总分		100		

📍 **知识巩固**

【案例分析】

河北长天药业大刀阔斧进行分销渠道改革，主要有以下措施：

1. 建立分销渠道团队

对于处方药部，办事处由分销渠道专职人员接替渠道管理；对于
OTC 部，增加分销渠道管理人员，加强 OTC 一级商促销推广活动的计
划性管理和进销存管理，对二级商进行一级商、二级商、企业的三方协议管理，建立分
销渠道网络基本框架。

【典型案例】
王老吉分销渠道管理

2. 分销渠道网络的建设

对于处方药，分销渠道继续建设调整，将小渠道商负责的销售逐渐归并整合到信用
好、管理好、市场开拓能力强的分销商。目标为省、直辖市市场一级分销商三个，地市
级经销商不超过 15 个，全国经销商一共不超过 300 家；对于 OTC 产品，一方面建设好

一级商、二级商的网络体系，完善合作协议和约束机制；另一方面通过相对成熟市场的终端宣传先行拉动市场需求或早期低价渗透进入等手段，增强终端促销能力，建设终端拉动策略的营销模式，实现网络分销与终端促销的双轮驱动。

3. 分销管理控制体系的建立

（1）分销渠道内控团队的组织。一方面在营销中心销管部设立资信专员，专门负责分销商客户资信的设定与发货申请的审核。另一方面成立清欠部，从分销渠道商务人员中抽调人员，对应收账款进入呆滞状态的分销商，或9个月以来未再次发生业务的分销商，进行清欠，对于风险已经显著的分销商直接进行法律清欠。

（2）分销内控指标和日常监控报表的设定。为了减轻内控负担，真正将控制效率提高和实现日常化监管，长天药业决定确定几个分销渠道的评估指标以便进行常规评估，包括应收周转天数、平均回款天数、TOP20分销商进销存月报、账龄分析月报、产品库存日报表（销售旺季）。同时，为满足各销售单元对销售进度和成本控制的需要，内部确定了销售贡献分析表，并以办事处为单位进行排队评比。

从以上措施来看，长天药业的分销渠道变革后的优缺点有哪些？并提出下一步的建议。

知识结构

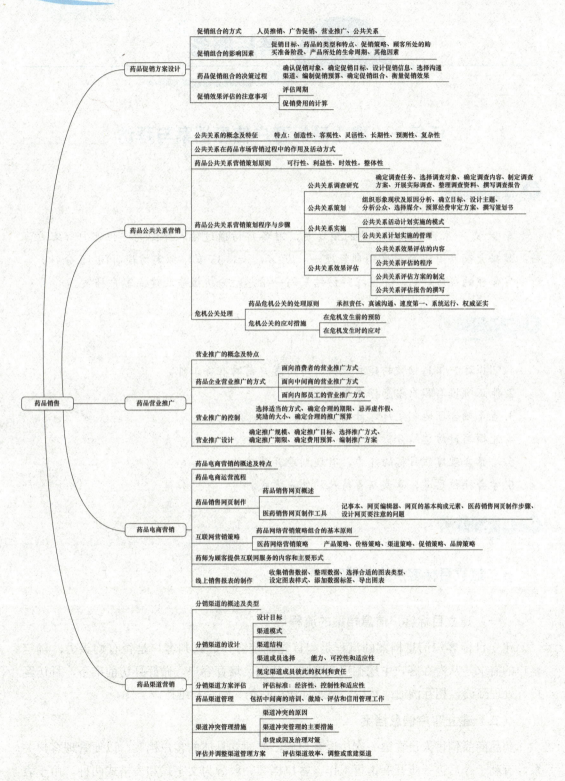

项目七　售后服务

任务一　建立目标客户信息档案与拜访

📍 任务导入

李×是一家药品经营企业的销售员，准备拜访通过他人介绍的一位客户（客户资料：复兴大药房有限公司采购部经理——万×，女，33岁，拟定访谈时间15分钟）。请制定合理的拜访计划，并根据拜访结果写一份总结分析报告及建立客户档案。

📍 任务目标

1. 掌握客户信息档案的建立流程、拜访客户前的准备工作。
2. 能正确填写客户信息档案表。
3. 能正确合理地制定拜访计划。
4. 能撰写拜访总结分析报告。
5. 培养合理建立目标的能力，有规划地开展工作。
6. 学会换位思考、真诚友善待人的处事方式。

📍 知识准备

一、建立目标客户信息档案

（一）建立目标客户信息档案的流程

建立目标客户信息档案的流程是：首先确定客户，评判客户是否有购买力，确定客户的需求，从潜在客户中挖掘现实客户；其次，培育客户，做好拜访前准备，拜访客户、处理障碍，相互沟通；然后，做好拜访后总结、跟踪和维持。

（二）建立客户信息档案

药品商品销售人员在第一次访谈客户后，要建立具体的客户档案，以便管理客户关系，有利于今后进一步开展销售工作。客户档案一般分为文字式和表格式两种。由于表格式的客户档案比文字式的客户档案更加清楚和直观，药品销售企业通常采用表格式的客户档案建立客户档案，详见表 7-1 和表 7-2。

表 7-1 药品公司客户档案

企业名称		企业地址	
电话		电传	
电子邮件		网站	
主要内容			
客户姓名		职务 / 电话	
总部所在地：			
分支机构数目		雇员人数	
主要产品 / 服务			
主要客户			
重要的经营活动（企业和行为）			
企业经营目标			
客户具体需求			
目标			
行动方案			
日期	行动步骤	下一步	所需时间

表 7-2   零售药店客户档案

客户姓名：		年龄：		性别：		建档日期：
客户住址：				联系方式：		
疾病性质：						
所购药品名称：		规格：		单价：		数量：
首次购买药品时间：				再次购买药品时间：		
提供健康指导：				医药咨询服务：		
顾客要求： 　　　　　　　　　　　　　　　　　　　　　　　　记录人：						

　　建立客户档案时，避免出现错别字、繁体字和异体字。如果表格是用计算机填写的，尽量使用常用的字体。所填写的信息应该尽量简明扼要、突出重点，使人一目了然，从而提高工作效率。

　　建立客户档案对于药品商品销售意义重大。第一，企业内部任何销售人员都能在其他销售人员的基础上继续发展与客户的良好关系，而不会导致销售人员一旦离开公司业务就中断的情况。第二，销售人员能够凭借这些资料做出一些令客户感动的事情，如在客户生日当天送上小礼物，能加深销售人员与客户之间的情感交流，为今后的合作打下良好基础。但要注意给客户送祝福时，不能赠送礼金和有价证券。

二、制定对客户的拜访计划

　　拜访客户前的准备工作有：准备整理本企业相关资料（产品、证书、企业信誉资料等），准备和整理客户第一手资料（姓名、性格、职务、嗜好等），确定拜访方式（面谈、电话、邮件、信函等），确定拜访时间（双方适合的时间），拟定拜访计划（知己知彼，百战不殆）。

　　计划的意义在于规范日常工作流程，提高拜访效率。在制订客户拜访计划中可分清重点与非重点客户，以便有效地进行经营指导，详见表 7-3。

表 7-3 客户拜访计划表

片区销售经理：　　年　月　日　　　　　　销售代表：

序号	客户名称	类别	拜访对象（部门人员）	拜访目的	预期达到目标	参加人员
1						
2						
3						

日程安排								

出发		离开		交通工具	拜访对象	类型	时间统计		
地点	时间	地点	时间				路途时间	拜访时间	休息时间

拜访时间/有效工作时间＿＿＿＿＿＿％ 关键客户拜访时间/有效工作时间＿＿＿＿＿＿％	合计

　　拜访计划执行完毕要做好档案的建立与分析，拜访的日期以拜访对象能接待的时间为准，并提前 15 分钟到达拜访地点。

三、实施现场拜访

（一）拜访客户

1. 介绍自己、感谢对方

　　当销售人员敲开客户的门见到预约的拜访对象时，要马上称呼对方、进行自我介绍，并立即表示感谢。如"××院长（××经理），您好！我是××公司的销售主管××，非常感谢您能抽出宝贵时间接受我的拜访"。拜访客户必须要给客户留下一个客气、礼貌的印象，有助于客户对销售人员迅速产生好感。

2. 寒暄、表明拜访来意

　　在介绍、感谢后，客户会立即引导销售人员进入会议室或其他合适的场所，期间相互交换名片。落座后会拿出笔、笔记本、手提式计算机、公司介绍文件等文具和材料，做好会谈准备。此间，销售人员要迅速提出话题与客户进行寒暄。寒暄的目的是要营造出比较融洽、轻松的会谈氛围，也避免马上进入会谈主题，使客户产生突兀感。寒暄的内容可以五花八门，如足球赛、天气、娱乐新闻、对客户公司的感受等。一般与外资公

201

司客户寒暄的时间较短，与国内企业客户寒暄的时间比较长；与沿海经济发达地区客户寒暄的时间较短，与内地经济欠发达地区客户寒暄的时间比较长。

3. 访谈、介绍、询问和倾听

这是拜访的主要部分，通过双向式沟通，让客户大概了解自己的公司、产品和服务，了解客户的现状并力图发现客户的潜在需求。引起客户注意和激发客户兴趣是成功接近客户的标志之一。

在初次拜访中，即使先前通过传真或邮件已经向客户介绍了自己的公司和药品，销售人员还是要当面再向客户简要介绍。一方面，客户先前可能并没有仔细地看发送的材料；另一方面，销售人员经过短暂的介绍后可以过渡到询问客户的现状，以便发现客户的潜在需求。

介绍的时间不可过长，要由浅入深、直奔主题，用符合规定的用语针对医药产品的优势来介绍，不可过多渲染。因为此时销售人员还不了解客户的需求，如果该医药产品的优势并不能满足客户特定的利益需求，客户是不会认可的。介绍可以以封闭式的问题结束，如"××院长（××经理），上面介绍的就是我们公司大概的情况。您觉得我介绍清楚了吗？"当客户确认后，销售人员就可以要求客户介绍其公司的情况并适时地发问。与客户沟通时，语气、用词要恰如其分，要注意语气的柔和婉转，并和客户有眼神交流。

4. 总结、达到拜访目的

销售人员介绍完自己公司的情况、了解客户的现状和问题后，要主动对这次拜访成果进行总结并与客户确认。总结主要针对客户介绍的情况和潜在需求进行，因为客户在与销售人员会谈时，一般不会像销售人员一样提前进行精心准备，可能并未意识到其潜在的需求。总结可以进一步使客户明确其目前存在的问题，并可使销售人员自然地导入下一阶段的销售工作。

5. 约定下次见面、道别

在达到拜访目的、总结之后，销售人员需要再次向客户表示感谢，并立即与客户约定下次访谈。因为通常一次拜访很难完成整个销售过程，特别是针对企业客户。因此，在与客户道别时要有意识地约定下次访谈的时间，从而获得向客户进一步销售的机会。预约时，要避免模糊的时间。

（二）撰写分析总结报告

拜访客户分析报告是在访谈客户的基础上客观反映客户的意向，是拜访客户的最终成果形式，也是决策者或决策执行者与访谈者进行沟通的途径，他们的评估意见很大程度取决于总结报告，因此分析总结报告的重要性不言而喻。

总结报告应包含拜访目的意义、方式、结果及访谈的问题、结论和建议等。

1. 拜访目的和意义

简要地说明拜访客户的目的和意义、访谈的时间和对象，以供阅读者清晰准确地把握报告的内容。

2. 拜访方式

拜访方式主要有面谈、电话、邮件、信函等。

3. 拜访结果

拜访结果可以按一定的逻辑顺序，结合拜访目的，以叙述的形式展示拜访结果。其间可以配合使用一些有代表意义的表格和图像，使报告结果更形象、具体。

4. 拜访的问题

任何拜访都不可能是十全十美的，因此必须切合实际、谦虚地指出本次拜访的问题，并予以科学的评价。

5. 拜访的结论和建议

拜访结论是基于拜访结果提出的意见。建议则是在拜访结论的基础上提议应采取的行动，这部分内容应该较为详细，必要时辅之相关论证材料。

任务实施

拜访客户注意
事项

1. 场地准备

模拟营销情景室。

2. 物品准备

（1）客户基本信息资料，客户访谈记录。

（2）空白客户档案表和客户拜访计划表若干份。

（3）纸、笔等办公用品。

3. 操作步骤

步骤1：整理客户基本信息资料，做好拜访前的准备。

步骤2：写出拜访时的注意事项。

步骤3：根据提供的背景资料，拟写客户拜访计划表。

步骤4：根据客户拜访计划表实施现场访谈。

步骤5：整理客户访谈内容及客户基本信息资料。

步骤6：结合访谈内容拟定一份完整的报告目录。

步骤7：正文部分简要说明拜访的背景、拜访的主题和内容。

步骤8：整理拜访结果。

步骤9：撰写一份完整的总结分析报告。

步骤10：根据整理好的资料，填制客户档案表。

步骤11：装订、归档。

任务评价

建立目标客户信息档案及拜访评价，如表7-4所示。

表7-4　目标客户信息档案及拜访评分表

项目	评分要求	分值	得分	备注
拜访前准备工作	准备充分，资料齐全	10		
拜访计划安排	时间、地点、交通方式、访谈时长等合理	10		
拜访目标	清晰、明确	5		
总结报告框架	合理、完整	10		
总结报告的背景、主题、内容	背景清晰、主题明确、叙述恰当、重点突出、格式正确	20		
总结报告汇报	形象大方、汇报形式新颖、表达清楚明确	15		
建档流程	建档流程合理、完整	10		
档案格式	档案的信息齐全、格式正确	10		
档案内容	内容全面，简明扼要，突出重点	10		
总分		100		

知识巩固

【案例分析】

1. 某知名药品经营企业，客户常年保持在一定水平，在未建立档案之前，企业吃了不少亏。在规范了顾客档案管理后，营销人员只要进入内部网络系统的顾客档案栏，就可以找到顾客的相关情况，做到心中有数，既省心，又省事。顾客信息直接来源于营销人员和市场部人员，并服务于企业管理。顾客档案也记录了一些顾客的需求和产品偏好，给营销人员的分析判断起到了很好的参考作用，同时也使销售人员能最大限度努力工作，通过各种渠道来满足顾客要求。

根据背景资料请回答下列问题。

（1）客户档案建立的流程。

（2）客户档案建立的目标。

2. 小夏是一名OTC医药代表，准备拜访医院药剂科主任。请根据所学的知识阐述客户访谈计划的内容一般包括哪些？

3. 小陶是上海新星医药企业的新业务员，在杭州地区负责销售该制药企业所生产的好立得口服液，该产品是一种针对流行性感冒的中成药。小陶即将拜访杭州万寿堂平价大药房店长。请根据所学知识谈谈拜访客户时的访谈技巧，并撰写总结报告。

任务二　药品不良反应监测和上报

任务导入 ●

患者，女，60岁，因血脂高，服用辛伐他汀片，每日一次，每次 20mg，两周后，出现肌肉疼痛，走路困难，虚弱无力。换用氟伐他汀后疼痛减轻，情况好转。如果作为患者、患者的朋友、药店、药品生产企业、医疗机构，得知此情况后应该做什么？

任务目标 ●

1. 掌握药品不良反应的概念及分类。
2. 熟悉药品不良反应的上报流程。
3. 能填写药品不良反应报告表。
4. 培养学生具有社会责任感和社会参与意识。

知识准备 ●

一、药品不良反应概述

我国《药品不良反应报告和监测管理办法》指出：药品不良反应是指合格药品在正常用法用量下出现的与用药目的无关的有害反应。

（一）严重药品不良反应

严重药品不良反应是指因使用药品引起以下损害情形之一的反应：导致死亡；危及生命；致癌、致畸、致出生缺陷；导致显著的或者永久的人体伤残或者器官功能的损伤；导致住院或者住院时间延长；导致其他重要医学事件，如不进行治疗可能出现上述所列情况的。

（二）新的药品不良反应

新的药品不良反应是指药品说明书中未载明的不良反应。说明书中已有描述，但不良反应发生的性质、程度、后果或者频率与说明书描述不一致或者更严重的，按照新的药品不良反应处理。

药品不良反应监测网络数据

（三）药品群体不良事件

药品群体不良事件是指同一药品在使用过程中，在相对集中的时间、区域内，对一定数量人群的身体健康或者生命安全造成损害或者威胁，需要予以紧急处置的事件。其中，同一药品指同一生产企业生产的同一药品名称、同一剂型、同一规格的药品。

二、药品不良反应的分类

药品不良反应的分类方法很多，按其与药理作用有无关联可分为 A 型和 B 型两类。A 型药物的不良反应，又称为与剂量相关的不良反应，该反应为药理作用增强所致，常和剂量有关，可以预测，发生率高而死亡率低，如抗血凝药所致出血等。B 型药物不良反应，又称与剂量不相关的不良反应，是一种与正常药理作用无关的异常反应，一般和剂量无关联，难以预测，发生率低而死亡率高，如青霉素引起的过敏性休克等。

（一）与剂量相关的不良反应

1. 副作用

副作用是指药品在规定常用剂量使用时出现的与防病治病目的无关的作用。一种药物往往有多种作用，当发挥某一治疗作用时，其他作用就成了副作用。如阿司匹林用于治疗风湿时，其抗血小板聚集作用可引起胃溃疡出血的副作用，但将其用于预防心肌梗死，该作用又成了治疗作用。

2. 毒性反应

毒性反应为用药剂量过大或体内蓄积过多时发生的机体损害性反应。药物的毒性作用一般是药理作用的延伸，主要对神经、消化、心血管、泌尿、血液等系统，以及皮肤组织造成损害。药物毒性反应的临床表现不同，反应程度和剂量有关，剂量加大，则毒性反应增强。药物的毒性反应所造成的持续性的功能障碍或器质性病变，停药后恢复较慢，甚至终身不愈。如氨基糖苷类抗生素具有耳毒性，可导致颅神经的损害，造成听力减退或永久性耳聋。

3. 特异质反应

特异质反应是由于遗传因素使机体的生化机制异常而产生的不良反应，与药理作用无关。如葡萄糖 –6– 磷酸脱氢酶缺乏的患者，服用某些磺胺类药物时，易产生溶血反应。

4. 继发反应

继发反应是指药物发挥治疗作用外伴发的不良后果，如长期使用广谱抗生素引起肠道正常菌群紊乱，导致葡萄球菌性肠炎或真菌性肠炎。

5. 药物依赖性

药物依赖性是指反复地（周期性或连续性）用药所引起的对药物的依赖状态，表现出一种强迫性的要连续或定期用药的行为和其他反应。停止用药可导致机体的不适和（或）心理上的渴求的症状，可分为躯体依赖性和精神依赖性。

（二）与剂量不相关的不良反应

1. 过敏反应

过敏反应又称变态反应，是药物或其在体内的代谢物作为抗原刺激机体而发生的不正常免疫反应。这种反应的发生与药物剂量无关或关系甚小，治疗量或极少量都可发生，主要表现为皮炎、皮疹、药物热、血管神经性水肿、哮喘、过敏性休克、血清病、溶血性贫血等。如口服阿司匹林，大多数人无异常反应，但少数人会发生皮疹、发热、皮炎、哮喘，严重者可产生过敏性休克。

2. 后遗效应

后遗效应是指停药后血药浓度已降至阈浓度以下时残存的药理效应，是停药以后继续存在或新出现的对患者不利的反应。如服用巴比妥类催眠药后次晨仍有乏力、困倦等"宿醉"现象。少数药物可以导致永久性器质性损害。

3. 致畸、致突变和致癌作用

（1）致畸作用。致畸作用指药物在并不损害母体的情况下引起胚胎和胎儿的发育障碍。胚胎的器官发生期（受精后 3 周至 3 个月）是对致畸药物最敏感的时期，所以妊娠初期三个月内慎用药物。

（2）致癌作用。致癌作用的出现往往有数年或数十年的较长潜伏期，且与药物的使用时间有关。

（3）致突变作用。因药物引起遗传性损伤，称为药物的致突变作用。

世界药品严重不
良反应事件

三、药品不良反应监测的机构与职责

（一）药品监督管理局

国家药品监督管理局负责全国药品不良反应报告和监测的管理工作包括制定药品不良反应报告和监测的管理规定和政策，并监督实施；开展全国范围内影响较大并造成严重后果的药品群体不良事件的调查和处理，并发布相关信息；对已确认发生严重药品不良反应或者药品群体不良事件的药品依法采取紧急控制措施，作出行政处理决定，并向社会公布；通报全国药品不良反应报告和监测情况；组织检查药品不良反应报告和监测工作的开展情况。

省、自治区、直辖市药品监督管理部门负责本行政区域内药品不良反应报告和监测的管理工作，制定本行政区域内药品不良反应报告和监测的管理规定，并监督实施，及时通报本行政区域内药品不良反应报告和监测情况，组织开展药品不良反应报告和监测

的宣传、培训工作。

设区的市级、县级药品监督管理部门负责本行政区域内药品不良反应报告和监测的管理工作，组织开展药品群体不良事件的调查，并采取必要控制措施，组织开展药品不良反应报告和监测的宣传、培训工作。

（二）县级以上卫生行政部门

县级以上卫生行政部门应当加强对医疗机构临床用药的监督管理，在职责范围内依法对已确认的严重药品不良反应，或者药品群体不良事件采取相关的紧急控制措施。

（三）药品不良反应监测中心

国家药品不良反应监测中心负责全国药品不良反应报告和监测的技术工作，承担国家药品不良反应报告和监测资料的收集、评价、反馈和上报及相关工作。

省级药品不良反应监测机构和设区的市级、县级药品不良反应监测机构负责本行政区域内的药品不良反应报告和监测的技术工作，开展本行政区域内严重药品不良反应的调查和评价，协助有关部门开展药品群体不良事件的调查，承担药品不良反应报告和监测的宣传、培训等工作。

（四）药品生产、经营企业和医疗机构

药品生产、经营企业和医疗机构应当建立药品不良反应报告和监测管理制度。药品生产企业应当设立专门机构并配备专职人员，药品经营企业和医疗机构应当设立或者指定机构并配备专（兼）职人员，承担本单位的药品不良反应报告和监测工作。

从事药品不良反应报告和监测的工作人员应当具有医学、药学、流行病学或者统计学等相关专业知识，具备科学分析评价药品不良反应的能力。

四、药品不良反应的报告与监测

药品不良反应报告和监测是指药品不良反应的发现、报告、评价和控制的过程。

药品生产、经营企业和医疗机构获知或者发现可能与用药有关的不良反应，应当上报；国家鼓励公民、法人和其他组织报告药品不良反应。

（一）个人发现药品不良反应的上报

个人发现新的或者严重的药品不良反应，可以向经治医师报告，也可以向药品生产、经营企业或者当地的药品不良反应监测机构报告，必要时提供相关的病历资料。

（二）药品生产、经营企业和医疗机构发现药品不良反应的上报

药品生产、经营企业和医疗机构应当主动收集药品不良反应，获知或者发现药品不良反应后应当详细记录、分析和处理，填写药品不良反应/事件报告表（表7-5）并上报。

表 7-5 药品不良反应/事件报告表

首次报告□　　　　　　跟踪报告□　　　　　编码：＿＿＿＿＿＿＿＿＿＿＿＿＿＿＿

报告类型：新的□　严重□　一般□　报告单位类别：医疗机构□　经营企业□　生产企业□　个人□

其他□＿＿＿＿＿＿＿＿＿＿＿＿＿＿＿

患者姓名：		性别：男□ 女□	出生日期：　年　月　日 或年龄：		民族：	体重（kg）：	联系方式：
原患疾病：			医院名称： 病历号/门诊号：		既往药品不良反应/事件： 有□＿＿＿＿ 无□ 不详□ 家族药品不良反应/事件： 有□＿＿＿＿ 无□ 不详□		

药品	批准文号	商品名称	通用名称（含剂型）	生产厂家	生产批号	用法用量（次剂量、途径、日次数）	用药起止时间	用药原因
怀疑药品								
并用药品								

不良反应/事件名称：	不良反应/事件发生时间：　年　月　日

不良反应/事件过程描述（包括症状、体征、临床检验等）及处理情况（可附页）：

不良反应/事件的结果：痊愈□　好转□　未好转□　不详□　有后遗症□　表现：＿＿＿＿＿＿

　　　　　　　　　　　死亡□　直接死因：＿＿＿＿＿＿　死亡时间：　年　月　日

停药或减量后，反应/事件是否消失或减轻？　　是□　否□　不明□　未停药或未减量□

再次使用可疑药品后是否再次出现同样反应/事件？　是□　否□　不明□　未再使用□

对原患疾病的影响：不明显□　病程延长□　病情加重□　导致后遗症□　导致死亡□

关联性评价	报告人评价：　肯定□　很可能□　可能□　可能无关□　待评价□　无法评价□ 签名： 报告单位评价：　肯定□　很可能□　可能□　可能无关□　待评价□　无法评价□ 签名：
报告人信息	联系电话：　　　　　　　职业：医生□　药师□　护士□　其他□ 电子邮箱：　　　　　　　　　　签名：

报告单位信息	单位名称：		联系人：	电话：	报告日期：　年　月　日

生产企业请填写信息来源	医疗机构□　经营企业□　个人□　文献报道□　上市后研究□　其他□＿＿＿＿
备注	

1.报告范围

新药监测期内的国产药品应当报告该药品的所有不良反应；其他国产药品，报告新的和严重的不良反应。进口药品自首次获准进口之日起五年内，每年报告该进口药品的所有不良反应；满五年的，每五年报告新的和严重的不良反应。

2.报告方式

药品生产、经营企业和医疗机构获知或者发现可能与用药有关的不良反应，应当通过国家药品不良反应监测信息网络报告；不具备在线报告条件的，应当通过纸质报表报所在地药品不良反应监测机构，由所在地药品不良反应监测机构代为在线报告。药品生产、经营企业和医疗机构应配合相关部门、机构对药品不良反应或者群体不良事件的调查，并提供调查所需的资料，建立并保存药品不良反应报告和监测档案。

3.报告时限

药品生产、经营企业和医疗机构发现或者获知新的、严重的药品不良反应应当在15日内报告，其中死亡病例须立即报告；其他药品不良反应应当在30日内报告。有随访信息的，应当及时报告。

药品生产企业对获知的死亡病例应当进行调查并在15日内完成调查报告，报所在地的省级药品不良反应监测机构。

4.药品群体不良事件的报告

药品生产、经营企业和医疗机构获知或者发现药品群体不良事件后，应当立即通过电话或者传真等方式报所在地的县级药品监督管理部门、卫生行政部门和药品不良反应监测机构，必要时可以越级报告；同时填写药品群体不良事件基本信息表，对每一病例还应当及时填写药品不良反应/事件报告表，通过国家药品不良反应监测信息网络报告。

药品生产企业获知药品群体不良事件后应当立即开展调查，在7日内完成调查报告，报所在地省级药品监督管理部门和药品不良反应监测机构；同时迅速开展自查，分析事件发生的原因，必要时应当暂停生产、销售、使用和召回相关药品，并报所在地省级药品监督管理部门。

药品经营企业发现药品群体不良事件应当立即告知药品生产企业，同时迅速开展自查，必要时应当暂停药品的销售，并协助药品生产企业采取相关控制措施。

医疗机构发现药品群体不良事件后应当积极救治患者，迅速开展临床调查，分析事件发生的原因，必要时可采取暂停药品的使用等紧急措施。

（三）药品不良反应监测机构的逐级上报

设区的市级、县级药品不良反应监测机构应当对收到的药品不良反应报告的真实性、完整性和准确性进行审核。严重药品不良反应报告的审核和评价应当自收到报告之日起3个工作日内完成，其他报告的审核和评价应当在15个工作日内完成。收到死亡病例报告应当进行调查，自收到报告之日起15个工作日内完成调查报告，报同级药品监督管理部门和卫生行政部门，以及上一级药品不良反应监测机构。

省级药品不良反应监测机构应当在收到下一级药品不良反应监测机构提交的严重药品不良反应评价意见之日起 7 个工作日内完成评价工作。对死亡病例，事件发生地和药品生产企业所在地的省级药品不良反应监测机构均应当及时根据调查报告进行分析、评价，必要时进行现场调查，并将评价结果报省级药品监督管理部门，以及国家药品不良反应监测中心。

国家药品不良反应监测中心应当及时对死亡病例进行分析、评价，并将评价结果报国家食品药品监督管理局。上报流程如图 7-1 所示。

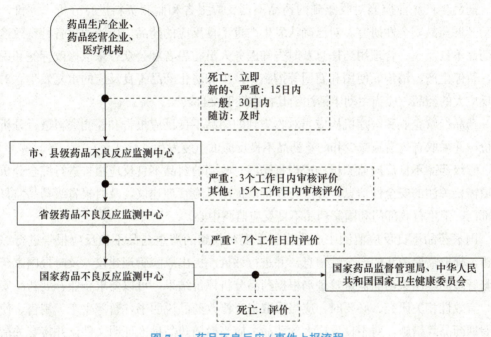

图 7-1　药品不良反应 / 事件上报流程

五、药品安全性信息的更新

药品生产企业应当对本企业生产药品的不良反应报告和监测资料进行定期汇总分析，汇总国内外安全性信息，进行风险和效益评估，撰写定期安全性更新报告。

设立新药监测期的国产药品，应当自取得批准证明文件之日起每满一年提交一次定期安全性更新报告，直至首次注册，之后每五年报告一次；其他国产药品，每五年报告一次。首次进口的药品，自取得进口药品批准证明文件之日起每满一年提交一次定期安全性更新报告，直至首次注册，之后每五年报告一次。

六、药品的重点监测

药品重点监测，是指为进一步了解药品的临床使用和不良反应发生情况，研究不良

反应的发生特征、严重程度、发生率等，开展的药品安全性监测活动。

药品生产企业应当经常考察本企业生产药品的安全性，对新药监测期内的药品和首次进口五年内的药品开展重点监测，并按要求对监测数据进行汇总、分析、评价和报告；对本企业生产的其他药品，应当根据安全性情况主动开展重点监测。

七、药品不良反应的评价与控制

药品生产企业应当对收集到的药品不良反应报告和监测资料进行分析、评价，并主动开展药品安全性研究。对已确认发生严重不良反应的药品，应当通过各种有效途径将药品不良反应、合理用药信息及时告知医务人员、患者和公众；采取修改标签和说明书，暂停生产、销售、使用和召回等措施，减少和防止药品不良反应的重复发生。对不良反应大的药品，应当主动申请注销其批准证明文件。

药品经营企业和医疗机构应当对收集到的药品不良反应报告和监测资料进行分析和评价，并采取有效措施减少和防止药品不良反应的重复发生。

省级药品不良反应监测机构应当每季度对收到的药品不良反应报告进行综合分析，提取需要关注的安全性信息，并进行评价，提出风险管理建议，及时报省级药品监督管理部门、卫生行政部门和国家药品不良反应监测中心。

国家药品不良反应监测中心应当每季度对收到的严重药品不良反应报告进行综合分析，提取需要关注的安全性信息，并进行评价，提出风险管理建议，及时报国家药品监督管理局。国家药品监督管理局根据药品分析评价结果，可以要求企业开展药品安全性、有效性相关研究。必要时，应当采取责令修改药品说明书，暂停生产、销售、使用和召回药品等措施，对不良反应大的药品，应当撤销药品批准证明文件，并将有关措施及时通报。

📍任务实施 ●

以学习小组为单位，分组模拟发生药品不良反应时的上报流程。

（1）选定某个药品，收集该类药品的不良反应信息，分析不良反应类型及上报时限。

（2）小组成员选择角色扮演：顾客（患者）、生产企业、经营企业、医疗机构、国家药品监督管理部门、省级食品药品监督管理部门、国家药品不良反应监测中心、省级药品不良反应中心、市级/县级药品不良反应监测机构等。

（3）针对不同的药品性质（进口药品、新药监测期内的国产药品或其他国产药品）、不同的药品不良反应程度（死亡、严重或其他；个例或群体）、不同的发现人员或机构（顾客、患者、生产企业、经营企业或医疗机构），模拟药品不良反应上报流程。

任务评价

药品不良反应上报模拟评价，如表7-6所示。

表 7-6　药品不良反应上报模拟评价表

项目	评分要求	分值	得分	备注
收集、分析药品不良反应信息	正确识别药品不良反应	10		
	正确分析不良反应类型	10		
模拟药品不良反应上报过程	角色扮演语言流畅、正确阐述信息	10		
	流程正确、完整、无遗漏	30		
	与案例情况相符	10		
药品不良反应 / 事件报告表	信息填写完整	10		
	信息填写正确	10		
团队合作	分工协作，态度积极	10		
总分		100		

知识巩固

【典型案例】不良反应上报流程

【案例分析】

患者，女，40岁，55公斤，因"泌尿系统感染"就诊，给予盐酸左氧氟沙星氯化钠注射液 0.3g 静脉滴注，约10分钟后，患者出现皮肤瘙痒、全身皮肤湿冷、心慌、胸闷、测血压 90/50mmHg，心率为 55 次 / 分钟，考虑为过敏性休克。给予肾上腺素 0.5mg 肌注、地塞米松 10mg 静注等抗休克治疗。约10分钟后患者上述症状缓解，测血压 120/75mmHg、心率 85 次 / 分钟，观察治疗两小时后出院。

要求：

1. 该事件是否为药品不良反应？若为不良反应，应由谁上报？如何上报？

2. 谈谈药品不良反应上报的意义。

任务三　药品召回

任务导入

2022 年 10 月 26 日，某药业股份有限公司负责人收到报告，其公司生产的养血口

服液（批号 220401，规格：10mL，入库数量 96 000 支）药品规格印刷错误（10mL×12 支 / 盒印成了 10mL×10 支 / 盒）。作为公司的负责人，该如何处理？

任务目标

1. 掌握药品召回的概念。
2. 熟悉药品召回的分类、分级。
3. 能够运用所学知识正确处理药品召回。
4. 培养学生具有社会责任感，树立遵法、学法、守法、用法意识。

知识准备

为加强药品质量监管，保障公众用药安全，国家药品监督管理局于 2022 年 10 月 24 日颁布了《药品召回管理办法》，并于 2022 年 11 月 1 日起正式施行。中华人民共和国境内生产和上市药品的召回及其监督管理都适用该管理办法。

一、药品召回的概念

药品召回，是指药品上市许可持有人按照规定的程序收回已上市的存在质量问题或者其他安全隐患药品，并采取相应措施，及时控制风险、消除隐患的活动。其中质量问题或者其他安全隐患，是指由于研制、生产、储运、标识等原因导致药品不符合《药品生产质量管理规范》（GMP）、《药品经营质量管理规范》（GSP）等现行药品质量管理规范要求，或者其他可能使药品具有的危及人体健康和生命安全的不合理危险。

对有证据证明可能危害人体健康，而被药品监督管理部门根据《药品管理法》的规定依法查封、扣押的药品，不属于《药品召回管理办法》范围。

《药品管理法》
关于药品召回的
规定

二、药品召回的责任主体

药品召回的责任主体为药品上市许可持有人。药品上市许可持有人应当建立并完善药品召回制度，收集药品质量和安全的相关信息，对可能存在的质量问题或者其他安全隐患进行调查、评估，及时召回存在质量问题或者其他安全隐患的药品。

药品生产企业、药品经营企业、药品使用单位应当积极协助药

药品上市许可持有
人（MAH）制度

上市许可持有人，对可能存在质量问题或者其他安全隐患的药品进行调查、评估，主动配合药品上市许可持有人履行召回义务，按照召回计划及时传达、反馈药品召回信息，控制和收回存在质量问题或者其他安全隐患的药品。

三、药品召回的分类

药品召回分主动召回及责令召回。

（一）主动召回

药品上市许可持有人经调查评估后，确定药品存在质量问题或者其他安全隐患的，应当立即决定并实施召回，同时通过企业官方网站或者药品相关行业媒体向社会发布召回信息。

（二）责令召回

如有以下情形，药品监督管理部门应当责令药品上市许可持有人召回药品：药品监督管理部门经过调查评估，认为持有人应当召回药品而未召回的；药品监督管理部门经对持有人主动召回结果审查，认为持有人召回药品不彻底的。

四、药品召回的分级

根据药品质量问题或者其他安全隐患的严重程度，药品召回分为一级召回、二级召回、三级召回三个级别。

一级召回：使用该药品可能或者已经引起严重健康危害的。

二级召回：使用该药品可能或者已经引起暂时或者可逆的健康危害的。

三级召回：使用该药品一般不会引起健康危害，但由于其他原因需要收回的。

五、药品召回的程序

（一）药品质量问题或安全隐患的调查

对可能存在质量问题或者其他安全隐患的药品进行调查，应当根据实际情况确定以下调查内容。

（1）已发生药品不良反应／事件的种类、范围及原因。

（2）药品处方、生产工艺等是否符合相应药品标准、核准的生产工艺要求。

（3）药品生产过程是否符合药品生产质量管理规范；生产过程中的变更是否符合药品注册管理和相关变更技术指导原则等规定。

（4）药品储存、运输等是否符合药品经营质量管理规范。

（5）药品使用是否符合药品临床应用指导原则、临床诊疗指南和药品说明书、标签规定等。

（6）药品主要使用人群的构成及比例。

（7）可能存在质量问题或者其他安全隐患的药品批次、数量及流通区域和范围。

（8）其他可能影响药品质量和安全的因素。

（二）药品质量问题或安全隐患的评估

对存在质量问题或者其他安全隐患药品评估的主要内容包括：

（1）该药品引发危害的可能性，以及是否已经对人体健康造成了危害。

（2）对主要使用人群的危害影响。

（3）对特殊人群，尤其是高危人群的危害影响，如老年人、儿童、孕妇、肝肾功能不全者、外科手术病人等。

（4）危害的严重与紧急程度。

（5）危害导致的后果。

（三）形成调查评估报告

调查评估报告应当包括以下内容。

（1）召回药品的具体情况，包括名称、规格、批次等基本信息。

（2）实施召回的原因。

（3）调查评估结果。

（4）召回等级。

（四）制定召回计划

召回计划应当包括以下内容。

（1）药品生产销售情况及拟召回的数量。

（2）召回措施具体内容，包括实施的组织、范围和时限等。

（3）召回信息的公布途径和范围。

（4）召回的预期效果。

（5）药品召回后的处理措施。

（6）联系人的姓名及联系方式。

（五）召回实施

1. 发布召回通知启动召回

一级召回在一日内，二级召回在三日内，三级召回在七日内，通过企业官方网站或者药品相关行业媒体向社会发布召回信息。向药品生产企业、药品经营企业、药品使用单位等发出召回通知，同时向药品监督管理部门备案调查评估报告、召回计划和召回通知。

召回通知应当包括：召回药品的具体情况，包括名称、规格、批次等基本信息；召回的原因；召回等级；召回要求；召回处理措施。

2. 报告药品召回进展

持有人在实施召回过程中，一级召回每日、二级召回每三日、三级召回每七日向药品监督管理部门报告药品召回进展情况。

3. 评估召回效果

召回过程中，持有人应当及时评估召回效果，发现召回不彻底的，应当变更召回计划，扩大召回范围或者重新召回。

4. 召回产品处理

召回药品需要销毁的，应当在持有人、药品生产企业或者储存召回药品所在地县级以上人民政府药品监督管理部门或者公证机构监督下销毁。

对通过更换标签、修改并完善说明书、重新外包装等方式能够消除隐患的，或者对不符合药品标准但尚不影响安全性、有效性的中药饮片，且能够通过返工等方式解决该问题的，可以适当处理后再上市。

持有人对召回药品的处理应当有详细的记录，记录应当保存五年且不得少于药品有效期后一年。

5. 召回完成

召回完成后 10 个工作日内，持有人将药品召回和处理情况向所在地省、自治区、直辖市人民政府药品监督管理部门和卫生健康主管部门报告。

华海药业缬沙坦原料药主动召回

任务实施

根据信息确定召回等级，根据药品召回程序制定药品召回方案，应包括以下信息。

1. 确定药品召回分工

结合各部门工作性质，确定药品召回工作内容，并细分给各部门。如质量部负责组织对药品安全隐患调查及评估、对召回的产品进行检验；生产部负责参与制定产品召回计划；销售部负责与客户进行沟通、通知客户停止销售或使用等。

2. 确定召回分级

药品质量问题或安全隐患的调查及评估（可省略），确定召回分级。

3. 制定召回计划

填写药品召回工作计划表。

4. 实施召回

（1）启动召回：发布召回通知的时间、途径、对象及具体内容。

（2）报告药品召回进展：召回过程中如何进行跟进、报告。

（3）评估召回效果。

（4）召回产品处理：召回药品应如何处置。

（5）召回完成：召回完成后续工作。

任务评价

药品召回方案的设计评价，如表7-7所示。

表7-7 药品召回方案设计评价表

项目	评分要求	分值	得分	备注
明确药品召回工作任务	任务全、分工明确、合理、可行	10		
确定药品召回分级	分级正确	10		
制定药品召回计划	计划可行、合理	5		
药品召回过程方案设计	方案条理清晰	10		
	措施正确、完整、无遗漏	50		
	与案例情况相符	5		
药品召回方案格式	文档格式正确	10		
总分		100		

知识巩固

【案例分析】

2018年上半年，被告人牛某某在得知九价人乳头瘤（HPV）病毒疫苗（以下简称九价疫苗）畅销之后，遂寻找与正品类似的包装、耗材及相关工艺，准备生产假冒产品。2018年7月至10月，牛某某通过他人先后购买针管、推杆、皮塞、针头等物品共计4万余套，并订制假冒九价疫苗所需的包装盒、说明书、标签等物品共计4.1万余套。其间，牛某某与同案被告人张某某在山东省单县以向针管内灌装生理盐水的方式生产假冒九价疫苗，再通过商标粘贴、托盘塑封等工艺，共生产假冒九价疫苗2.3万支。牛某某、张某某通过多个医美类微信群等渠道，对外销售上述假冒九价疫苗 9 004 支，销售金额达 120 余万元。经苏州市药品检验检测研究中心检验，抽样送检的假冒九价疫苗内，所含液体成分与生理盐水基本一致。

（1）该案例中药品召回属于哪种分类及分级？

（2）谈谈你对药品召回的认识及召回中企业的责任。

案例一：服用甲公司药品 A 的患者中，一年内共发现 400 多例横纹肌溶解症，其中 31 例患者不治身亡。甲公司宣布从药品市场撤出药品 A。

案例二：某省药品监督管理局在检查中发现乙公司生产并在售的药品 B 未按规定更新说明书内容，对指导临床用药存在一定的安全隐患，责令乙公司召回未按规定更新说明书的药品 B。

（1）分析案例中药品召回分别属于哪种分类及分级。

（2）谈谈你对药品召回的认识及召回中企业的责任。

知识结构

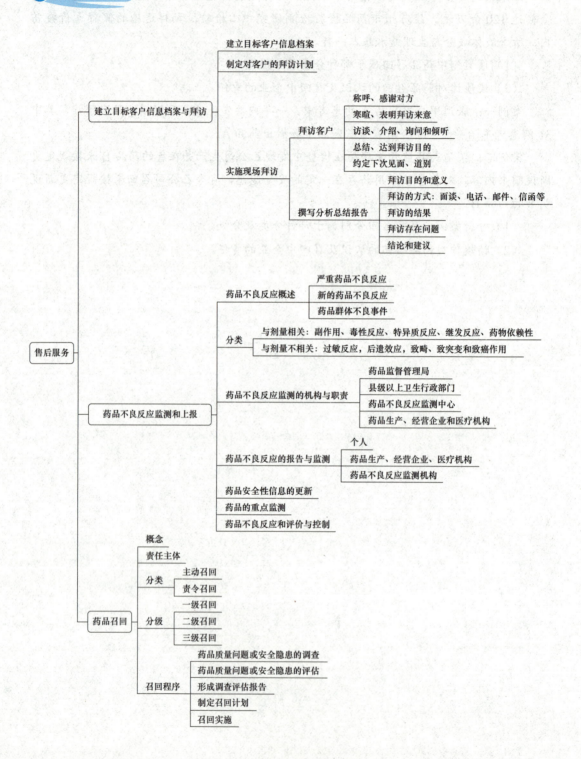

售后服务
├── 建立目标客户信息档案与拜访
│   ├── 建立目标客户信息档案
│   ├── 制定对客户的拜访计划
│   └── 实施现场拜访
│   ├── 拜访客户
│   │   ├── 称呼、感谢对方
│   │   ├── 寒暄、表明拜访来意
│   │   ├── 访谈、介绍、询问和倾听
│   │   ├── 总结、达到拜访目的
│   │   └── 约定下次见面、道别
│   └── 撰写分析总结报告
│   ├── 拜访目的和意义
│   ├── 拜访的方式：面谈、电话、邮件、信函等
│   ├── 拜访的结果
│   ├── 拜访存在问题
│   └── 结论和建议
│
├── 药品不良反应监测和上报
│   ├── 药品不良反应概述
│   │   ├── 严重药品不良反应
│   │   ├── 新的药品不良反应
│   │   └── 药品群体不良事件
│   ├── 分类
│   │   ├── 与剂量相关：副作用、毒性反应、特异质反应、继发反应、药物依赖性
│   │   └── 与剂量不相关：过敏反应，后遗效应，致畸、致突变和致癌作用
│   ├── 药品不良反应监测的机构与职责
│   │   ├── 药品监督管理局
│   │   ├── 县级以上卫生行政部门
│   │   ├── 药品不良反应监测中心
│   │   └── 药品生产、经营企业和医疗机构
│   ├── 药品不良反应的报告与监测
│   │   ├── 个人
│   │   ├── 药品生产、经营企业、医疗机构
│   │   └── 药品不良反应监测机构
│   ├── 药品安全性信息的更新
│   ├── 药品的重点监测
│   └── 药品不良反应和评价与控制
│
└── 药品召回
    ├── 概念
    ├── 责任主体
    ├── 分类
    │   ├── 主动召回
    │   └── 责令召回
    ├── 分级
    │   ├── 一级召回
    │   ├── 二级召回
    │   └── 三级召回
    └── 召回程序
        ├── 药品质量问题或安全隐患的调查
        ├── 药品质量问题或安全隐患的评估
        ├── 形成调查评估报告
        ├── 制定召回计划
        └── 召回实施

项目八 药品储存与养护

任务一 认识药品储存与养护

📍 任务导入 ●

某医药公司仓储设备湿度控制传感器出现故障，由于是梅雨时节，仓储环境湿度过高，导致仓库中存放的一批散剂潮解严重，药品板结无法使用。药品在仓储过程中要注意哪些问题？

📍 任务目标 ●

1.掌握药品储存养护的基本知识，能准确阐述储存养护概念、目的和意义，药品变异现象和原因。

2.掌握散剂、片剂、胶囊剂、注射剂、糖浆剂、原料药等储存养护的基本方法。

3.培养学生爱岗敬业精神和质量第一、严谨细致、精益求精的操作习惯。

📍 知识准备 ●

一、药品储存与养护的概念

药品储存是指药品从生产流通到患者使用过程中因暂留而形成的储备，是药品流通过程中必不可少的环节。

药品养护是运用现代科学技术与方法，研究药品储存养护技术和储存药品质量变化规律，防止药品变质，保证药品质量，确保用药安全、有效的一门实用性技术科学。

二、药品储存与养护的目的和意义

（一）药品储存与养护的目的

药品由于成分和剂型的不同，在储存过程中受内在和外在因素的影响，必然发生化

学、物理学及生物学等变化。如风化、氧化变色、霉变、虫蛀、泛油等变异现象。药品储存养护的目的是保证药品安全有效、确保药品储存安全、降低药品损耗、保证药品市场供应、促进药品流通顺畅、提高应急能力，满足人们防治疾病、诊断疾病的需求。

（二）药品储存与养护的意义

（1）确保药品在储存过程中的安全，保证药品的使用价值。

（2）加强药品的流通，满足人民防治疾病的需要。

（3）监督药品质量，保证用药安全有效，维护药品用户的利益。

（4）降低流通费用，加速资金周转，提高企业的经济效益。

三、药品易发生的变异现象和原因

药品在储存过程中难免与外界环境接触，如空气、水分、光等，因此药品在储存与养护过程中易发生变异现象。药品在储存与养护过程中发生变异主要有两方面：一是内因，主要是药品本身的理化性质的变化引起的；二是外因，外界环境因素影响药品，主要的有空气、温度、湿度、光线、微生物及包装等。

（一）内在因素使药品发生的变异现象

1. 药品物理性质发生的变异现象

药品的物理性质引起的药品变异现象有熔化、挥发、吸湿、潮解、结块、稀释、风化、升华、凝固、变形、分层、沉淀、蒸发等。

2. 药品化学性质发生的变异现象

药品的化学结构引起的药品变异现象有水解、氧化、光化分解、碳酸化、变旋、聚合、异构化、脱羧等。

（二）外界因素使药品发生的变异现象

1. 空气

空气是各种气体的混合物，其中有氮气、氧气、二氧化碳及稀有气体等。氧气、二氧化碳对某些药品的质量影响较大。

2. 温度

温度是药品变异现象的重要影响因素，常引起药物的变异现象有高温失效、低温变质。

3. 湿度

水蒸气在空气中的含量叫湿度，湿度过高能使药品潮解、液化、稀释、水解、形状变化、变质或霉变；湿度过低，也容易使某些药品风化。

4. 光

药品在光的作用下进行的反应称为光化反应。例如，红外线有显著的热效应；紫外线能量较大，它能直接引起或催化药品的氧化、变色、分解等化学反应。

硫酸亚铁的贮存

四、药品的储存养护

（一）散剂的储存养护

散剂储存养护流程：检查合格入库→储存养护→合格出库。

1. 散剂的变异因素

（1）吸潮。散剂中药品粉末易吸潮后可发生结块等物理变化、变色分解等化学变化，以及发生微生物污染等生物学变化。

（2）变色。有些散剂遇光热、空气等易被氧化分解变色，如次没食子酸铋。

（3）异臭、异味。药物受外界因素的影响发生变化产生臭气或异味。

（4）挥发。有些复方散剂内若含有挥发性成分，久储或受热后易挥发而影响其药效。

（5）分层。复方散剂若包装不严、上部留有空隙时，在运输过程中因震动的影响，使相对密度大小不同的各成分发生自然流动，相对密度大的成分下沉，破坏散剂的均匀性，造成用药成分和用量不准，从而影响药品的疗效。

（6）霉变、虫蛀。含有蛋白质、淀粉等的散剂，吸潮后除发生结块、变色外，还可发生霉变、生虫或异臭。

（7）微生物污染。散剂由于分散度大，往往比其他制剂更容易被微生物污染。

2. 散剂的质量验收

根据散剂可能出现的变异现象，在入库验收时应注意检查。

（1）包装是否完整，有无破损、遗漏、无浸润痕迹、霉味等。

（2）包装内散剂有无臭味，混合是否均匀，有无因湿润而引起的散剂结块、虫蛀等现象。

（3）按规定取适量散剂，平铺在洁白的瓷盘或白纸上，在光线充足处用肉眼观察是否有变色、色点、色泽不均、其他异物等现象。

（4）抽查装量差异是否符合《中华人民共和国药典》（以下简称《中国药典》）2020 年版规定。

（5）内服、外用散剂应分开进行检查。

3. 散剂的储存养护

散剂性能复杂，不同的品种有可能会发生潮解、风化、挥发、氧化等，变异后有结块、变色、发霉等现象；因此，散剂储存养护的重点是防止吸潮、结块和霉变。

（1）纸质包装的散剂容易吸潮，应严格注意防潮储存。

（2）用塑料薄膜包装的散剂比用纸质包装的散剂更稳定，但由于目前薄膜材料在透气、透湿方面尚未完善，因此仍需注意防潮，尤其在潮热地区。

（3）含吸湿性组分或加糖的散剂，皆易吸潮、霉变等，应注意密封储存于干燥处。

（4）贵重药品散剂、麻醉药品散剂应密封储存于可紧闭的容器内单独存放。

（5）挥发性药品的散剂须注意温度和湿度，应密闭储存于干燥阴凉处。

（6）遇光易变异药品的散剂应遮光密封储存。

（7）特殊气味的药品散剂应与其他药品隔离储存，以防串味。

（8）内服、外用散剂应特别标识，分开储存；特殊散剂应专柜、专库储存。

（9）含结晶水药物的散剂应该保持库房的相对湿度达到规定的要求，以免失去结晶水，影响药品的正确取量。

4. 药品储存养护实例分析

以胃可舒（胃可必舒）散剂为例。

处方组成：每100g内含氢氧化铝40g、碳酸钙25g、碳酸15g、碳酸氢钠20g、颠茄浸膏0.25g、薄荷油0.289mL。本品为白色或稍带黄色的粉末，味稍咸，具有薄荷味。本品为抗酸药抗溃疡病药。

质量稳定性分析：本品组分中氢氧化铝受潮后制酸力降低，碳酸氢钠吸潮后分解成碳酸钠，碱性增强，薄荷油受热后容易挥发。

储存养护方法分析：应密闭在干燥的阴凉处储存。

（二）片剂的储存养护

片剂储存养护流程：检查合格入库→储存养护→合格出库。

片剂的种类众多，储存养护时，要特别注意不同片剂的储存与养护。

1. 片剂的变异因素

（1）变色。易吸湿的药品在潮湿的情况下与金属接触容易发生变色现象，经变质、变色后的药物，有的毒性增加，有的效力降低，都不能再供药用。

（2）析出结晶。含阿司匹林的片剂吸潮后易分解产生醋酸和水杨酸，而针状结晶的水杨酸常黏附在片剂表面和包装内壁；含薄荷脑的片剂受热后薄荷脑易挥发，挥发生产生的薄荷脑蒸汽遇冷析出针状或絮状结晶，黏附在片剂表面和包装内壁。

（3）黏连溶（熔）化。具有吸湿性或受热易溶（熔）化的药品可发生黏连和溶（熔）化。

（4）发霉、虫蛀。片剂的包装密闭不严，吸潮后常引起微生物繁殖而霉变。

（5）染菌。片剂如果在生产或储存过程中，微生物污染和包装材料不符合卫生要求，或瓶内填塞物消毒不彻底等，易引起细菌污染但外观不发生变化，造成潜在的药品质量隐患。

2. 片剂的验收

由于片剂在生产、储存、运输中可能会发生药品的多种变异，所以验收时应根据具体情况，对片剂的质量做抽样检查，如外观、颜色、包装、均匀度检查，主药含量检查、重量差异检查、崩解度检查、染菌数检查。验收入库可根据药品的性质结合片剂剂型及包装容器的特点进行。一般应注意下列几点。

（1）检查外包装的名称、批号、包装数量等是否与药品的内容物相符合，包装封闭是否严密，片剂在容器中是否塞紧，以及有无破漏、破损现象。

（2）片剂应检查有无变色、生霉、裂片等现象。含有生药、动物脏器及蛋白质类成分的片剂还应检查有无生虫、异臭等情况。

（3）包衣片应检查有无光泽改变褪色、龟裂、黏连、溶（熔）化、花斑等现象。对于主药性质不稳定、易被氧化变色的包衣片，观察片心有无变色和花斑的情况。

（4）对于贵重药品的片剂，还应抽查装量是否充足符合规定。经验收检查合格后的片剂装回容器后，需重新密封或贴上封签。

3. 片剂的储存养护

片剂易受温度、湿度、光线、空气的影响而开裂、霉变、变色、变质、失效、发黏等。储存片剂的库房应保持干燥凉爽。具体做法如下。

（1）除另有规定外，都应置于密闭、干燥处储存，防止受潮发霉、变质。

（2）尤其是糖衣片和肠溶衣片吸潮、受热后，容易出现变异现象，储存养护要求更严格，应注意防潮、防热储存。

（3）含片除有片剂的一般赋形剂外，还加有大量糖粉，吸潮、受热后能溶（熔）化黏连，严重时易发生霉变，应置于密闭、干燥处储存。

（4）主药对光敏感的片剂，需盛装于遮光容器内，注意避光储存。

（5）挥发性片剂受热后成分极易挥发，应置于凉处储存。

（6）有生药、动物脏器及蛋白质类成分的片剂易受潮、松散、生霉、虫蛀，更应注意防潮、防热，密封在干燥凉处储存。

（7）吸潮后易变色、变质的药品片剂很容易发生潮解、溶化、黏连，要特别注意防潮，应在包装容器内放入干燥剂。

（8）抗生素类药品、某些生化制剂，其片剂不但规定有效期，而且有严格的储存要求，必须按其规定储存养护。

（9）内服片剂、外用片剂必须分开储存，以免混淆错发。

4. 药品储存养护实例分析

以氨茶碱片为例。

处方组成：每片0.1g。本品为白色或微黄色片，系支气管平滑肌解痉药、利尿药。

质量稳定性分析：氨茶碱在空气中吸收二氧化碳后析出茶碱；遇光及空气被氧化变深黄色及棕色，并有显著氨臭；乙二胺极易挥发，故储存温度不宜过高。

储存养护方法分析：应装于避光容器里，避光、密闭储存；变黄色者不宜供药用。

（三）胶囊剂的储存养护

胶囊剂储存养护流程：检查合格入库→储存养护→合格出库。

1. 胶囊剂的变异因素

（1）漏粉。硬胶囊剂在生产和储存中若太干燥，易引起胶囊脆裂而漏粉。生产时填充药品过多、合囊时压力过大、盛装不严实、运输过程中发生剧烈震动，都可能使胶囊脆裂而漏粉。

（2）漏液。软胶囊若生产不当，囊内液体可发生溢漏。溢漏的胶囊易受污染或氧化而发生变质。

（3）黏软变形、霉变、生虫。硬胶囊或软胶囊若包装不严或储存不当，均易吸潮受热而黏软、发胀变形或发霉变质。装有生药或生物脏器制剂的胶囊吸潮、受热后更易霉变、生虫、产生异臭。

2. 胶囊剂的验收

胶囊剂在入库前应作下列检查。

（1）胶囊表面是否光滑洁净；有无斑点、膨胀、发黏、变硬、变形、发霉及异物黏着等情况；有无漏粉或漏液等现象。

（2）胶囊的大小、粗细是否一致均匀；带色胶囊色泽是否均匀，有无褪色和变色现象。

（3）胶囊有无砂眼、虫眼。

（4）生药或生物脏器制剂的胶囊剂应特别注意有无生霉、虫蛀等现象。

（5）贵重药品的胶囊可抽验药品的装量是否符合规定。

3. 胶囊剂的储存养护

吸潮易使胶囊发软黏在一起，产生松散、变色或出现严重的色斑，遇热易软化，过于干燥则胶囊失水开裂。胶囊剂应存于密封容器中，置于干燥凉爽处，温度不宜高于30℃，相对湿度以70%左右为宜，储存一年后应检查其溶出度。

胶囊剂储存养护，以防潮、防热为主，并结合所含主药的特性进行考虑，具体如下。

（1）胶囊剂均应密封于干燥、阴凉处储存，防潮、防热，不宜过干，以免胶囊脆裂。

（2）装有对光敏感药物的胶囊剂除宜储存于干燥、阴凉处外，还应避光。

（3）装有生药或生物脏器制剂的胶囊剂尤应注意密封，置于干燥、阴凉处。

（4）抗生素类胶囊剂除按上述储存外，还需注意其有效期或生产日期。

4. 胶囊剂吸潮的预防和处理

胶囊剂若轻微受潮或防潮，内装药品尚未变质时，可采用干燥器吸湿的办法进行预防或处理。

5. 药品储存养护实例分析

以脉通胶囊为例。

处方组成：每粒内含亚油酸750mg、卵磷脂72mg、肌醇30mg、维生素 B 70mg、维生素 C 70mg、甲基橙皮苷30mg、维生素 E 5mg。本品为降血脂药。

质量稳定性分析：本品内容物为黄色油状液体与黄白色颗粒性粉末的混合物，遇湿、热易发生黏连；亚油酸易被氧化，在光、热的催化下更易氧化变质。

储存养护方法分析：应密封、避光，在阴凉处储存；潮热地区应加强养护检查；不宜久储。

（四）注射剂的储存养护

注射剂储存养护流程：检查合格入库→储存养护→合格出库。

1. 注射剂的变异因素

（1）变色。注射剂受氧气、光线温度、重金属离子等的影响，易发生氧化和分解等化学变化而引起变异，其中变色是注射剂变异的一个重要标志。

（2）生霉。由于灭菌不彻底、安瓿熔封不严、有裂隙，在储存养护过程中常会出现絮状沉淀或悬浮物，这是真菌生长的现象。

（3）析出结晶或沉淀。某些注射剂，如磺胺嘧啶钠注射剂在储存养护过程中容易析出结晶。

（4）脱片。盛装注射剂的玻璃安瓿，在装入药品后灭菌或久储时，很容易产生玻璃屑使注射剂出现闪光，即脱片及浑浊现象。温度越高，脱片现象越严重。应当使用硬质中性玻璃安瓿灌装注射剂。

（5）其他变异。有些注射剂可因外界因素的影响，而使药品发生水解、氧化、变旋、差向异构、聚合等化学变化，导致药品变质失效。

2. 注射剂的质量检查

（1）澄清度检查。注射剂出厂时，按规定每批逐支都进行澄清度检查，但考虑到可能漏检，在运输或储存中可能发生澄清度变化，因此在入库验收时还要进行澄清度检查。

（2）可见异物检查。可见异物的检查方法一般用灯检法，检查装置检查人员条件、检查法、结果判定均应按《中国药典》2020年版附录规定进行。

（3）外观性状检查。液体注射剂检查应无变色、沉淀、生霉等现象。

3. 注射剂的储存养护

注射剂在储存养护时，应根据其药品的理化性质，结合其溶剂的化学特点和包装材质的具体情况综合加以考虑。

（1）一般注射剂应避光储存。

（2）遇光易变异的注射剂，如肾上腺素、氯丙嗪、维生素C等，在储存养护中必须采取各种遮光、避光措施，以防紫外线的照射。

（3）遇热易变异的注射剂，如抗生素注射剂、生物脏器制剂、酶类注射剂、生物制品等，应在规定的温湿度条件下储存养护，同时注意防潮、防冻。

（4）钙盐、钠盐的注射剂，如氯化钠、乳酸钠、枸橼酸钠等，储存时间过长，药液会侵蚀玻璃，产生脱片及浑浊现象，这些注射剂要特别注意按批号出库。

（5）以水为溶剂的注射剂要注意防冻、防裂；在储存运输过程中，不可横卧倒置、扭动挤压或碰撞瓶塞。以油为溶剂的注射剂要注意避光、避热储存。粉针在储存过程中应注意防潮，保持瓶盖的严密熔封。

4. 药品储存养护实例分析

以葡萄糖氯化钠注射液为例。

处方组成：内含葡萄糖 5%（g/mL）与氯化钠 0.9%。本品为体液补充药，无色澄明液体，味甜带咸。

质量稳定性分析：本品久储易产生白块，影响药液的澄明度；封口不严密，可受真菌污染，瓶中出现絮状物。

储存养护方法分析：密闭储存，冬季须防冻；注意封口严密，不得横卧倒置；澄清度不合格或药液内出现絮状物不得供药用。

（五）糖浆剂的储存养护

糖浆剂储存养护流程：检查合格入库→储存养护→合格出库。

糖浆剂可分为单糖浆、药用糖浆、芳香糖浆。糖浆最好储存于容积不超过 500mL 的细颈瓶中，并选用质量较好和大小合适的软木塞。

1. 糖浆剂的变异因素

（1）霉变。由于制备糖浆剂的原料不洁净、煎糖质量差、制法不当、包装不宜、含糖浓度偏低等原因，均可引起糖浆霉变。有时糖浆被微生物污染也可生霉。

（2）沉淀。糖含可溶性杂质较多时，含糖浓度低糖浆剂可产生浑浊或沉淀现象。

（3）变色。有着色剂的糖浆有时色泽会发生变化。这是由于色素在还原性物质和光线作用下可褪色；糖浆在生产中加热过久、储存时温度过高，转化糖量增加，使颜色变深。

2. 糖浆剂的验收入库

（1）检查包装容器封口是否严密，有无渗漏现象；瓶外是否清洁，有无黏结现象，未擦净的糖浆痕迹。

（2）对光检视糖浆是否澄清，应无浑浊、沉淀；有无糖结晶析出；同一批号的糖浆其色泽是否一致，有无变色、褪色现象；有无杂质异物。

（3）检查有无生霉、发酵。必要时开瓶嗅闻有无因霉变引起的异臭、异味。

（4）必要时检查其装量的准确性。

糖浆剂的入库验收以肉眼观察为主，一般不宜开启瓶口，以防污染。

3. 糖浆剂的储存养护

（1）一般储存养护。糖浆剂容易发生霉变、变色、沉淀等现象。因此，糖浆剂应密闭，储存于 30℃ 以下的避光处。

（2）防污染、防霉变措施。含糖 80% 以上的糖浆剂，本身具有一定的防腐作用，微生物在其中不易繁殖；含糖 50% 以下的糖浆剂微生物容易滋生，一般需加防腐剂。

（3）沉淀的处理。含有少量沉淀的糖浆剂经振摇能均匀分散，则可供药用。糖浆剂发生霉变、浑浊、沉淀时则不能再供药用。

（4）冻结和解冻。糖浆剂尤其是含糖量低的糖浆剂，在寒冷的季节和地区容易发生冻结。冻结时其质地比较松软，不易冻裂容器，放置在室温时可自行解冻；如不能解冻，可用温水浴解冻，但不得破坏其标签。一般含糖量在 60% 以上的糖浆剂，不需防冻。

（六）原料药的储存养护及案例分析

1. 原料药的储存养护

原料药应密闭储存养护，注意包装完好不受损坏，严防灰尘等异物污染。凡吸潮能发生变异的药品，储存时应注意防潮、包装密封、置于干燥处储存，如碳酸氢钠；易风化的药品储存时应注意包装严密，不能放置在过于干燥或通风的地方，置于阴凉处储存，如咖啡因；避光的药品应置于遮光的容器中，密闭于暗处储存，如甘汞；易吸收二氧化碳的药品，不能露置于空气中，应密封，避免与空气接触，如氧化锌；生化制品及含蛋白质、肽类的药品，易受温度、光、水分和微生物的影响，引起霉变、腐败、生虫等，使有效成分被破坏或产生异臭，这类药品要注意密封，置于阴凉避光处储存；危险药品除按规定储存外，应远离一般库房，置于阴凉、暗处，防火储存。

2. 原料药储存养护实例分析

以阿司匹林为例。

作用与性状：用于解热、消炎、镇痛，外观白色结晶或结晶性粉末，无臭或微带酸臭，味微酸的原料。

质量稳定性分析：在干燥空气中稳定，遇湿气即缓缓水解成水杨酸与醋酸，分解后有显著的醋酸臭，水溶液显酸性。

储存养护方法分析：密封，在干燥处储存；如有明显的醋酸臭或储存时间过久，应检查其分解产物"游离水杨酸"是否符合《中国药典》规定；本品如包装严密，于 5 ~ 30℃ 下储存，三年之内质量无变化。

储存养护分类

📍 任务实施 ●

（1）结合所学知识，根据药品储存与养护相关规定，能够准确阐述药品储存养护的概念、目的与意义、变异现象和原因等基本知识。

（2）熟练掌握散剂、片剂、胶囊剂、注射剂、糖浆剂、原料药等储存养护流程、变异因素、质量验收、储存养护注意事项并举例说明。

📍 任务评价 ●

药品储存养护评价，如表 8-1 所示。

表 8-1　药品储存养护评价表

班级：　　　　　姓名：　　　　　学号：　　　　　成绩：

项目	评分标准	分值	评分要求	自评	互评	教师评价
药品储存养护基本知识	能够准确阐述药品储存养护的概念、目的与意义、变异现象和原因	15				
散剂储存养护	能够准确阐述散剂储存养护流程、质量变异因素、质量验收、储存养护注意事项并举例说明	15				
片剂储存养护	能够准确阐述片剂储存养护流程、质量变异因素、质量验收、储存养护注意事项并举例说明	15				
胶囊剂储存养护	能够准确阐述胶囊剂储存养护流程、质量变异因素、质量验收、储存养护注意事项并举例说明	15				
注射剂储存养护	能够准确阐述注射剂储存养护流程、质量变异因素、质量验收、储存养护注意事项并举例说明	15				
糖浆剂储存养护	能够准确阐述糖浆剂储存养护流程、质量变异因素、质量验收、储存养护注意事项并举例说明	15				
原料药储存养护	能够准确阐述原料药储存养护注意事项并举例说明	10				
总分		100				

知识巩固

【案例分析】

分别准备好以下药品将其分类储存养护：红霉素软膏、过氧化氢溶液、异烟肼分散片、注射用青霉素 G 钾、复方氯丙嗪注射液、维生素 AD 胶丸、布洛芬栓。

任务二　中药储存与养护

📍 任务导入 ●

2023 年 3 月 2 日，南宁市市场监督管理局在例行检查过程中，发现南宁市×××药店中药柜中，××中药存在有受潮发霉的情况，经查是近期由于连日下雨，空气湿度较高，中药保存环境不当导致发霉。市场监督管理局要求立马下架有问题中药，责令药店限期整改，并按相关规定处罚。请结合案例试分析中药饮片储存、养护条件。

📍 任务目标 ●

（1）掌握中药材、中药饮片、中成药储存与养护的基础知识。

（2）掌握中药储存与养护的基本方法，能完成科学养护、储存任务，以保证中药质量的可靠性和有效性。

（3）培养学生注重中药储存和养护过程管理及管理意识。

📍 知识准备 ●

中药是指在中医药理论指导下使用的药用物质，是中医学的重要组成部分，也是世界医药学中的瑰宝。中药是我国古代人民在长期的生产中，为了治愈疾病不断寻求和发现的。中药包括中药材、中药饮片和中成药三大类。

一、中药材的储存养护

（一）中药材的质量变异现象及原因

中药材在运输、储存保管过程中，易出现霉变、虫蛀、变色、泛油、气味散失、风化、潮解融化、黏连、升华等现象，称为中药材的质量变异现象。

引起中药材质量变异的主要原因有两方面：一是药材本身的性质，如含水量及药材所含化学成分的性质；二是外界环境因素，如空气、温度、湿度、日光、真菌、虫害等。

课堂讨论

哪些中药材容易霉变？如何预防中药材霉变的发生？

（二）中药材的储存保管

1. 根及根茎类药材

根及根茎类药材个体肥大，干燥后多质地坚实，耐压性强。由于其来源不同，所含成分复杂，多易受外界因素影响而变异。因此，应根据根及根茎类药材的储存性能，实行分类储存。

库房选择：均须选择阴凉干燥库房，具备通风吸湿、熏蒸等设施。高温梅雨季节前要进行熏仓防霉、杀虫，有些品种可移至气调、密封库房或低温库房。

温湿度管理：严格温湿度管理。对于易霉变、虫蛀、泛油的药材，库温应控制在25℃以下，相对湿度60%～70%。

货垛管理：货垛应经常检查，防倾斜倒塌。易泛油药材的货垛，不宜过高过大，注意通风散潮；含淀粉、糖分和黏液质的药材，受潮、受热易黏连结块甚至发酵，宜堆通风垛，保持空气流畅，如地黄、天冬、黄精、玉竹、山药、天花粉等。

2. 花类药材

花类药材多呈不同颜色，且色泽鲜艳，有芳香气味。若储存不当可吸湿返潮、变色、霉变、虫蛀、气味散失；质地疏松的花还易散瓣。鉴于上述情况，花类药材宜采用阴干或晾晒法干燥，避免火烤曝晒。

库房选择：宜选用干燥阴凉的库房，可设花类专用库房，用木箱或纸箱包装，分类储存，注意洁净，防止污染，避免硫黄熏仓。

温湿度管理：注意防潮，相对湿度控制在70%以下，温度不超过25℃。

货垛管理：货垛不宜过高，应适当通风，避免重压、阳光直射，防止花朵受损、垛温升高，一般垛温高于库温4℃时即应倒垛降温散湿，防止引起"冲烧"。

3. 果实种子类药材

果实类药材组织结构变化大，成分复杂，性能各异。尤其浆果、核果等因富含糖分，易黏结、泛油、霉变和虫蛀；果皮含挥发油，易散失香气、变色；种子类药材含淀粉、蛋白质和脂肪等营养物质，易酸败、泛油、生虫。

库房选择：根据性质不同，存放于干燥通风的库房。

温湿度管理：库房温度不超过30℃，相对湿度控制在75%以下。对易泛油品种，温湿度管理更应严格控制，库温不应超过25℃。

货垛管理：货垛不宜过高，不宜靠近门、窗，避免日光直射。对枸杞子、桂圆肉、瓜蒌、大枣等质地软润、不耐重压的中药，宜用硬质材料包装盛放。

4. 全草类药材

全草类药材常呈绿色，储存期间受温湿度和日光等影响，可发生变色。含挥发油的药材如薄荷、紫苏等，久储挥发油挥发而香气变淡。

库房选择：本类药材不宜曝晒或高温干燥，储存的库房应干燥通风，光照勿过强。

货垛管理：堆垛注意垫底防潮、保持清洁，避免重压破碎，定期检查、倒垛、散潮，以减少质变和损耗。

5. 树脂、干膏类药材

树脂、干膏类药材具有受热融化、变软、黏结的特点，储存时不仅会使外观变形，而且易黏附于包装或发生流失、污染、生虫、发酵、变色等。

库房选择：储存于干燥、阴凉避光的库房。

温湿度管理：库温应控制在30℃以下，相对湿度70%～75%。

货垛管理：储存芦荟、安息香等，垛底应垫衬纸，防止流失、污染。储存阿魏等有浓烈气味的品种，宜单独存放或选防潮容器密封，避免与其他药材串味。定期检查包装，防止破损、受热外溢。

6. 动物类药材

动物类药材来源复杂，主要为皮、肉、甲、角和虫体等，富含脂肪、蛋白质等营养物质。若储存不当，极易滋生真菌或出现虫蛀、泛油、酸败、异臭等现象，导致药材品质降低。该类药材价格偏高，更应加强责任心和注重设施投入，宜少储勤进。

库房选择：可采用带空调的专库存放，库房应具防潮、通风和熏仓防虫的条件。

温湿度管理：库温一般不超过20℃，相对湿度控制在70%左右。

货垛管理：储于专用容器中或拌花椒同储，存放于小型密闭库房或分层存放于货架上，避免与其他药材串味。

7. 特殊中药储存

（1）细贵中药材。如西洋参、番红花、冬虫夏草等价格较高，有的品种易虫蛀、霉变，应存放于专用库房和容器内，严格执行细贵药品储存保管制度，注意防变质、防盗以保证安全储存。

（2）易燃中药材。易燃中药材多为遇火极易燃烧的品种，如硫黄、樟脑、海金沙等，必须按照消防管理要求储存在阴凉、安全的专用库房，并配有专职消防安全员和消防设施，以防止火灾和其他事故的发生。

（3）毒性、麻醉类中药。根据国家《医疗用毒性药品管理办法》和《麻醉药品和精神药品管理条例》储存。

二、中药饮片的储存与养护

（一）中药饮片的加工方法

1. 净制

净制即净选加工。净制可根据具体情况，分别采用挑选、风选、水选、筛选、剪、切、刮削、剔除刷、擦碾串、火燎及泡洗等方法达到质量标准。

2. 切制

切制是将净选后的药材软化再根据要求切制成片、段、块、丝等。其厚薄、长短、大小、宽窄通常为极薄片0.5mm以下，薄片1～2mm，厚片2～4mm；短段5～10mm，长段10～15mm；方块8～12mm；细丝2～3mm，粗丝8～10mm。其他不宜切制的

药材，一般应捣碎用。

3. 炮炙

除另有规定外，常用的炮炙方法有炒（清炒、麸炒、土炒）、烫煅（明煅、煅淬）、制炭（炒炭、煅炭）、蒸、煮炖、酒制（酒炙、酒炖、酒蒸）、醋制（醋炙、醋煮、醋蒸）、盐制（盐炙、盐蒸）、姜汁炙、蜜炙、油炙、制霜、水飞等。

中药饮片品种繁多、规格复杂、形状各异，除中药材本身的成分不同，还因采用了多种炮制方法而增强了其复杂性，给储存保管增加了难度。因此，把好中药饮片入库验收关，进行科学保管与养护，在储存中防止中药饮片质量变异，对于保证药品质量，提高企业经济效益和社会效益具有重要意义。

（二）中药饮片入库验收及质量检查

依据相关的标准对企业所购中药饮片的包装、品种的真伪、质量的优劣进行全面检验，对符合要求的予以接收入库，对不符合的予以拒收，并建立相应的记录，这个过程称为中药饮片的验收。

1. 验收要求

（1）人员。验收人员应具有中药学专业中专以上学历，或中药学中级以上专业技术职称。

（2）验收场所。企业应在与其经营规模相适应、符合卫生要求的黄色待验区进行验收，其面积对于大型企业不少于 $50m^2$；中型企业不少于 $40m^2$；小型企业不少于 $20m^2$。

（3）验收设备。验收养护室应有必要的防潮、防尘设备，应配置必备的水分测定仪、紫外线荧光灯、显微镜、澄明度检测仪、崩解仪、白瓷盘、剪刀、放大镜，检查细小的果实、种子类药材须备有冲筒（探子）、标本等验收仪器。

（4）毒性饮片的验收包装符合规定；实行双人验收、双人签字的制度。

（5）验收数量5件以内要逐件验收；5～99件，随机抽验五件；大于100件，按5%随机抽验；超过1000件，超过部分按1%抽验；贵重药品逐件抽验。

（6）验收记录。

①必须建立完善、真实的验收记录。

②验收记录内容包括购进日期、商品名称、产地规格数量、生产企业、供货企业、批准文号、质量状况验收人员等内容。

③验收记录应保存至超过药品有效期一年，但不得少于三年。

2. 验收依据

（1）验收依据有《中国药典》（2020年版）、《国家中药饮片炮制规范》以及各地方炮制规范、《中药饮片质量标准通则（试行）》等。进口中药依照《药品进口管理办法》执行。

（2）进货合同和入库凭证上所要求的各项质量条款。

3. 验收方法和内容

（1）数量和外包装的验收。数量验收应根据入库通知单或相关凭证与实物核对。中药饮片应有外包装并附有质量合格标志，外包装应符合药用或食用标准，包装上有标签，标签上应注明品名、规格、产地、生产企业、产品批号、生产日期，实施批准文号管理的中药饮片还必须注明批准文号。

（2）外观性状检查。通过眼看、手摸、鼻闻、口尝等方法，根据饮片的性状特征和炮制要求来鉴别真伪优劣，以及片型是否符合规定。若有性状异样，应参照《中国药典》进行显微和理化鉴别，以帮助确定真伪。

（3）纯度检查。根据《中国药典》（2020 年版）附录所规定方法，测定含水量、灰分含量（总灰分和酸不溶性灰分）和杂质含量等。

（4）内在质量验收。根据《中国药典》规定方法，对检品进行浸出物、物理常数、挥发油含量等方面的测定，以及运用高效液相、气相薄层扫描等色谱法对其活性成分或特征成分进行含量测定，据此判断真伪优劣。

4. 对验收中发现问题的处理

验收人员对货单不符、质量异常、包装破损、标识不清或手续不全的中药饮片有权拒收并填拒收单。对真伪优劣难确定或有质量疑问的中药饮片，应按规定取样，同时填写质量反馈单，送质量检验室进行鉴定或检测。经检验不合格者，应及时填写不合格药品记录，并存放于不合格药品区内，标识（红色）明显，并通知业务部门拒付货款并办理退货手续。为了防止错检、漏检，质量管理部门应组织检验人员对一周内入库的所有饮片再检查一次。每月质量管理部门应组织有关人员对本月库存饮片进行一次重点检查。

中药饮片炮制品的验收

课堂讨论

验收过程中如发现货单不符、标识不清或手续不全的中药饮片，应如何处理？

（三）中药饮片的养护技术

1. 清洁养护法

清洁养护法主要包括饮片加工各个环节注意卫生、仓库及其周围环境保持清洁和库房的消毒工作等。

2. 除湿养护法

除湿养护法是利用通风、吸湿等方法来控制库房的湿度，抑制真菌和害虫活动的方法。

3. 干燥养护法

干燥可以除去中药饮片中过多的水分，同时可杀死真菌、害虫及虫卵，达到防虫、

防霉、久储不变质的效果。常用的干燥方法有曝晒、烘干、摊晾、微波干燥法及远红外加热干燥法等。

4. 密封（密闭）养护法

密封（密闭）养护法是通过将饮片储于缸、坛、罐、瓶、箱等容器而与外界隔离，以尽量减少外界因素对其影响。

5. 对抗同储养护法

对抗同储养护法是用两种以上的药物同储，或采用一些有特殊气味的物品与药物同储而起到相互克制作用，抑制虫蛀、霉变、泛油的一种养护方法。

6. 冷藏养护法

冷藏养护法指采用低温方法储存中药饮片，从而有效防止不宜烘、晾的中药饮片发生虫蛀、发霉、变色等变质现象。

7. 化学药剂养护法

化学药剂养护法是利用无机或有机的防霉、杀虫剂与仓虫接触，从而杀灭真菌和害虫的方法。

8. 气调养护法

气调养护是一种新的养护技术。其原理是将饮片置于密闭的容器内，对影响其变质的空气中的氧的浓度进行有效控制，人为地造成低氧或高浓度二氧化碳状态，抑制害虫和微生物的生长繁殖。

9. 无菌包装技术

首先将中药饮片灭菌，置入微生物无法生长的容器内，避免了再次污染的机会，在常温条件下，不需任何防腐剂或冷冻设施，在规定的时间内不会发生霉变。

易变异中药品种的储存

（四）中药饮片储存常发生的质量变异及防治原则

中药材经炮制加工制成饮片，改变了原药材的形状，增加了与空气和微生物的接触面积，因此更易发生泛油、霉变、虫蛀、变色等现象。仓储工作者应针对饮片质量变异的原因采取科学的防治措施。

1. 切制类饮片

（1）含淀粉较多的饮片。切片后要及时干燥，宜置于通风阴凉干燥处，防虫蛀。

（2）含糖分及黏液质较多的饮片。切片后不易干燥，若储存温度高、湿度高均易吸潮变软发黏、霉变和虫蛀。宜置于通风、干燥处，密封储存，防霉蛀。

（3）含挥发油较多的饮片。切片后一般在60℃以下干燥。储存温度不宜过高，防止香气散失或泛油。受潮则易霉变和虫蛀，宜置于阴凉干燥处。

2. 炮制类饮片

（1）炒制类饮片。炒黄、炒焦、麸炒、土炒等均可使饮片香气增加。若包装不严，易被虫蛀或鼠咬。宜储存在干燥容器内，置于通风干燥处，防潮、防蛀。

（2）酒、醋炙饮片。不仅表面积增大，且营养增加，易污染霉变或遭虫害。应储于密闭容器中，置于通风干燥处，防蛀。

（3）盐水炙饮片。空气相对湿度过高时，易吸湿受潮；库温过高或空气相对湿度过低时，则盐分从表面析出。应储于密闭容器内，置于通风干燥处，防潮。

（4）蜜炙饮片。蜜炙后糖分多，较难干燥，易吸潮发黏、污染霉变或遭虫害。通常储于密闭容器内，置于通风干燥处，防霉、防蛀、防潮。蜜炙品每次制备不宜过多，储存时间不宜过长。

（5）蒸煮类饮片。常含有较多水分，蒸煮后易受真菌侵染，饮片表面附着真菌菌丝体。宜储存在干燥密闭容器内，置于通风干燥处，防霉、防蛀。

（6）矿物加工类饮片。在干燥空气中易失去结晶水而风化，在湿热条件下又易潮解。宜储于密闭容器内，置于阴凉处，防风化、潮解。

综上所述，储存中药饮片的库房应保持通风、阴凉、干燥，避免日光直射，库温30℃以下，相对湿度75%以下为宜，勤检查、翻晒、灭鼠。饮片储存容器必须合适，一般可储存于木箱、纤维纸箱中，以密封的铁罐、铁桶为佳，也可置于瓷罐、缸或瓮中，并放置石灰或变色硅胶等吸湿剂。中药房饮片柜、药斗要严密。对于流转缓慢的饮片，应经常检查，以防霉变、虫蛀。

三、中成药的储存养护

（一）中成药的分类储存

中成药的储存通常采用分类储存，即把储存地点划分为若干区，每个区又划分为若干货位，依次编号。按剂型和药物自身特性要求，把相同的药物储存在一起，然后根据具体储存条件选择各类中成药最适宜的储存位置。

1. 一般固体中成药

丸剂、散剂、颗粒剂、片剂等，易受潮、气味散失、泛油、结块、发霉、虫蛀等中成药为一类，其中丸剂、片剂久储易失润、干枯、开裂。宜储存于密封库房，防止吸潮霉变，并控制库温25℃以下，相对湿度75%以下。

2. 其他液体及半固体制剂

糖浆剂、合剂、酒剂、酊剂、露剂、煎膏剂、流浸膏剂及浸膏剂等，其性质怕热、怕光、易酸败发酵，应储存于阴凉干燥库房，避热、避光、防冻。另外，这类成药包装体积大、分量重，宜储存于低层库房以便于进出仓库。

（二）中成药易变质品种的养护

中成药品种繁多，组方复杂，制备工艺繁琐，有效成分又多为混合物。因而出厂后，容易发生质量变化。为了减少或避免这些问题的发生，现将常见中成药易变品种的养护技术介绍如下。

1. 丸剂

蜜丸是较易变异的剂型，在天气湿热时，易吸收空气中的水分影响药品的稳定性而发生霉变、虫蛀；储存过久或库房干燥，易干枯、变硬、失润、开裂。水丸比较疏松，与空气接触面比较大，极易吸收空气中的水分，造成霉变、虫蛀或松碎等，如龙胆泻肝丸。糊丸、浓缩丸、蜡丸除易吸潮霉变外，又有变软、性脆、易碎等特点。储存时应注意储存于阴凉干燥处，防潮、防霉、防蛀，密闭储存，还应防止重压。定期检查库房温湿度，温度28℃以下，相对湿度70%以下；定期检查包装是否完好；保持库房清洁卫生。

2. 片剂

片剂除含有主药外，还含有淀粉等赋形剂，如健胃消食片。湿度大时，易吸潮而出现松片、裂片、变色、霉变等现象。储存时宜储于密闭干燥处，遮光、避热、防潮，库温30℃以下，空气相对湿度60%～70%。采用无色、棕色玻璃瓶或塑料瓶加盖密封，瓶内可加吸湿剂，也可根据内服外用的原则，尽可能将塑料袋或铝塑包装密封。不宜久储，严格按有效期管理，先产先出，避免过期失效。

3. 散剂

散剂因与空气的接触面比较大，极易吸潮、结块。尤其是富含淀粉或挥发性成分的散剂，还易虫蛀、霉变或成分挥发。储存时注意防潮、防结块、防霉蛀，避免重压、撞击。注意检查包装是否完整，有无破漏、湿润的痕迹；同时要检查是否有结块、生霉、虫蛀现象，检查库房温湿度。对含挥发性药物或吸潮性较强的散剂，要注意密封并置于阴凉干燥处。

4. 胶囊剂

胶囊容易吸收水分出现膨胀变形，表面失去光泽，甚至霉变、软化、黏连、破裂；库温过低或过于干燥，胶囊易破壳漏油、漏粉；温度过高，胶囊又易熔化、黏结，如牛黄降压胶囊。储存时注意密封，防潮、防冻、防热。储存温度应控制在10～20℃，相对湿度控制在45%～75%，密封储存于库内阴凉干燥处。

5. 煎膏剂

煎膏剂除含有中药浓缩膏外，还加有蜂蜜、蔗糖等营养性物质，如枇杷膏、益母草膏等。药液浓度过稀或库温过高、储存时间过长，极易发毒、发酵变酸或析出糖的结晶，从而造成质量不合格。储存时应保证容器洁净符合卫生标准，密封置于阴凉处，防日光直射和库房温湿度过高。

📍 任务实施 •

（1）以小组为单位对中药材进行储存养护，能准确阐述中药材质量变异的现象及原因；根及根茎类、花类、果实种子类、全草类、树脂和干膏类、动物类中药材的储存保管；特殊中药储存养护。

（2）以小组为单位对中药饮片储存养护，能够准确完成中药饮片入库验收及质量检查；完成中药饮片的养护；阐述储存常发生的中药饮片质量变异及防治原则。

（3）以小组为单位对中成药储存养护，能准确完成常规中成药和中成药易变品种的储存养护。

任务评价

中药储存养护评价，如表 8-2 所示。

表 8-2　中药储存养护评价表

班级：　　　　姓名：　　　　学号：　　　　成绩：

项目	内容	分值	评分要求	自评	互评	教师评价
中药材储存养护	能准确阐述中药材质量变异的现象及原因	5				
	能准确阐述根及根茎类中药材的储存保管	5				
	能准确阐述花类中药材的储存保管	5				
	能准确阐述果实种子类中药材的储存保管	5				
	能准确阐述全草类中药材的储存保管	5				
	能准确阐述树脂、干膏类中药材的储存保管	5				
	能准确阐述动物类中药材的储存保管	5				
	能准确阐述特殊中药储存	5				
中药饮片储存养护	能够准确阐述中药饮片入库验收及质量检查	10				
	能准确阐述中药饮片的养护技术	15				
	能准确阐述储存中常发生的中药饮片质量变异及防治原则	15				
中成药储存养护	能准确阐述常规中成药的储存养护	10				
	能准确阐述中成药易变品种的储存养护	10				
总分		100				

知识巩固

【分析题】

分析中药质量变异现象及原因。

任务三　特殊药品储存与养护

任务导入

2022 年 8 月 24 日，桂林市×××医药有限公司采购一批麻醉类药品——吗啡片，需管理员对药品进行入库及完成日常的储存养护保管。管理员在对特殊药品进行储存养护过程中要注意哪些呢？

任务目标

1. 掌握特殊管理药品的分类及贮藏要求，保管养护方法与技术。

2. 熟悉常用特殊管理药品性质特点、相关法规管理要求。

3. 能对特殊管理药品进行分类入库；明确特殊管理药品的相关法规对储存条件的要求；熟悉特殊管理药品储存区域及配套设施设备的使用与维护，能确定合理的存储位置与存储方法，并进行安全的入库储存操作。

4. 学会对在库的特殊管理药品进行保管养护，维护药品质量稳定，减少损耗。

5. 树立维护特殊药品质量稳定和严格按操作规程进行操作的安全意识。

知识准备

一、特殊管理药品概述

（一）特殊管理药品的概念

根据《中华人民共和国药品管理法》规定，国家对麻醉药品、精神药品、医疗用毒性药品、放射性药品，实行特殊管理。因此，麻醉药品、精神药品、医疗用毒性药品、放射性药品是法律规定的特殊管理药品，简称为"麻、精、毒、放"。

（二）特殊管理药品的分类

1. 麻醉药品分类

（1）按来源及化学成分分类。

①阿片类：如阿片粉、阿片酊、阿桔片。

②阿片生物碱类：阿片全碱注射剂（或片剂、栓剂）。

③可卡因类：如辛可卡因注射剂。

④吗啡类：盐酸吗啡注射剂；吗啡片剂。

⑤大麻类：大麻与大麻树脂。

（2）按剂型分类：注射剂（美沙酮注射剂）、片剂（阿法罗定片）、糖浆剂（磷酸可待因糖浆）、散剂（如阿片粉）、栓剂（阿片全碱栓剂）等。

（3）按临床应用分类：如麻醉（辅助麻醉和麻醉诱导与维持）用的舒芬太尼、瑞芬太尼；镇痛用的双氢可待因；镇咳用的阿桔片等。

2. 精神药品分类

第一类精神药品的管理同麻醉药品管理一样，不能零售，只能在具有麻醉药品和第一类精神药品购用印鉴卡的医疗机构，由具有处方权的执业医师处方使用。第二类精神药品可以由具有销售资格的药店凭执业医师出具的处方按规定计量销售，处方保存两年备查；一般医疗机构也可以凭处方使用。

3. 医疗用毒性药品分类

按毒性药品来源分类如下。

（1）毒性中药（包括原药材和饮片）：常见品种有砒霜、水银、雄黄等。

（2）毒性化学药。

①毒性化学药原料药品种有阿托品、洋地黄毒苷、氢溴酸东莨菪碱等。

②毒性化学药制剂品种有亚砷酸注射液等。

4. 放射性药品分类

（1）按核素分类。

①放射性核素本身即是药物的主要组成部分：如 ^{131}I、^{125}I 等，是利用其本身的理化特性和对人体产生的生理、生化作用，以达到诊断或治疗目的。

②利用放射性核素标记的药物：如 ^{131}I– 邻碘马尿酸钠，其示踪作用是通过被标记物本身的代谢过程来体现的。

（2）按医疗用途分类。放射药品主要用于诊断治疗，即利用放射性药品对人体各脏器进行功能代谢的检查，以及动态或静态的体外显像，如甲状腺吸 ^{131}I 试验、^{131}I– 邻碘马尿酸钠肾图及甲状腺、脑、肝、肾显像等；少量用于治疗的放射药品，如 ^{131}I 治疗甲亢等。

二、特殊管理药品的储存保管

国家对麻醉药品、精神药品、医疗用毒性药品和放射性药品实行特殊管理，颁布

《麻醉药品和精神药品管理条例》（以下简称《条例》）、《医疗用毒性药品管理办法》、《放射性药品管理办法》具体规定特殊药品的研究、生产经营、运输、使用、检验、储存养护、监督管理等。

《药品管理法》、《药品经营质量管理规范》（GSP）要求药品经营企业要建立特殊管理药品的管理制度。对特殊管理药品的验收要实行双人验收制度；特殊管理药品包装的标签或说明书上必须印有规定的标识和警示说明；特殊管理药品的储存要专库或专柜存放、双人双锁保管、专账记录、账物相符；特殊管理药品的购进、销售、运输按国家对特殊药品管理的有关规定。

（一）麻醉药品、精神药品的储存保管

麻醉药品、精神药品的储存保管流程：入库验收→储存养护→出库复核。

1. 麻醉药品、精神药品的储存养护要求

（1）采购管理要求。医疗机构应当根据本单位医疗需要，按照有关规定购进麻醉药品、第一类精神药品，保持合理库存。购买的付款应当采取银行转账方式。

（2）入库验收管理要求。麻醉药品、第一类精神药品入库验收必须货到即验；至少双人开箱验收；数量验收清点到最小包装；验收记录双人签全名，入库验收应当采用专簿记录，记录的内容包括日期、凭证号、品名、剂型、规格、单位、数量、批号、有效期、生产单位、供货单位、质量情况、验收结论验收和保管人员签字；验收记录保存至超过药品有效期一年，但不得少于三年；在验收中发现缺少、缺损的麻醉药品、第一类精神药品应当双人清点登记，报医疗机构负责人批准并加盖公章后，向供货单位查询、处理。

（3）储存养护管理要求。《条例》的第四十六条规定："麻醉药品药用原植物种植企业、定点生产企业、全国性批发企业和区域性批发企业以及国家设立的麻醉药品储存单位，应当设置储存麻醉药品和第一类精神药品的专库。该专库应当符合以下要求：安装专用防盗门，实行双人双锁管理；具有相应的防火设施；具有监控设施和报警装置，报警装置应当与公安机关报警系统联网。全国性药品批发企业经国务院药品监督管理部门批准设立的药品储存点应当符合前款的规定。麻醉药品定点生产企业应当将麻醉药品原料药和制剂分别存放。"《条例》的第四十七条规定："麻醉药品和第一类精神药品的使用单位应当设立专库或者专柜储存麻醉药品和第一类精神药品。专库应当设有防盗设施并安装报警装置；专柜应当使用保险柜。专库和专柜应当实行双人双锁管理。"《条例》的第四十八条规定："麻醉药品药用原植物种植企业、定点生产企业、全国性批发企业和区域性批发企业、国家设立的麻醉药品储存单位以及麻醉药品和第一类精神药品的使用单位，应当配备专人负责管理工作，并建立储存麻醉药品和第一类精神药品的专用账册。"《条例》的第四十九条规定："第二类精神药品经营企业应当在药品库房中设立独

立的专库或者专柜储存第二类精神药品，并建立专用账册，实行专人管理。专用账册的保存期限应当自药品有效期期满之日起不少于五年。"

（4）出库管理要求。药品出库双人复核，对进出专库（柜）的麻醉药品、第一类精神药品建立专用账册，进出逐笔记录，记录的内容包括日期、凭证号、领用部门、品名、剂型、规格、单位、数量、批号、有效期、生产单位、发药人、复核人和领用人签字，做到账、物、卡相符。专用账册的保存期限应当自药品有效期期满之日起不少于五年。

2. 麻醉药品储存养护实例分析

磷酸可待因糖浆除遵循一般药品的入库验收、储存、保管、养护程序与工作要求外，根据特殊管理药品的要求，各环节的特殊操作如下。

（1）入库验收。货到即验：数量点收时，要双人验收并清点到最小包装。验收记录，使用特殊管理药品入库验收记录单，记录内容包括日期、凭证号、品名、剂型、规格、单位、数量、批号、有效期、生产单位、供货单位、质量情况、验收结论、验收和保管人员签字。外包装标识检查，要有麻醉药品标志。

（2）分类存储。按药品特性、剂型、仓储管理要求进行入库分类，再根据入库药品数量、包装（如形状、体积、重量、内外包装材料特性）与包装标识（如可堆层数、储藏要求等）选择存储位置（阴凉库）。结合储位条件（地面荷重定额及库房高度）确定堆码层数、堆码方式，并进行堆码操作（注意符合"五距"要求，底座要稳固，避免过密、过高）或选择货架进行上架操作（注意安全操作）。设置货位卡，对货垛或货架堆放药品进行标识，记录入库信息（品名、规格数量等）。专人保管，库房加锁。

（3）在库保管与养护。根据磷酸可待因的理化特性（光照易变质）及糖浆剂（高温易发酵酸败等）的质量特性，确定储存条件为避光、密闭、阴凉处保管。在库检查时注意药品有无渗漏、受微生物污染、发酵酸败或光解；储存条件是否符合药品储藏项下要求；在库药品品种、数量是否与账、卡相符等。

（4）出库复核。按出库单证进行拣单操作，所拣出药品实行双人复核。复核记录内容包括日期、凭证号、收货单位（或部门）、品名、剂型、规格、单位、数量、批号、有效期、生产单位（或供货单位）、拣单人、复核人等，做到账、物、卡相符。专用账册的保存期限应当自药品有效期期满之日起不少于五年。

（二）毒性药品的储存保管

毒性药品的储存保管流程：入库验收→储存养护→出库复核。

1. 毒性药品的储存养护要求

《医疗用毒性药品管理办法》第六条规定："收购、经营、加工使用毒性药品的单位必须建立健全保管、验收、领发、核对等制度；严防收假、发错，严禁与其他药品混杂，做到划定仓间或仓位，专柜加锁并由专人保管。毒性药品的包装容器上必须印有毒药标志。在运输毒性药品的过程中，应当采取有效措施，防止发生事故。"

2.毒性药品储存养护实例分析

以洋地黄毒苷片为例，除遵循一般药品的入库验收、储存、保管、养护程序与工作要求外，根据特殊管理药品的要求，各环节的特殊操作如下。

（1）入库验收。数量点收时，要双人验收并清点验收到最小包装，验收记录双人签字，使用特殊管理药品入库验收记录单，记录日期、凭证号、品名、剂型、规格、单位、数量、批号、有效期、生产单位、供货单位、质量情况、验收结论，最后保管人员签字。外包装标识检查，要有毒性药品标志。

（2）分类存储。按药品特性进行入库分类，在仓库特殊管理药品区域选择毒性药品且是片剂储存区域，再根据入库药品数量、包装（形状、体积、重量，内外包装材料特性）与包装标识（如可堆层数、贮藏项下要求）选择存储位置。结合储位条件（如地面荷重定额及库房高度）确定堆码层数、堆码方式进行堆码操作（注意符合"五距"要求，底座要稳固，避免过密、过高），或选择货架进行上架操作（注意安全操作）。设置货位卡，对货垛或货架堆放药品进行标识，记录入库信息（品名、规格、数量等），记保管账，专人保管，库房加锁。

（3）在库保管与养护。根据洋地黄毒苷的理化特性及片剂的质量特性，确定储存条件，避光密闭保管。因其有效期短，只有一年，在库检查时注意药品的有效期，及时填写近效期药品催销表，催促销售业务部门及时销售，避免过期失效。检查储存条件是否符合药品储藏的要求；药品质量是否稳定；药品品种、数量是否与账、卡相符等。

（4）出库复核。按出库单证进行拣单操作，所拣出药品实行双人复核，复核记录内容包括日期、凭证号、收货单位（或部门）、品名、剂型、规格、单位、数量、批号、有效期、生产单位（或供货单位）、拣单人、复核人等，做到账、物、卡相符。专用账册的保存期限应当自药品有效期期满之日起不少于五年。

（三）放射性药品的储存保管

放射性药品的储存保管流程：入库验收→储存养护→出库复核。放射性药品应严格实行专库（柜），双人双锁保管，专账记录。放射性药品的储存应有与放射剂量相适应的防护装置；放射性药品置放的铅容器应避免拖拉或撞击。

（1）入库验收。收到放射性药品时，应认真核对名称、出厂日期、放射性浓度、总体积、总强度、容器号、溶液的酸碱度与物理性状等，注意液体放射性药品有否破损、渗漏，注意发生器是否已作细菌培养热原检查。注意放射性药品的包装必须安全实用，符合放射性药品质量要求，具有与放射性剂量相适应的防护装置。包装必须分内包装和外包装两部分，外包装必须贴有商标、标签、说明书和放射性药品标志，内包装必须贴有标签。标签必须注明药品品名、放射性比活度、装量。说明书除注明前款内容外，还须注明生产单位、批准文号、批号、主要成分、出厂日期、放射性核素半衰期、适应证、用法、用量、禁忌证、有效期和注意事项等。做好放射性药品入库登记。

（2）保管。放射性药品应由专人负责保管；建立放射性药品登记表册，在记录时认真按账册项目要求逐项填写，并做永久性保存。放射性药品应放在铅罐内，置于贮源室的贮源柜内保管，严防丢失。储存放射性药品容器应贴好标签，常用放射药品应按不同品种分类放置在通风橱贮源槽内，标志要鲜明，以防发生差错。

（3）出库验发。要有专人对品种、数量进行复查，出库复核记录双人签名确认。

（4）特殊情况处理。发现放射性药品丢失时，应立即追查去向，并报告上级机关。过期失效而不可供药用的药品，不得随便处理。

麻醉药品和精神药品
管理条例关于储存的规定

📍 任务实施 ●

（1）以小组为单位学习特殊药品管理基本知识，能准确阐述麻醉药品、精神药品的储存保管，毒性药品的储存保管相关概念和定义；能够准确完成对特殊管理药品进行分类储存。

（2）以小组为单位对麻醉药品、精神药品的储存保管入库分类储存操作，训练按要求及药品特性、包装、仓库条件、进出库规律进行特殊管理药品入库分类储存操作的能力。

（3）以小组为单位对毒性药品的储存保管入库分类储存操作，训练按要求及药品特性、包装、仓库条件、进出库规律进行特殊管理药品入库分类储存操作的能力。

（4）以小组为单位对放射性药品的储存保管入库分类储存操作，训练按要求及药品特性、包装、仓库条件、进出库规律进行特殊管理药品入库分类储存操作的能力。

任务评价

特殊药品储存养护评价，如表8-3所示。

表8-3　特殊药品中药储存养护评价表

班级：　　　　　　姓名：　　　　　　学号：　　　　　　成绩：

项目	内容	分值	评分要求	自评	互评	教师评价
特殊药品管理基本知识	特殊管理药品的概念	15				
	特殊管理药品的分类	15				
特殊药品储存养护	麻醉药品、精神药品货单核对→药品分类→按药品类型、包装、仓库条件、进出库规律确定储存区域及货位（或货架）→收货入库堆码或上架检查堆码或上架工作是否符合要求→设置货位卡及标识＋记录存储信息（货位卡及保管账）→进入日常保管养护工作	30				
	毒性药品的货单核对→药品分类→按药品类型、包装、仓库条件、进出库规律确定储存区域及货位（或货架）→收货入库堆码或上架检查堆码或上架工作是否符合要求→设置货位卡及标识＋记录存储信息（货位卡及保管账）→进入日常保管养护工作	20				
	放射性药品的货单核对→药品分类→按药品类型、包装、仓库条件、进出库规律确定储存区域及货位（或货架）→收货入库堆码或上架检查堆码或上架工作是否符合要求→设置货位卡及标识＋记录存储信息（货位卡及保管账）→进入日常保管养护工作	20				
总分		100				

知识巩固

【操作训练】

（1）特殊管理药品的入库验收、分类存储模拟操作训练。

（2）由教师自定入库特殊管理药品的品种、入库数量、包装规格，库房条件（库房高度、面积、地面荷重定额），学生参照"实例方法""实训项目"进行入库验收与分类储存模拟操作训练。

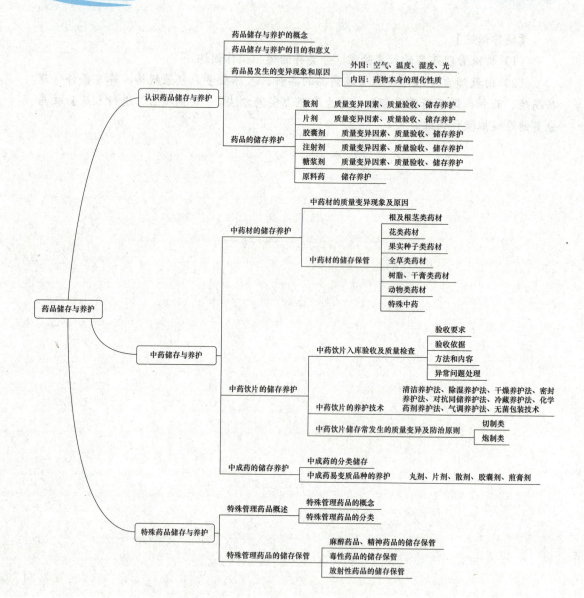

项目九　顾客服务

任务一　用药服务

任务导入

王女士，近日因感冒持续咳嗽，她从药店购买了某品牌止咳糖浆，因感觉该药有特殊气味，于是每次服用该药后，王女士都要饮用白开水。结果，用药三天后，王女士的咳嗽症状并没有明显好转。王女士认为，是药店的药品质量有问题。

请根据所学知识，设计一份用药交代服务方案，避免此类事情的发生。

任务目标

1. 掌握用药交代服务。
2. 掌握用药咨询服务的对象和内容。
3. 理解用药服务咨询方法和沟通咨询技巧。
4. 了解应用药品的特殊提示和"问病荐药"的技能。
5. 提高学生沟通咨询技巧。

知识准备

一、用药服务概述

用药服务是药学技术人员应用所学专业知识，向患者、医护人员、公众等提供直接的、负责任的、与药品使用有关的服务，以增强患者用药的依从性，减少药物不良反应，提高药物治疗的安全性、有效性与经济性，实现改善与提高人类生活质量的理想目标。用药服务是提高药学服务质量，促进合理用药的重要环节，是药师参与全程化药物治疗的需要，对指导患者安全、有效、合理用药具有重大意义。

二、用药服务咨询方法

（一）咨询环境

1. 位置明显

咨询处宜紧邻药房或药店大堂的明显处，目的是方便患者向药师咨询与用药相关的问题。

2. 咨询处标识

咨询处标识要清楚，位置应明确、显而易见，使患者可清晰地看到咨询药师。

3. 环境舒适

咨询环境应舒适、相对安静、较少受外界干扰，创造一个让患者信任和舒适的咨询环境。如咨询时间较长、老年患者或不便站立的患者，应请患者坐下，与药师面对面咨询。

4. 适当隐秘

对大多数患者可采用柜台式面对面咨询的方式。对特殊患者（如计划生育、妇产科、泌尿科、皮肤性病科患者）应单设一个比较隐蔽的咨询环境，以便患者放心地提出问题。

5. 必备用品

咨询台应准备药学、医学的参考资料、书籍，以及面对患者发放的医药科普宣传资料。有条件的单位可以配备装有数据库的计算机及打印机，可当场打印患者所需文件。

（二）用药服务咨询方式

用药服务咨询方式包括：面对面交流、电话咨询、网络咨询、专题讲座、其他科普资源。

三、用药咨询服务的对象和内容

用药咨询是药师应用所掌握的药学知识和药品信息，包括药理学、药效学、毒理学、医药商品学、药品不良反应信息等，承接公众对药物治疗和合理用药的咨询服务。药师开展药物咨询，是药师参与全程化药学服务的重要环节，也是药学服务的突破口，对临床合理用药有关键性作用，对保证合理用药有重要意义。

（一）患者用药咨询

（1）药品名称包括：通用名、商品名、别名。

（2）适应病证。药品适应病证与患者病情相对应。

（3）用药禁忌包括：配伍禁忌、妊娠禁忌、证候禁忌、饮食禁忌等。

（4）用药方法包括：口服药品的正确服用方法、服用时间和用药前的特殊提示；栓剂、滴眼剂、气雾剂等外用剂型的正确使用方法；缓释制剂、控释制剂、肠溶制剂等特殊剂型的用法；如何避免漏服药物，以及漏服后的补救方法。

（5）用药剂量包括：首次剂量、维持剂量；每日用药次数、间隔；疗程。

（6）服药后预计疗效及起效时间、维持时间。

（7）药品的不良反应与药物相互作用。

（8）是否有替代药物或其他疗法。

（9）药品的鉴定辨识、储存和有效期。

（10）药品价格、报销，是否进入医疗保险报销目录等。

（二）医师用药咨询

目前，药师可以面向医师提供用药的咨询服务，包括：新药信息，合理用药信息，药品不良反应，药物相互作用和禁忌证。

（三）护士用药咨询

由于护士的工作特点决定了他们需要更多地获得药物配伍禁忌、剂量、用法，注射剂配置溶媒、浓度和输液滴注速度，以及输液药物的稳定性、配伍的理化变化、药品的保管等信息。

（四）公众用药教育

药师对患者及公众的药学教育，可以针对提出的问题作出回答或解释，教育公众正确看待药物，指导患者及公众读懂药品说明书。

四、沟通咨询技巧

（一）认真聆听

药师要仔细听取并揣摩患者表述信息的内容和意思，不要轻易打断对方的谈话，以免影响表述者的思路和内容的连贯性。

（二）注意语言的表达

药师在与患者沟通时注意多使用服务用语和通俗易懂的语言，尽量避免使用难懂的专业术语，有助于患者对问题的理解和领会。沟通时尽量使用短句子，便于患者理解和领会，使用开放式的提问方式，可以使药师从患者那里获得更多、更详细的信息内容。

（三）注意非语言的运用

与患者交谈时，眼睛要始终注视着对方，注意观察对方的表情变化，从中判断其对问题的理解和接受程度。

（四）注意掌握时间

与患者的谈话时间不宜过长，提供的信息也不宜过多，过多的信息不利于患者的掌握，反而会成为沟通的障碍。解决的办法是，最好事先准备一些宣传资料，咨询时发给患者，这样既可以节省谈话时间，也方便患者认真阅读、充分了解。

（五）关注特殊人群

对特殊用药人群，如婴幼儿、老年人、少数民族和国外等患者，需要特别详细提示服用药品的方法。老年人的视力、听力和用药依从性差，应反复交代药品的用法、禁忌证和注意事项直至患者或其家属完全明白；同时老年人的记忆力减退、反应迟钝，容易忘服或误服药品，甚至重复用药，因此在用药时宜选择每日仅服用1～2次的药品，书面写清楚用法并交代清晰，有条件的话可配备单剂量药盒，并叮嘱老年患者家属督促其按时、按量服用。对少数民族和国外患者可尽量注明少数民族语言或英语，同时注意民族生活习惯，选择适合他们服用的药品。必要时对患者做一些心理疏导。

五、应用药品的特殊提示

（一）需特殊提醒的用药人群

1. 老年人的用药

老年人往往服用药品种类多，依从性差，因此临床药师在指导老年人合理用药时要重点关注药物的使用剂量和药物之间的相互作用，减少药物的不良反应和药源性疾病，提高老年人用药的安全性。在调整老年人给药方案时要与老年人的生活方式相适应，选择在保证疗效的前提下使用低价位的药品；使用容易打开的包装和适合吞咽的剂型；选择醒目的辅助标签等提高老年患者用药的依从性。

2. 妊娠期及哺乳期妇女的用药

妊娠期及哺乳期妇女的药品使用关系到母婴双方的安全，药师在指导用药时，要充分考虑此类患者的生理和药动学特点，选择临床中使用时间长且安全的药物，注意从低剂量开始。使用中药时，要注意中药配伍、妊娠禁忌。使用西药时，尽量选择半衰期短、高蛋白结合、生物利用度低和低脂溶性药物，关注药品说明书中"妊娠和哺乳期妇女用药"项下的内容，禁止使用其项下规定禁止使用的药物。对患者要进行用药指导，对于一天只服一次的药品，建议晚上给药，这样可延长哺乳时间；对于一天服用多次的药物，建议哺乳后立即给药；要告知患者不能擅自用药。

3. 婴幼儿和儿童的用药

婴幼儿和儿童处在生长发育阶段，药师要注意研究药物在其体内药效学和药代学的特点与成人不同，严格掌握用药指征和药物剂量。在指导使用中药时，要注意小儿为纯阳之体、体质柔嫩、气血未成、脏腑甚脆、极易伤残的特点，要避免或减少使用猛药重剂，以免伤害儿童及婴幼儿。在指导使用西药时，选择适宜的剂型、安全的品种、合理的剂量，避免推荐儿童禁止使用的药物，如氟喹诺酮类、四环素类等药物。对患儿家长进行必要的用药教育，如药品的使用方法、使用疗程、药品保存及注意事项等。

4. 肾功能不全患者的用药

肾是调节机体水和电解质的重要器官，也是药物及其代谢产物排泄的重要器官，肾功能不全对药物的吸收、分布、代谢、排泄过程均有重要影响。药师在指导肾功能不全患者的用药时要重点关注对肾功能有影响的药物，注意药物之间的相互作用，避免产生新的肾损害。指导患者定期检查肾功能，关注病情变化，注意药物剂量，避免过量。

5.肝功能不全患者的用药

肝功能不全患者对体内药物的药动学影响重大，一般情况下，其对药物代谢的影响与疾病的严重程度成正比。药师在指导此类患者的用药时要注意在明确诊断的前提下，选择低风险药物，避免或减少使用对肝脏毒性大的药物，注意药物之间的相互作用。在联合用药时，避免肝毒性药物的合用，选择肝毒性小、从肾脏排泄的药物。初始宜从小剂量开始，必要时要进行血药浓度监测，做到个体化给药。要指导患者定期检查肝功能，及时调整治疗方案。

（二）需特殊提示的情形和特别注意的问题

1.需特别提示的特殊情况

（1）患者同时使用两种或两种以上含同一成分的药品时；合并用药较多。

（2）用药后出现不良反应；既往曾发生过不良反应事件。

（3）患者依从性不好；患者认为疗效不理想或剂量不足以有效。

（4）病情需要，处方中配药剂量超过规定剂量（需医师双签字）；处方中用法用量与说明书不一致；非药品说明书中所指示的用法、用量、适应证时。

（5）超越说明书范围的适应证；超过说明书范围的使用剂量（需医师双签字确认）。

（6）患者正在使用的药物中有配伍禁忌或配伍不当（如有明显配伍禁忌应第一时间联系该医师以避免纠纷的发生）。

（7）第一次使用该药的患者。

（8）近期药品说明书有修改（如商品名、适应证、剂量、有效期、贮存条件、药品不良反应）。

（9）患者所用的药品近期发现严重或罕见的不良反应。

（10）使用含有毒中药或有毒成分药品的患者。

（11）同一种药品有多种适应证；用药剂量范围较大或剂量接近阈值。

（12）药品被重新分装，而包装的标识物不清晰。

（13）使用需特殊储存条件的药品；使用临近有效期药品。

2.需特别关注的问题

药师向患者提供咨询服务活动中，要注意到患者对信息的要求及解释上存在种族、文化背景、性别及年龄的差异，选择适宜的方式和方法，并注意尊重患者的个人意愿。

（1）对特殊人群需注意的问题。老年人由于认知能力下降，因此向他们解释时语速宜慢，还可以适当地以文字、图片形式方便他们理解和记忆。对于女性咨询患者，还要注意问询是否已经怀孕、是否准备怀孕或是否正在哺乳，这些都是需要在解答题中特别要注意的地方。患者的疾病状况也是不能忽视的问题。比如，患者有肝、肾功能障碍，会影响药物的代谢和排泄，容易导致药品不良反应的发生和中毒。

（2）解释的技巧。对于一般患者的咨询要以容易理解的医学术语来解释。对患者

来说，尽量使用描述性语言以便患者能正确理解，还可以采取语言与书面解释方式同时并用。尽量不用带数字的术语来表示。

（3）尊重患者的意愿，保护患者的隐私。在药学实践工作中，一定要尊重患者的意愿，保护患者的隐私，更不应该将咨询档案等患者的信息资料用于商业目的。

（4）及时回答、不拖延。对于患者所咨询的问题，能够给予当即解答的就当即解答。不能当即答复的，或者不十分清楚的问题，不要冒失地回答，要问清对方何时需要答复，待进一步查询相关资料后，尽快给予正确的答复。

六、"问病荐药"的技能

"问病荐药"是药师的一项传统专业技能。药师通过与患者对话，了解患者病情，判断疾病的证候，并向其介绍对证的药品，提出购药建议，这称为"问病荐药"。

【例】患者来药店购买感冒药。

药师：您好，请问有什么可以帮到您的吗？

购药者：哦，我想买感冒药。

药师：那您是买给自己还是帮别人买？

购药者：自己。

药师：您以前用过什么药吗？

购药者：有，上周由于感冒，怕冷、无汗、头痛、浑身酸痛、流清涕、咽喉痒、咳嗽、痰多而稀，所以就买了一盒川芎茶调丸，吃了三天，症状消失。

药师：那您这次的感冒，是上次感冒的复发，还是再次感冒？有什么特别的症状吗？

购药者：应该是再次感冒，我觉得症状和上次不一样，感觉不是很怕冷、头胀痛、脸红、目赤且痰多而黄黏、口渴。

药师：你现在的感冒与上次感冒是不一样的，上次应该是风寒感冒，而这次属于风热感冒。

购药者：那我要服用什么？我可以用川芎茶调丸吗？

药师：不可以，这次给你推荐治疗风热感冒的药物吧，双黄连颗粒，先服用3天看看效果，如果病情没有好转请到医院治疗。

药师进行健康教育：另外，您要注意一下您的饮食习惯，饭菜要少放盐，清淡些。您可以多吃点青菜、水果，少吃油腻的东西。

"问病荐药"只是根据顾客的需要推荐商品，提供购药建议。对此，向顾客介绍药品内容时，不应超出药品说明书的范围，更不能夸大药品作用。要切记，不要代顾客拿主意绝对地说："这药肯定能治你的病。"

药店服务

七、用药交代服务

（一）正确的服药时间

肠道抗感染药在肠道内药物浓度越高越容易发挥作用，而进食后会大大降低药物浓度，因此宜饭前服用；对胃有损伤或者刺激性的药物，大多数为非甾体类解热镇痛药如阿司匹林、水杨酸钠、保泰松、吲哚美辛等，如果长期空腹服用很容易引起胃肠出血，所以一定要在饭后 15～30 分钟内服用；餐后食物可增加生物利用度的药物，如普萘洛尔，宜饭后服用。另外，药效发挥缓慢而持久的药物，最好也在饭后服；缓泻药、催眠药、驱虫药宜在临睡前半小时服用；糖皮质激素类、口服降血糖药应采用早晨 7～8 时一次给药或隔日早晨一次给药的方法。

（二）正确服药方法、剂量

老年及幼儿患者用药剂量必须准确无误，避免剂量不准而引起中毒。同时要交代不同剂型使用的方法，乳剂、混悬液用前摇匀；西瓜霜含片、华素片等咽喉用药应含化；心绞痛时硝酸甘油片应舌下含化；肠溶衣片及缓控释片应整片吞服；复方氢氧化铝等胃黏膜保护剂应嚼碎服用。如图 9-1 所示为气雾剂的使用。

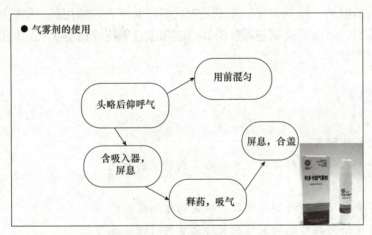

图 9-1　气雾剂的使用

（三）已知药物的副作用及服药后引起的变化

如快克等抗感冒药中有催眠成分氯苯那敏，应向患者交代清楚，以防司机或高空作业者发生事故；阿托品类解痉药服用后口干、面色潮红、心跳加快；服利福平可引起砖红色尿；服铁剂可产生黑便。

（四）停药时机的教育

患有高血压、糖尿病、心律失常、精神病等的患者，长期服药，不得随意停药。

（五）病人服药时的饮食禁忌

一般情况下，服药要忌口，除辛辣食物、生冷食物及油腻食物外，还需注意服用四环素类药物时，应忌牛乳、豆腐等含钙的食物与饮料；服用地塞米松、泼尼松及保泰松时，要减少食盐的摄入量，以避免钠潴留性水肿；服用呋喃唑酮、异烟肼时，应忌果酒、啤酒、巧克力、酸奶及腌制食品等酪胺类成分的食物和饮料；服抗酸剂时，应忌食过酸、过甜的食物，避免增加胃酸，如长期将抗酸剂与牛乳等同服，有可能引起碱血症等；服洋地黄苷类药物时，因其治疗量与中毒量比较接近，服用期间若大量进食含钙食物可增加洋地黄苷类药物敏感性，致使安全剂量也有中毒的危险；服用铁剂治疗缺铁性贫血时，茶叶中的鞣酸不利于铁剂的吸收而影响疗效；服用磺胺类药物忌食酸性水果、果汁和醋，以免尿液形成结晶而损害肾脏。

（六）应分开服用的药物

如氟喹诺酮类药物可与抗酸剂中钙、铝、镁等在胃中螯合而失效，合用时应先服用氟喹诺酮类药物，3小时后再服抗酸剂；双八面体蒙脱石粉可吸附其他药物而影响吸收，合用时其他药物应提前1小时服用。

（七）要特殊告知老年人等特殊人群

老年患者易混淆，特别交代。妊娠及哺乳期妇女患者要慎用药，如抗肿瘤药、抗癫痫药、四环素类、磺胺类及氨基糖苷类等。癫痫患者服用喹诺酮类药、糖皮质激素类、异烟肼且不宜饮酒等。

📍 任务实施 ●

一、确定目标顾客

根据任务要求确定目标客户，熟知各类药的服药时间。

二、确定主要药品

根据任务要求及患者的临床症状，确定药量和服药方法。

三、确定所给药品可能的副作用及给药后的特殊临床变化

根据任务要求确定已知药物的副作用及服药后引起的变化，提醒患者注意。

四、确定服药时的饮食禁忌及注意事项

根据任务要求提醒病人服药时的饮食禁忌、应分开服用的药物、特殊人群特别要注意的事项，比如高血压患者不可随意停药。

五、编写用药交代方案

根据综合分析结果，按照目标顾客、服用的主要药品、所给药品可能的副作用及给药后的特殊临床变化、服药时的饮食禁忌及注意事项等编写用药交代方案。

六、以PPT形式进行分享与交流

根据撰写用药交代的方案，分组进行PPT分享。

任务评价

评价内容包括：基本知识和技能、准备工作、分析能力、表达能力、合作能力等，具体内容，如表9-1所示。

表 9-1　任务实施评价表

考核项目	考核标准	分值	得分
目标客户	明确客户，定位明确	10	
所服药品	服用药品明确、分类正确	10	
副作用、临床变化	交代详细、患者清楚	20	
饮食禁忌、注意事项	饮食禁忌交代清楚、患者明白要注意的事项	20	
撰写用药交代服务方案	撰写用药交代服务方案合理、推广性强	20	
PPT 陈述	PPT 制作清晰有条理，语言表达流畅	10	
团结协作	组内成员分工合理、团结协作	10	
合计		100	

知识巩固

【案例分析】

某药店里走进一位30岁左右的女性顾客，进门直接奔向儿童药品货架，拿了一盒小儿氨酚黄那敏颗粒，然后问店员："卖抗生素的柜台在哪里？"开放式柜台的店员引导顾客来到抗生素柜台，顾客指着柜台上的头孢克洛颗粒说："请给我拿一盒头孢克洛颗粒吧。"

这时处方柜台的值班药师问道："请问您给老人还是小孩吃？"

妇女回答道："给我的孩子吃。"

药师继续问道："您的孩子多大了？"

妇女回答道："还不到一岁。"

药师继续问道："你的孩子感冒几天了，开始咳嗽了吗？"

妇女非常急地说："我的孩子感冒两天了，昨天开始咳嗽了。"

药师继续问道："你的孩子多长时间感冒一次。"

妇女回答道："六个月断奶后经常感冒。"

药师说："小孩断奶太早，免疫系统又没有完全起作用，因此经常感冒，最好配点牛初乳吃，等下你去保健品柜台拿两瓶吧。另外，不到一岁的孩子服药一定要用更安全的、对小孩没有肝肾损伤的产品，你看，这个'顶克'头孢克洛干混剂是头孢克洛颗粒的升级产品，而且是中英文包装，到我们店的家长都选择'顶克'这个品牌，更加安全、

疗效也更好，另外已经开始咳嗽可以再买一盒小儿化痰止咳颗粒。"

该名女性顾客重复了一句："真的副作用更小？"

药师坚定地回答："是这样的，你可以放心，另外告诉你一个购药常识，联合用药最好用一个厂家的，我们店内小儿氨酚黄那敏颗粒也有'顶克'牌的。"

顾客高兴地说："哦，我马上换一盒，谢谢，谢谢。"

最后成交一盒"顶克"头孢克洛干混剂、一盒"顶克"小儿氨酚黄那敏颗粒、一盒"顶克"小儿化痰止咳颗粒，两瓶牛初乳。

要求：

1. 该案例运用了哪些沟通咨询技巧？

2. 婴幼儿和儿童的用药的特殊提示有哪些？

任务二　投诉处理

◉ 任务导入 ◉

近日，某地市场监管局接到顾客投诉，称某药店向其销售的某品牌滴眼液距失效期限不足一个月，药店向其销售时未告知该药为近效期药品，并向该局提供了相关录像、购买小票等证据材料。该顾客认为，该药店违反《药品经营质量管理规范》（GSP）第一百六十七条第一款第（三）项规定，要求该局对该药店进行罚款；要求该药店退货、退款，并根据《中华人民共和国消费者权益保护法》（以下简称《消法》）第五十五条的规定赔偿其 500 元。请运用所学知识，拟定一份投诉处理方案。

◉ 任务目标 ◉

1. 掌握顾客投诉处理方法。

2. 理解投诉的类型。

3. 正确认识投诉和顾客异议。

4. 培养豁达的心态，宽容理解的风格，以积极坦荡的胸怀面对顾客。

◉ 知识准备 ◉

一、正确认识投诉和顾客异议

（一）正确认识投诉

投诉是顾客的任何不满意的表示，不管正确与否。通常大家都认为客户投诉就是顾客对服务不满意的表达，是员工有问题，所以很忌讳投诉信息生成。其实投诉是一种正常现象，关键是如何理解、看待投诉。态度是最重要的，起决定性作用。

不投诉或投诉率低并不表示服务好。因为有些顾客不满意也不会吭声，只是选择离开。通过投诉表达意愿的顾客，表明其希望商家能够不断改进，更好地合作。由此，顾客投诉可以督促商家将服务政策、服务理念执行到位，可以检验工作的成绩。通过顾客投诉，能够帮助商家及时发现工作中存在的问题与不足，提高工作水平。

（二）正确认识顾客异议

异议不是敌意，异议是顾客对你没有接纳的一个提示；异议不是拒绝，异议是顾客对产品不了解的一个信号；异议不是失败，异议是顾客对你销售不认可的一个反馈；异议不是死路，异议是顾客给你改正不足的一个机会。

二、投诉应对

在药学服务过程中，经常遇到的一个棘手问题是接待和处理患者的投诉。患者投诉在一定意义上属于危机事件，需要及时处理。正确妥善地处理患者的投诉，可改善药师的服务，增进患者对工作的信任。反之，不但无益于患者的药物治疗，无益于改进药师的服务，同时对患者的失信和伤害会产生爆炸链式的反应，甚至导致纠纷，使药师失去顾客群。

药房和药店是药学服务工作的窗口，也是患者就医过程中接受的最后服务程序，因此，药师的服务态度直接影响患者的心理感受。尽管药师工作繁忙，压力巨大，但工作过程中仍应保持饱满的工作热情，耐心细致地为患者提供服务，避免不必要的纷争。

（一）投诉的类型

1. 服务态度和质量

常见问题：不够主动热情，态度散漫，不理顾客；言语应对不得体，或贬低同类产品功能；说话过于随便，没有使用礼貌用语等。

2. 药品数量

药品数量类投诉占有相当的比例。通过适当的工作和加强核对可降低此类投诉。

3. 药品质量

投诉往往发生在患者取药后发现与过去用过的药有外观上的差异，从而怀疑药品的质量存在问题。对确属药品质量有问题的，应立即予以退换。对包装改变或更换品牌等引致患者疑问的，应耐心细致地予以解释，使患者恢复对药物治疗的信心。常见问题：受潮或变质、褪色、虫蛀等（冲剂类、中药饮片类）；口服液商品，有破裂，导致整盒包装污染、霉变；外包装脏污、陈旧、变形等。

台江县市场监管局成功处理一起药品投诉案

4. 退药

各种原因认为药品不适合自己使用，要求退药投诉的原因比较复杂，既有患者方面的，也有医院和医师方面的。有证据显示，由于医师对药物的作用、不良反应、适应证、禁忌证、规格、剂量、用法等信息不甚了解，从而处方不当，造成了越来越多的此类投诉。对患者要求退药应制订管理办法，处理办法既要考虑医院和药店的利益，也应对患者的要求给予充分尊重，同时也应规范医师的处方行为，从根源上减少此类投诉的发生。

5. 用药后发生严重不良反应

对用药后发生严重不良反应这类投诉应会同临床共同应对，原则上应先处理不良反应，减轻对患者造成的伤害。

6. 价格异议

药品价格是一个较为敏感的问题，医疗单位和药店应严格、认真执行国家药品价格政策。如因招标或国家药品价格调整，应认真耐心地向患者解释。确因价格或收费有误的，应查找原因并退还多收费用。在药店常见问题：价格偏高；特价药品没有标识；特价药品用平价标识标注；标签价格或POP（Point of Purchase 海报提示）提示与计算机价格不相符。

（二）患者投诉的处理

1. 选择合适的地点

在接待患者投诉时，首先要考虑在何处接待患者。一般的原则是如果投诉即时发生（即刚刚接受服务后便发生投诉），则要尽快将患者带离现场，以减缓转移患者的情绪和注意力，不使事件造成对其他服务对象的影响。接待患者地点宜在办公室、会议室等场所，有利于谈话和沟通。

2. 选择合适的人员

无论是即时或事后患者的投诉，均不宜由当事人来接待患者。一般性的投诉，可由当事人的主管或同事接待。事件比较复杂或患者反映的问题比较严重，则应由店长、经理或科主任亲自接待。特别提示：注意接待投诉的人须要有亲和力、善于沟通、有一定的经验。

3. 接待时的举止行为

接待患者投诉时，接待者的举止行为至关重要，心理学家总结出这样一条公式：情感表达 =55% 动作表情 +38% 语调 +7% 语言。接待患者投诉时，接待者的举止行为要点第一是尊重，第二是微笑。

（1）尊重是人类最需要满足的一种心理需求。接待者的行为、举止、语言要从一切细节上使投诉者感到自己是受到尊重的。这一做法可以收到事半功倍的效果；反之，如果患者感到自己未受到尊重，则再多的工作也是徒劳的。

（2）微笑：微笑是含义深远的态势（身体）语言，可以迅速拉近人与人之间的距离，消除隔膜，化解投诉者的怨气。尊重和微笑可以使投诉过程从抱怨、谈判变为倾诉和协商，特别有利于投诉问题的解决。

（3）仪态：接待者应举止大方、行为端庄，以取得患者的信任。

（4）特别提示：接待时，应该向患者让座，先请患者坐下，自己后坐下，并注意坐姿要端正。必要时可为患者倒上一杯水或沏上一杯茶，以缓解患者的情绪，拉近双方的距离。

4.用适当的方式和语言

很多情况下的患者投诉，是患者对服务方的制度、程序或其他制约条件不够了解，以致对服务不满意。在处理这类投诉时，可采用换位思考的方式，要通过适当的语言或方式使患者尝试着站在医院、药店或药师的立场上，理解、体谅服务工作，使双方在一个共同的基础上达成谅解。

5.证据原则（强调有形证据）

对于患者投诉的问题应有确凿的证据，在工作中应当注意保存有形的证据，如处方、清单、病历或计算机存储的相关信息，以应对患者的投诉。

任务实施

一、确定安抚对象

根据任务要求确定目标客户，了解清楚投诉类型。

二、确定投诉原因

根据任务要求了解患者投诉的原因。

三、确定安抚的地点和人员

根据安抚对象、投诉原因，确定安抚的地点和人员。

四、注意安抚时的语言、态度、方式

根据患者的临场表现，注意接待时的行为举止、方式和语言，并强调证据原则。

五、编写投诉处理方案

根据综合分析结果，按照安抚对象、投诉原因、安抚的地点和人员、安抚时的语言、态度、方式等编写投诉处理方案。

六、进行模拟训练

根据撰写投诉处理的方案，分组进行模拟训练。

任务评价

任务评价内容包括：基本知识和技能、准备工作、分析能力、表达能力、合作能力等，具体内容见表9-2。

表9-2　任务实施评价表

考核项目	考核标准	分值	得分
安抚对象	明确安抚对象，定位明确	10	
投诉原因	判断正确、理由充分	10	
安抚地点和人员	地点恰当，人员最优先	20	
语言、态度、方式	语言平和、态度诚恳、方式合理	20	
撰写投诉处理方案	撰写投诉处理方案合理、推广性强	20	
模拟训练	动作到位，知识点运用自如，语言表达流畅	10	
团结协作	组内成员分工合理、团结协作	10	
合计		100	

知识巩固

【案例分析】

某药店拿着顾客退回来的一包复方板蓝根颗粒向厂家相关负责人反映，顾客购买该药回家服用时，发现在溶药杯子上层有类似啤酒泡样不溶物，底层有白色沉淀。顾客怀疑药品有质量问题，要求药店退回货款。

请运用所学知识分析怎样解决顾客的这类问题呢？

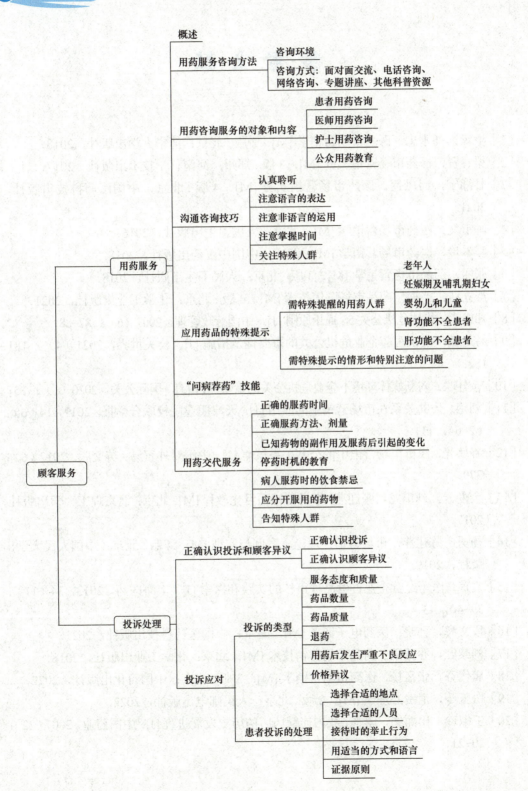

参 考 文 献

[1] 罗臻，刘永忠. 医药市场营销学 [M]. 2 版. 北京：清华大学出版社，2018.

[2] 梁春贤. 医药市场营销实务 [M]. 3 版. 郑州：河南科学技术出版社，2017.

[3] 甘湘宁，周凤莲. 医药市场营销实务 [M]. 4 版. 北京：中国医药科技出版社，2021.

[4] 陈玉文. 医药市场营销学 [M]. 北京：人民卫生出版社，2016.

[5] 官翠玲. 医药市场营销学 [M]. 北京：中国中医药出版社，2018.

[6] 张丽. 药品市场营销学 [M]. 3 版. 北京：人民卫生出版社，2018.

[7] 严立浩，严振. 药品市场营销技术 [M]. 4 版. 北京：化学工业出版社，2021.

[8] 郑成武. 媒体危机公关 5S 通用原则 [J]. 中国行政管理，2007（6）：87-88.

[9] 易楚斌. 浅谈医药企业危机公关的重要性及措施 [J]. 公关世界，2021（4）：181-182.

[10] 余佳联. 对新媒体环境下企业危机公关的策略探讨 [J]. 国际公关，2020（1）：25.

[11] 刘艳. 公共关系在市场营销中的应用 [J]. 天津职业院校联合学报，2012，14（6）：62-64，111.

[12] 谷伟光. 浅析市场营销中的公共关系策略 [J]. 中国对外贸易·英文版，2012（6）：379.

[13] 余爱云，刘镇龙，张迎燕. 市场营销项目化教程 [M]. 北京：北京理工大学出版社，2017.

[14] 杨勇，陈建萍. 市场营销：理论、案例与实训 [M]. 4 版. 北京：中国人民大学出版社，2019.

[15] 袁琼. 医药经营企业首营品种审核的实践和探索 [J]. 上海医药，2013，34（11）：39-40，43.

[16] 段文海，孙晓. 医药电子商务 [M]. 北京：中国医药科技出版社，2021.

[17] 刘黎红，乔德阳. 药品市场营销技术 [M]. 北京：化学工业出版社，2018.

[18] 唐代芬，张嘉杨. 医药市场营销学 [M]. 3 版. 北京：中国石化出版社，2022.

[19] 白玉苓. 消费心理学 [M]. 2 版. 北京：人民邮电出版社，2022.

[20] 王淑玲，田丽娟，李楠. 我国连锁药店的历史发展进程 [J]. 中国药业，2007（22）：20-21.

［21］贡志青.药品经营企业GSP实施中质量管理体系内审的应用与实践研究［J］.医药界，
2019（14）：2.

［22］杨爱民，向勇.药品经营企业如何应用GSP开展质量管理体系评审［J］.首都医药，
2010.17（16）：30-32.

［23］罗跃娥，樊一桥.药理学［M］.3版.北京：人民卫生出版社，2018.

［24］叶真，丛淑芹.药品购销技术［M］.北京：化学工业出版社，2020.

［25］何东.药品储存与养护［M］.郑州：河南科学技术出版社，2017.